臺灣歷史與文化 _{研究} 輯刊

臺灣歷史與文化 研究輯刊

二五編

第 10 冊

真實與想像：卑南王的「說」與「再說」（上）

傅鳳琴 著

花木蘭文化事業有限公司

國家圖書館出版品預行編目資料

真實與想像：卑南王的「說」與「再說」（上）／傅鳳琴 著 --
初版 -- 新北市：花木蘭文化事業有限公司，2024〔民113〕
序 12+ 目 4+164 面；19×26 公分
（臺灣歷史與文化研究輯刊二五編；第 10 冊）
ISBN 978-626-344-700-4（精裝）
1.CST：卑南族 2.CST：部落 3.CST：傳說 4.CST：歷史
733.08   112022562

ISBN-978-626-344-700-4

9 786263 447004

臺灣歷史與文化研究輯刊
二五編　第 十 冊　　　　　　ISBN：978-626-344-700-4

真實與想像：卑南王的「說」與「再說」（上）

作　　者　傅鳳琴
總 編 輯　杜潔祥
副總編輯　楊嘉樂
編輯主任　許郁翎
編　　輯　潘玟靜、蔡正宣　美術編輯　陳逸婷
出　　版　花木蘭文化事業有限公司
發 行 人　高小娟
聯絡地址　235 新北市中和區中安街七二號十三樓
　　　　　電話：02-2923-1455／傳真：02-2923-1452
網　　址　http://www.huamulan.tw 信箱 service@huamulans.com
印　　刷　普羅文化出版廣告事業
初　　版　2024 年 3 月
定　　價　二五編 12 冊（精裝）新台幣 36,000 元　　　版權所有・請勿翻印

真實與想像：卑南王的「說」與「再說」（上）

傅鳳琴　著

作者簡介

很多的第一次，
都在時光流轉中，
一次次經歷，
一次次遺忘，
一次次的嵌進心裡。

傅鳳琴，出生在台北平凡的小家庭，4 個兄弟姐妹，排行老大。求學歷程甜中帶點微酸，一路到東華大學。根據《世界博物館名錄》近年來的統計，全世界的博物館至少有二萬五千座以上，目前任職在其中之一國立臺灣史前文化博物館。

提　　要

分佈於臺灣東南部的卑南族，傳說有位「卑南（大）王」，統治後山七十二社，凡有射鹿、殺牛、宰豬者，必送一足與卑南（大）王。流傳至今仍被官方與族人津津樂道其光榮史蹟。傳說清康熙年間，以南王為首的卑南人，平定了朱一貴之亂的餘黨，被清政府冊封為「卑南大王」，並賜予朝服；鄰近的阿美族、排灣族都要向其納貢、賦稅。

臺東古稱「卑南覓」，文獻記載指稱此地有一群「番」，「番王」從一統八社，到一統七十二社，統轄地域範圍廣闊皆有其說法。歷史文獻前後歷經數百年，「卑南王」應是多位領袖，現今「卑南王」多指稱為某一人，歷史記載與傳說堆疊，形塑創造一位卑南族人心中的「王」，這個「王」傳說融合歷史各次事件的豐功偉業，甚至訛誤甚多。傳說與歷史的疊合，讓人對卑南王之英雄事蹟真假難辨。這段歷史記憶，人們如何在「真實」與「想像」之間組成自己的「歷史」？又如何去「說」與「再說」？歷史積累的「卑南王」，成為當今卑南族的某種象徵符號。

序　活過歷史的當代「王」之美名

謝世忠

國立臺灣大學人類學系兼任教授

　　努力地追憶過往，卻也想不起何時有了「卑南王」的訊息知識，反正，自己先唸歷史，再轉攻人類學，臺灣原住民族更為最重要的學術探索範疇，不知不覺中，腦海印記裡，「卑南王」列位其中。當然，卑南王不像「成仁取義」吳鳳故事，國民教育教材裡面，並沒有他雄才大略的統治蹤影。所有「卑南王」資訊，全數來自不經意接觸史料，以及多重來源之地方聽聞。筆者相信，這不會僅是我的特殊經歷，絕大多數涉及臺灣歷史文化的專業與半專業人士，均極可能擁有類似的知識心得。但是，此等容有些許神秘趣味的聽聽說說，並不成文，長久以來，它好似僅止於新奇傳言。如今，有個傅鳳琴小姐，求知之堅毅精神，外加不甘就這麼被不成文之簡略聽聽說說撂倒，於是，決心認真考證論說，終成一本厚實的卑南王研究大書。這是她博士論文，筆者先是口試現場主席，現在受邀擔任寫序人，一連串榮譽，彷如卑南王慷慨的賜與，非常高興，也亟願鄭重推薦。

　　依照鳳琴博士的說法，卑南工的勢力，緣起於荷蘭人的認證，再經清代成功地與政權有效的政治經濟周旋，終於出現王號的自稱、他稱或傳言風聞，及至日治初期亦遂行如昔與統治者合作的策略，甚至綿延到今日的政治人物。換句話說，自 17 世紀中後葉荷蘭人治理起始，經過 18 世紀和 19 世紀整整二個世紀，以及 20 世紀前 10 年（日本政府取消各部落向卑南社納貢），統算起來，「泛卑南王」時代有 250 年之久。但，故事仍未完。自 20 世紀前 10 年迄今又過了 100 年，卑南族當代政治領袖陸續有被以「卑南王」意象套用者，所以，一切似乎仍在延續。那麼，整個「大卑南王時代」，就應是 250＋100＝350 年。它是永續的文化與現實合一過程。沒有傅博士細心完整

的用功爬梳，我們很難具體想像此等驚人的王系歷史與未來。

歷史上曾與卑南王產生關連的諸多國家等級政治力量實體，如今何在？在賜給王號的中國方面，早已沒有了帝王，而不等期間賦權給卑南社的荷蘭和日本，其帝王尊位縱然安在，卻只是虛位元首，唯獨當事人源出之卑南族與臺東區域具有真正政治經濟實力者，仍持續享有「卑南王」美稱。卑南王彷如遠遠拋掉過去的國家統治實體，從而自我獨立於家鄉地域一角，時不時凸顯身分，亮眼於原住民族話語下的臺灣。尤其，國際外交史文獻曾經出現的「臺灣王」和「大肚王」，更早已雲煙飄渺，就是卑南王自樹一格，活生生在望。

卑南王故事的精采之處，其實並非是它所擁有的終身神祕感。反而，我們對卑南族出身之區域領袖的精湛治理能力深有所感。在 350 年之間，「泛卑南王」世系成員，從應對荷蘭人輸送進來的資本主義—殖民帝國主義—國族／民族主義，歷經清廷傳達之封建王朝傳統—儒家忠君價值—地區農商貿易時代需求，一直來到與日本帝國—現代新式國家合作驅散清軍，而獲有日治前 15 年的續保權勢之優惠，一切的成績，正述說著長久不墜的在地道理。鳳琴博士除了宏觀論述大時代的卑南王處境之外，也列出一個個不同時期代表性人物。這些人物等於是卑南王「擬世系」的關鍵成員，有了成功的他們，才可能造就臺東區域政治在帝國與當代國族—國家虎視眈眈 350 年期間安然無恙，而王的稱名也才能持續流傳。泛卑南王代表人物的特點是，看清時勢，絕不與強者／統治者論劍比武，也很有洞察誰是最強者之眼光，其中，與甫登島的日軍合作打擊舊政權清軍殘部，以取得新統治者的信任，即為典例。凡此正是泛卑南王得以長久穩居東南大位的根本原因。

卑南王的王號何來？這是一個提問，雖值得考證，不過，其他佐證卻也能提供某些可能的答案源頭。南投日月潭邵族在蔣介石統治臺灣初期，就曾獲有「毛王爺」的稱號。蔣氏到了當地，族人焦急，後由較敢面對大場面的毛家人負責迎接，並獲得來客的肯定，於是統治者就認定毛姓接待者為「王爺」。但，為何論及時稱「山胞」的頭人，就會用上「王爺」一稱？事實上，這是中國正統觀點對化外「非文明」地區異邦領袖的文化認定。對南投在地人而言，毛王爺就是「番王」。深山徼外必有野地之王。荷蘭人的 king，不宜直接等於中文的王。King 沒有文明之外「山大王」或「番王」的概念。在中國文化理解範圍內，只要是文明之外的神祕國度，都有被賦予「王」之稱謂

的潛力。甚至，直到今日，仍常見自稱或者介紹某某原住民人物之時，「公主」、「王子」頭銜即黏附於身，這是異邦王族存有的浪漫現狀。此外，熟知原民詼諧性格者，都可能遇過政經身分被三級跳尊銜的經驗，例如，館員被稱館長，講師被稱教授，醫師被稱署長，系主任被稱校長等等。卑南地區的領袖獲有帝國封官，不論是哪個官銜，一回家鄉，很可能就躍升為王了。升級的指稱，或係一種渴望巨量資源的下意識反映。

　　卑南王是原民尤其是卑南族內部的語傳人物或尊爵職稱，現今政府少有生成運用其發展觀光之念頭。不過，往昔的「卑南覓」雖沒有正式的以王之稱的地名，幾百年後，同樣地點卻擁有南王村里的「王」之名。「南王」的「卑南王」縮寫，永遠存在於此，它顯然將和往後繼續現身的政治領袖共享「卑南王」稱號。歷史不是過去，它活現於當下，不論是 250 年還是 350 年，泛卑南王世系將因再次出現大人物，而有了接續的故事。因此，鳳琴博士精采而經典的大作，或可謂卑南王研究前篇，百數十年之後，可能又累積了一定量的新泛卑南王世系人物，屆時，當有以本書作為古典參考文獻的新秀，來個卑南王續篇書寫，而那或許已是大卑南王 250＋100 復加上 150 的第 500 年了。

謝世忠

2023 年 10 月 29 日

序 「口傳」與「歷史」的新研究方向

劉惠萍

國立東華大學中國語文學系教授

　　或緣於小時候外婆家在台東知本的關係，「卑南王」一直是個既熟悉又令人困惑的名詞。

　　自有記憶以來，每次回外婆家，都是艱辛無比的體力與精力考驗。在那個北迴鐵路尚未全線通車的年代，每次，只要陪媽媽初二回娘家，我們一家人總是要花上一整天的時間：先搭火車到蘇澳，再轉乘公路局到花蓮，到了花蓮後，還要再搭一次火車，才能到臺東。「回臺東」，一直是個令人既期待又害怕的大事。雖然，從南臺灣客庄來到後山的外公外婆，一直是當地人口中的「客人仔」，但「卑南」卻是父親與母親從相識到相戀、互許終身的地方，也是我生命的源起地。由於外公外婆在知本溫泉街附近做小生意，記憶中，每次回外婆家，總會有一些住在附近部落的原住民朋友來外婆家購物，閒聊中，偶爾會講起一些「卑南大王」的傳奇事跡。不過，有時「卑南大王」是一位有著漢人血統、聰明蓋世，懂得向山地原住民徵收小米或肉類；向海岸原住民徵收貝類，還曾經被清朝皇帝賞賜龍袍的「番王」；有時，又成了騎著白馬，巾幗不讓鬚眉的「卑南女王」；更奇怪的是，後來又成了外婆津津樂道的、在二二八事件中阻遏警民衝突的一位原住民頭目。「卑南大王」到底是男是女？是清領時期，或日治時期，還是國民政府時期的人？一直困惑著我！一直到了唸大學時，外公外婆搬到桃園和舅舅同住，後來由於研究民間文學的關係，在定期載送外婆往返醫院治療的車上，外婆常常是我的最佳「說故事者」（Story teller）。在外婆古往今來、虛實交錯的講述中，我偶爾會想起小時候在臺東聽到的「卑南大王」傳說，隨口問了外婆「卑南王」的事，外婆

竟回我：「卑南王就是臺東縣長陳建年啊！」當時，我真心以為外婆有點老年痴呆了！

　　人生兜兜轉轉，因緣際會地，自己後來也來到了東臺灣任教。每次遇到從臺東來的學生，總有一種說不出的親切感。因研究「始祖神話傳說」的關係，閱讀到「卑南王」的記載，據洪敏麟《臺灣地名沿革》云：「卑南社之地名即起源於一百七十年前卑南大頭目之鼻祖 Pinarai 之名。荷人曾稱卑南社為稱 pinarai。pinarai 其人聰明無匹，為卑南番中之俊傑，附近異族悉威服之，年年向之納租穀。」可知在十七世紀的東臺灣，真的有位「卑南大王」，且人們相信：「卑南」一詞或是為了紀念那位偉大的頭目 Pinara，是典型的「始祖傳說」。傳說中的卑南王，不只領導卑南族，周邊的阿美族，以及部分的排灣族，也都服從於卑南王，對於東臺灣的政治有深遠的影響。

　　鳳琴在臺東國立臺灣史前文化博物館工作多年，原在研究典藏組擔任助理研究員，因而對卑南遺址史前文化、南王部落的歷史與口傳，多有關注。臺灣史前文化博物館在 2018 年曾與下賓朗部落社區發展合作演出《Pinadray（卑南王）》定目劇，演出卑南王 Pinadray 這位傳奇英雄人物的故事。2018 年底，史前文化博物館再次與臺東縣卑南族民族自治事務促進發展協會合作，發動部落族人共同創作《非王之王：卑南王》動畫。經過了多年的反覆討論、調整研究主題後，最後鳳琴決定以「卑南（大）王傳說」作為博士論文主題。忽然間，所有童年時期聽「卑南大王」傳奇故事的記憶全部回來了，我竟比她更期待論文的完成！後來，鳳琴帶我去看 Puyuma 南王部落於 1999 年設立的「卑南王」雕像，下面寫著「卑南大王」的功蹟：「比那賴是清乾隆至道光年間活躍於東臺灣之傑出人物，自幼天資聰穎精通各族語言，雄心與智慧過人。為習農事曾翻閱中央山脈。抵屏東枋寮為族人，即後山東部引進農業技術和耕作方法與農作。諸如犁鋤牛車水牛等以增加生產改善生活。清乾隆末年林爽文之亂其殘餘逃至後山東部地區，清廷特請卑南社大頭目加六賽，協助而號令所轄七十二社人緝捕因有功。清帝特召見進京入觀獎賞，但加六賽年事已高，乃委兒子比那賴為代表接受封賜。自此卑南社各部落間發生糾紛或鎮定維持和平，其影響所及北達至花蓮港南至屏東恆春。由於比那賴在農業經濟上之貢獻處事之能力所累積之聲望，讓東臺灣後山人民敬服敬仰。各部落於粟祭大獵祭後都會繳納貢品至卑南社共推崇為『卑南大王』在民間廣為流傳。」由此可見，南王部落的族人們也是在「真實」與「想像」

之間，組成自己的「歷史」。此外，在其他族群的口傳或文獻記載中，「卑南王」的年代、身分、事蹟，甚至性別，又不盡相同。可知在歷史記載與傳說的堆疊下，人們不斷地創造了他們心目中的「卑南大王」。正如鳳琴在論文中所說的：這些「卑南王」的傳說實融合了不同歷史時期及事件的記憶。

　　論文撰寫期間，鳳琴辛苦地奔波於臺東、花蓮、臺北之間，既要到各處去蒐集文獻資料；偶爾也要到部落中做田野調查，同時，還要兼顧工作與家庭。後來，又被派任前往籌備國立臺灣史前文化博物館南科考古館，致論文的討論經常被迫中斷，也嚴重壓縮了鳳琴撰寫論文的時間。後來，在她的努力與堅持下，終於完成了博士論文〈真實與想像：卑南王的「說」與「再說」〉，並受到口試委員的高度肯定。在鳳琴博士論文出版之前，忝為指導教授，特書此以賀。期待她的這本論文，能為「口傳」與「歷史」互動互生關係的研究，提供一個新方向。

劉惠萍

序　看見他在職涯轉型的努力與成果

林志興

Agilasay Pakawyan 國立臺灣史前館文化博物館前副館長

　　傳統原住民社會生活的運作，「部落」是最直接而重要的單位，部落以上的社會組織（超部落連結）則較不明顯而少受到注意。晚近，學術界漸有人開始注意到台灣南島語族社會有關「超部落連結」的組織現象（我們或可稱之為「王／王國」現象），例如在中台灣的「大肚王」、南臺灣的「大龜文王國」和「斯卡羅王國」，以及出現在東台灣的「卑南王」等等超越部落組織以上的政治社會連結與運作。更由於相繼出版與王現象有關的文學著作，以及推出的影劇大紅而更受注意。

　　其實，早在博士學程之際，筆者就對前述的「王／王國現象」產生興趣，特別是出現在東台灣社會的「卑南王現象」因與自己所屬的族群與部落有關而更令本人關注。但受限於時間精力，除了寫過幾篇小文之外，就沒有繼續深耕資料並發展為更綿密的分析與論述。而這個願望後來被鳳琴博士實現了。

　　事實上，他會研究卑南王，多少和我有點關係。起初他想研究的興趣落在中台灣的大肚王上，產生構想後來聽聽我的看法。同樣是受到外來殖民力量影響而生成的新社會組織現象，我鼓勵他不如就近就便研究卑南王生成的歷史文化脈絡及社會意義，因為可收集的資料相對豐富，且對帶職進修的人來說，田野地的可及性更為便利，研究容易進行。將來研究有了基礎成就，可再進一步向其他相似現象發展。於是他在我的鼓勵下，研究興趣漸由大肚王轉向了卑南王。

　　事實上，卑南王的現象，從清代開始就已受到方誌學者的注意，日治時期亦有學者關注，戰後臺灣媒體、文學研究者及人類學者亦不乏注意卑南王者，然而，失之零星而缺乏更深更廣的脈絡探索。鳳琴博士的研究正好填補與解決

了這個遺憾。

鳳琴博士大學時代主修地理學，然而畢業後卻先從事電影工作，曾追隨幾位著名導演（如虞戡平）拍戲，後來轉入電視界（台視、大愛）製作節目。1998 年前後，她因受臺東縣文化中心的委託製作促進臺東觀光活動所需的原住民音樂 CD 時，與其男伙伴（後來的夫婿）找我諮詢而相識。 此次共事中，她的精明幹練，讓我留下深刻的印象。

2001 年為了迎接史前館開館，教育部長官叮嚀好好經營賣店做為博物館展示教育功能的延伸。任務因而落到主持員工消費合作社任務的我的身上。但，經理人才難覓，工作未能開展。後來經同事張家銘兄的推薦，又與當時仍在台東大學兒童文學研究修習碩士的鳳琴連繫上，延攬她成為新事業伙伴。也因此而再一次領略到他在營運行銷方面的才能。她用極短的時間，把賣店相關的場地設備、人員及貨品籌辦起來，成為開館時的亮點。年營業毛額更有 1800 萬的成績。讓擔任理事主席的我活像個成功的中小企業主，走路有風，更自我笑誇是個成功的「原住民企業家」，實際上，我是冒領了這位「女強人」的功勞。

後來，博物館展示教育組需要補充具有行銷活動能力的人才，我鼓勵他卸下員工消費合作社的經理任務，轉戰博物館正式編制的研究人員職，經過重重考核，他成為博物館的專職人員，更成為我推動重大計畫時的主要助手。我們合作的模式總是由我領銜，而他實際承辦的模式下推動。我們先後完成了不少博物館的大任務，例如建置「原住民數位博物館」，乃至籌備興建「南科分館」。在每一件事情上，都能看見他勇於任事、善於謀劃又執行力超強的特質。

不過強人難免過於積極而遭忌，言語過速而多稜角。致使首長多著眼於用其行政營運之才，而少著力於學術領域的培育。致使幾度於學術生涯的發展上受挫。這是因為研究人員的本職升遷都著眼於研究表現，而輕行政營運的成果。他也認清了這個局勢，於是再度決定帶職進修而考入東華大學華語系博士班就讀。不過，即便如此，他仍有挑戰！他服務於一個偏向人類學學門的研究機構，研究成果要面對跨學域的挑戰。

鳳琴大學主修地理學，碩士轉向兒童文學領域，而博士學位仍選讀較熟悉的文學領域，為迎合職場發展的機會，他把修習重點放在口傳文學。卑南王現象除了需要原有文學的基礎之外，更需要補充史學與人類學研究的理論與方

法，為此，在他實踐博士論文的過程中，我努力在這方面給予協助。一方面助成此一研究是完成我本人的心願，一方面也是我回饋他在工作上犧牲奉獻的補充。

　　自他攻讀博士學程以後，我看見他在自我轉型上的努力，行事思維漸由明快果敢的作風，變為推敲三思。雖屢挫於來自人類學界的嚴格批判，總是勇敢以對，愈挫愈勇（據江湖傳言，有些非人類學出身的研究者，在迴避名單中會要求迴避人類學門的審查人）。就是這份勇氣，如今方能欣見他完成博士論文，取得學位之後，又見他認真整理博士論文章並進一步出版，在學術生涯上一步一步向前推進。回首前塵，與他同甘共苦的歲月，見他努力奮進的精神與成果，此時此刻有無比的喜樂。

　　如今我已由職場退出，職涯上無法對他再有所助益，但我們仍常相往來，話題都繞在他的研究上，在這點上，我很高興能持續成為他的學友，更盼望與祝福他的學術努力，能自開一個領域，並被學術界同行看見與肯定。

林志興

目

次

下　冊

前　言

　　過往的文獻記載，臺灣原住民族的聚落常被稱為「社」，漢人聚落則被稱為「庄」。原住民各社都有領導人，稱謂各自不同。17 世紀以後，外來統治者常會在原住民族各社中選拔領導人，如荷蘭時代會任命某些人為「頭目」，然後賜與荷蘭東印度公司的權杖，象徵統治者的權力；清官方也會任命「土目」、「土官」，代為收稅和其他行政業務。清代文獻中已記載各社有「正社長」、「副社長」，日治時期，臺灣總督府也在各社設立「頭目」等，每月有固定薪俸。臺灣原住民族的歷史上曾出現過一些著名的領導人，不只被以「頭目」、「酋長」稱之，有的還被稱之為「王」。

　　分佈於臺灣東南部的卑南族，傳說有位「卑南王」，曾統治後山七十二社，凡有射鹿、殺牛、宰豬者，必送一足與卑南大王。鄰近的阿美族、排灣族都要向其納貢、賦稅，可見當時之影響力。傳說「卑南王」，不僅統治後山七十二社，傳說他曾於清乾隆 53 年（1788）赴紫禁城，接受皇帝宴請與餽贈賜龍袍，之後還引進農耕及相關技術回鄉。光榮史蹟至今仍被官方與卑南族人津津樂道，1915 年臺灣總督府臨時臺灣舊慣調查會所出版《蕃族調查報告書》，就曾記載當時的卑南社距離卑南街約一里，有二百多戶，部落內道路井然，兩旁種有可遮蔽烈陽的蒼鬱竹林。雖屬酷熱的熱帶，但涼風徐徐，彷彿置身於日本鄉間。佐山融吉來此調查，形容一入社即可見到道路兩旁直徑約三寸五分、高聳入天的茂密竹林，不禁讓他想起昔日「卑南王」的雄姿。1930 年臺北帝國大學首任總長（校長）幣原坦，也曾記錄清廷因朱一貴民變時，得到卑南大酋長 Pinadray 的相助，清廷大悅因此賜封號，賞賜王

衣王冠，並委託他專門治理臺灣東部地區，當時卑南王勢力強大，勢力範圍遠至花蓮港廳。傳說皇帝賞賜龍袍，使他具有不同凡響的力量，讓後山七十二社的人都臣服。

　　卑南王的所屬族群「卑南族」最早曾和排灣與魯凱合併，被日本學者劃分成共同的一族「排灣族」，後來才被區分並識別為「卑南族」，成為獨立的一族。現今臺東縣卑南鄉、卑南族的名稱由來，都與「卑南王」傳說有關。臺東地區古稱「卑南覓」，廣大臺灣東部地區，除有稱為「卑南族」的族群居住，尚有其他族群都曾居住在此，而卑南人群從古至今，人口一直是相對的少數，他們是如何成就「王」業呢？「卑南王」是個什麼樣的「王」呢？如何統治後山七十二社？令人感到好奇。進入 21 世紀，「卑南王」還結合了各種載體，發展出不同的表現形式與面貌，似乎也讓卑南王影響更為深遠廣闊。甚至在今日的民間，還會有人被稱之為「卑南王」，如臺東縣長陳建年。

　　傳說來自民間，所敘述的內容都是由民眾的「眼」去看的歷史，更可由社會文化的角度去看歷史，是民間傳說所具的特殊性。傳說和歷史事實之間不一定有緊密的關係，然而從傳說中我們可以發現民間對歷史的出現、衝突、盼望、不平，在傳說中都提出了「詮釋」和「解決」。史料文獻、學者研究，民間傳說、文學改寫等，均訴說了他們眼中對「卑南（大）王」的觀點，使得卑南王的樣貌豐富多采。

緒　論

一、津津樂道的傳說「卑南王」

　　分佈於臺灣東南部的卑南族〔註1〕，傳說有位「卑南王」，曾統治後山七十二社，凡有射鹿、殺牛、宰豬者，必送一足與卑南大王。鄰近的阿美族、排灣族都要向其納貢，可見當時之影響力。傳說「卑南王」，不僅統治後山七十二社，皇帝所賜的龍袍還具有魔力，光榮史蹟至今仍被官方〔註2〕與卑南族人津津樂道。

　　從歷史文獻觀察，前後歷經近四百年，若有「卑南（大）王」也應不只一位，應是多個卑南王。但其實在明、清文獻的記載中，臺灣並無受官方封誥的「王」者。〔註3〕臺東地區古稱「卑南覓」，廣大臺灣東部地區，除有稱為「卑南族」的族群居住，尚有其他族群都曾居住在此，卑南人群從古至今，人口一直是相對的少數，他們是如何成就「王」業呢？「卑南王」是個什麼樣的「王」呢？如何統治後山七十二社？令筆者感到好奇。進入 21 世紀，新科技不斷創新，「卑南王」還結合了各種載體，發展出不同的表現形式與面貌，似乎也讓

〔註1〕　卑南族原來並沒有一個統稱性的名詞來稱呼整個族群，是以部落為單位來區別自稱的。現稱之為「卑南族」是現今政府研用日治時期對於原住民之分類。在不同時期，「卑南族」人群的組成與稱謂皆有所不同。如鹿野忠雄（1955：148）談到「卑南族曾被叫做卑南番或八社番，而被當作獨立的一部族，但在最近臺灣總督府的一般分類裡，將其編入於排灣族之中。相關的內容將在第肆章討論。
〔註2〕　未著撰人：〈卑南族〉（原住民族委員會：臺灣原住民族資訊資源網，2015 年），www.tipp.org.tw/aborigines_info.asp?A_ID=6&AC_No=2。搜尋日期 2019/6/3。
〔註3〕　翁佳音、黃驗：《解碼臺灣史 1550～1720》（臺北市：遠流出版，2017 年），頁 127～132。

卑南王影響更為深遠廣闊。甚至在今日的民間，還會有人被稱之為「卑南王」，如臺東縣長陳建年。

卑南族是一個沒有文字的民族，現今人口約為一萬五千餘人，在臺灣原住民族中並不是一個人口眾多的族群。主要的分佈地點在臺東平原，臺東縱谷以南沿中央山脈東側的山麓地帶，行政區屬臺東市、卑南鄉管轄的區域範圍內。所在位置的臺東平原又稱卑南平原，是過往臺灣東南部族群南北雙向遷徙移動時必經的中途地段，自古便是一個族群交會的地方。

被稱為「卑南（大）王」的英雄是怎麼來的？從傳說和文獻記載來看，十七世紀上半葉以降，卑南社群先後與荷蘭、清廷、日本殖民政府和國民政府等，這些外來勢力者有著密切的關係。文獻記載最早曾協助荷蘭人尋金，後又以卑南覓為首，協助清朝平定朱一貴事件、林爽文事件，更因林爽文事件至北京受封賜，清代晚期又協助牡丹社事件，賞賜「賞功牌」。民間因而傳說清朝皇帝冊封為卑南王，並且賜予朝服，命以統領東部地區之七十二社。「南王」部落，便是因「卑南（大）王」而得名。〔註4〕也有文獻指稱，早在隋唐時期就有位「卑南王」。那麼誰是卑南王？家喻戶曉的卑南王在歷史過程中，有口傳、有文獻、有相關文物的保存。在卑南族人的口碑當中，提到卑南王時，大多都是指比那賴，可是非卑南族人的口傳資料或文獻記載的卑南王，人名則不盡相同，年代亦不一致。有些學者對於獲稱為「卑南（大）王」的稱號，認為並不是一天或一夜之間得來的，「卑南（大）王」的崛起是有歷史背景的。然，卑南族人對於「卑南（大）王」稱號，堅信是因受清朝皇帝策封。〔註5〕

由此觀察「卑南王」應不止一位，民間傳說的「卑南王」，有集中指稱為某一人的現象。傳說指稱「卑南王」的英雄事蹟，大多融合了多位人物的事蹟。這樣一位特殊英雄「卑南王」，成為臺東當地地名的由來，甚至成為族名的由來，也成為文學作家創作之材料，社區更以此發展成定目劇，作為發展社區觀光的重要宣傳。

無論是現實中發生的事，還是文學中的虛構，故事在敘事中都可以某種方式得到再現。西方敘事學家一般用故事（story）和話語（discourse）來描述敘事作品。故事涉及敘述了什麼，包括事件、人物、背景等，話語涉及是

〔註4〕《臺灣原住民史料彙編（4上、4下）卑南族的社會與文化》，頁1。
〔註5〕學者宋龍生與林志興於卑南社的田野調查結果。

怎麼敘述的，包括各種敘述形式和技巧。〔註6〕卑南王的傳說故事不論是文獻記載還是成為文學作品，敘事中都隱含了許多文化訊息，包含提及統領範圍、對外關係、周遭社群、祭儀方式、族群興衰等等，這些訊息除可做為語言表達型式的探索，更可以進一步做為了解人群文化、時代生活的解讀材料；用做生活環境、人群關係互動的理解；甚至可以用做人群思維或特殊世界觀的理解等。

　　為什麼會有卑南王的傳說？傳說是指流傳在民間，關於某人、某事的敘述。內容多附會史實而有所改易，傳說的主人公大都有名有姓。人們透過傳說，述說歷史發展現象、事件和人物，表達人民的觀點和願望。可說是人民的「口傳的歷史」。〔註7〕歷史是人們共同的記憶，臺灣原住民族雖然沒有文字，共同的經驗和記憶，以口傳的方式，代代把歷史流傳下來，每一代人都會在口傳中保存與增添訊息，形成口傳歷史。卑南王傳說，民間津津樂道，包含卑南王的出生、婚嫁、英雄傳奇事蹟等等，還成為學者區分卑南族史的重要里程碑。

　　卑南族又稱為「八社蕃」，從北邊的初鹿部落至最南邊的知本部落統稱八社十部落，在日人命名為「卑南族」前，各社曾彼此大動干戈，如何形成共識為今日族群？人們心中的歷史記憶，可以來自社會性集體建構，也可以來自人們片段的記憶與敘事，傳說的構成也可能成為歷史。南王部落會所前設立卑南王雕像，寫著：共推崇為「卑南大王」，負責各部落間發生糾紛鎮定維持和平，影響所及北達至花蓮港南至屏東恆春。「卑南王」在時間流動下，不斷被人們記憶、記載、傳述，成為今日族人津津樂道的「卑南王」。

　　「族群」（ethnicity）的概念，廣義意指社會文化群體。這個群體的構成，以原生論者（primordialist）的觀點而言，原生性的連結（primordial tie）是族群構成的基礎，強調族群成員之間天生的內在聯結。文化原生論觀點，進一步探討族群成員之間的文化連結性之上，沿著文化物件，如宗教、語言、習俗種種的文化差異，而劃分群體。由於成員之間的文化相似性，對事物容易產生相同的理解與看法，因而促進彼此認同的產生，以形成族群。〔註8〕一個

〔註6〕申丹、王麗亞：《西方敘事學：經典與後經典》（北京：北京大學出版社，2018年），頁13。

〔註7〕鍾敬文主編：《民間文學概論》（上海：上海文藝出版社，1980年），頁183。

〔註8〕Geertz. The interpretation of cultures. New York, NY: Basic Book. C. 1973, p259～260。

族群的形成與變遷也是遵循著這些法則。因此族群需強調「共同的起源」、「傳說中的始祖」，或是一個「重要事件」，成為一群人重要的集體記憶。同時一個民族也需不斷的重新調整集體記憶，以適應現實變遷。〔註9〕集體記憶的產生建立於歷史脈絡既有累積而成的面向，所以除了對於過去事物的記憶累積，互動過程所產生也是集體記憶累積的部分，敘事本身也具有時間性（temporality），新的敘事發展也是在另一歷史情境中展開。因此集體記憶，以「層疊」的方式不斷的在文化脈絡中進行著，團體中的個人皆有對於集體記憶的詮釋與認知，與其他成員的認知經過不斷摩擦而形成。這也是透過結構性的失憶（structural amnesia），弭除彼此之間原有的差異，並藉此凝聚共識、產生共同之想像，將原本遙遠的群眾串連一起〔註10〕。

研究民族與族群現象的學者大多同意，一個民族或族群，是一個建立在成員彼此的認同，共享族群感的群體，認同與情感來自共同的社會歷史記憶。近年來，有很多「新史學」的研究者，也開始將傳說研究納入歷史的一種研究。認為無論口頭傳說還是歷史文獻，都是歷史記憶的不同表述方式〔註11〕。至今卑南王仍被族人津津樂道，卑南社群的人們是否透過英雄先祖「卑南王」的建構，來改變可分享共同資源的「族群」之邊界？而形成今日之「卑南族」？

歷史文獻、民間口傳都屬於積極之敘事者；在不同治理者下，官方的「卑南王」史料有著不同記載。卑南王在時間流動下，不斷被人們記憶、記載、傳述，在真實的歷史記載下，與民間的想像言說中，不斷建構下成為今日之「卑南（大）王」。傳說雖不等同於史實，但一則流傳普遍的傳說，往往在一定程度上反映當時、當地人們的看法及立場。從這個角度而言，透過口頭講述、流傳的傳說，反而得以反映一個時代、地方的真實面貌。〔註12〕

「卑南王」如何從民間的「口傳」過程，成為卑南族歷史關鍵人物？其中的發展是否有一定的規律可循？積極的敘事人，為何如此述說？聽者又如何選擇？民間傳說所呈現的深層意涵，將成為本書研究關注的焦點。接觸文獻與

〔註9〕 王明珂：《華夏邊緣—歷史記憶與族群認同》（臺北市：允晨文化，1997年）。

〔註10〕 王明珂：《華夏邊緣—歷史記憶與族群認同》，頁45。

〔註11〕 趙世瑜認為無論口頭傳說還是歷史文獻，都是歷史記憶的不同表述方式，我們可以通過這一共同的特徵，將兩者對接起來，以期深化和豐富歷史研究。趙世瑜：〈從20世紀的新史學到後現代史學〉，《中國社會科學》第2期（2003年），頁175～208。

〔註12〕 劉秀美：〈臺灣原住民族口傳文學的想像與真實〉，《原住民族文獻》第5期（2012年10月5日），頁3。

口傳資料後，發現卑南王和東臺灣、臺灣的發展有著緊密的連結。因此，要理解卑南王傳說，將透過更宏觀的角度來理解，以掌握伴隨的社會文化現象，以及歷史發展與演變軌跡的意義。並希望能藉由卑南王傳說研究，探究傳說與大小傳統融合〔註13〕的現代意義、傳說與知識權力的關係，進而發現傳說研究的現代意義。

二、關於傳說中的「卑南王」

卑南王傳說已流傳數百年，將以兩個面向來討論過往的研究成果。

1. 民間文學的研究與採集

臺灣原住民族民間文學調查與研究早在日治時期即已開始，當時著重在文本（text）的蒐集與紀錄。日治時期學者對臺灣原住民族進行廣泛的田野調查工作，較重要的著作多達二十餘種〔註14〕；關於民間故事的採集，在日治時期有移川子之藏、宮本延人，馬淵東一〔註15〕、古野清夫〔註16〕、小川尚義〔註17〕、淺井惠倫、鹿野忠雄〔註18〕等。小川尚義、淺井惠倫〔註19〕等人，已開始採用原音紀錄的方式整理資料，用拉丁字母逐一拼出每一單位的語音，也記下意義，相互對照。

有關於卑南王傳說的採集，分別有：1896 年，田代安定臺東殖民地調查〈臺東要書綴〉，記載田代當地聽聞的「卑南王」。伊能嘉矩、粟野傳之受命進行調查，1900 年《臺灣蕃人事情》記載關於「卑南王」的名號，認為是由「漢

〔註13〕 大傳統、小傳統的概念是指同一個文化傳統的人群享有兩種不同層次的文化傳統。以漢人為例：村落中的士紳階級是受到大傳統影響的人，而一般村民則是依循小傳統生活的人。也有人以精英文化和俗民文化來區分。筆者以當時的漢人（視為同－個文化傳統的人），將官方視為大傳統（如胡傳），一般漢人視為依循小傳統生活的人。

〔註14〕 劉彬雄〈日本學人之高山族研究〉，《中央研究院民族學研究集刊》40 期，臺北市：中央研究院民族學研究所，1975 年秋季，頁 6。

〔註15〕 移川子之藏、宮本延人、馬淵東一合著（1935 年）《臺灣高砂族系統所屬の研究》。臺北市：臺北帝國大學土俗人種學研究室。

〔註16〕 古野清人：《臺灣原住民的祭儀生活，古野清人》（臺北市：吳氏圖書有限公司，2000 年）。

〔註17〕 小川尚義：《原語による臺灣高砂族傳說集》（臺北市：臺北帝國大學言語學研究室，1935 年）。

〔註18〕 鹿野忠雄：《東南亞細亞民族學先史學研究》（臺北市：南天書局，1995 年）。

〔註19〕 小川尚義、淺井惠倫：《原語による臺灣高砂族傳說集》（臺北市：南天，1935 年）。

人稱之」，且認為威震八方。

1945 年後，臺灣原住民族口傳的調查與查訪，與卑南王相關的研究：1994 年，卑南族人陳光榮口述，林豪勳整理翻譯出版《卑南族神話故事集錦》，1996 年，金榮華於臺東採錄卑南族故事，附上每一則故事的情節單元、故事類型的索引，編成《臺東卑南族口傳文學選》，1998 年，臺灣省文獻委員會出版宋龍生《卑南族神話傳說集：南王祖先的話》，1998 年，臺東知本卑南族曾建次神父出版《祖靈的腳步：卑南族石生支系口傳史料》，收錄知本部落神話故事 42 則。黃師樵〈卑南王的故事〉，也記載這個故事的傳說；其他尚有林道生、田哲益、浦忠成等學者前後於南王、知本採集相關的傳說。

　　瞭解觀察一個人群、民族或地區的某種世界觀、生活觀，口傳資料在無文字的傳統社會中更是主要的研究材料。民間文學除上述學者的調查研究，部分的研究者開始逐漸運用口傳作為研究材料，如：曾俊得《卑南族民間文學研究》透過卑南族不同類別、不同版本和經過不同時代的人所傳述的神話、傳說與民間故事，觀察卑南族如何看待事物、自然和傳統生活理念。[註20]蔡可欣《卑南族群的起源敘事研究》透過卑南族起源敘事的變異情形，探討卑南族長期與鄰近原住民族、漢族、各朝統治者互動交流下，族群內部呈現多層次認同、區分的情形，及認同、區分轉變的動態過程，對卑南族社會文化作更深入的認識。[註21]

2. 有關「卑南王」現象的研究分析

　　東臺灣民間傳說的英雄人物「卑南王」，引起多位學者先後發表觀察研究，學者之族群身分也各具特色。分別自 1931 年陸續有：幣原坦（日人）〈卑南大王〉[註22]、宋龍生（漢人）《臺灣原住民史·卑南族史篇》[註23]、陳文德（漢人）《臺東縣史·卑南族篇》[註24]、林志興（卑南族）〈東臺灣傳奇：乾隆皇帝與「卑南王」的邂逅談起〉[註25]、〈重探「卑南王」在花東

〔註20〕曾俊得：《卑南族民間文學研究》（國立中山大學碩士論文，2008 年）。
〔註21〕蔡可欣：《卑南族群的起源敘事研究》（國立花蓮教育大學碩士論文，2009 年）。
〔註22〕幣原坦：〈卑南大王〉，《南方土俗》第一期卷 1（1931 年），頁 1～10。
〔註23〕宋龍生：《臺灣原住民史·卑南族史篇》（南投：臺灣省文獻委員會，1998 年），頁 218～224。
〔註24〕陳文德：《臺東縣史卑南族篇》（臺東：臺東縣政府 2001 年），頁 44～48。
〔註25〕林志興：〈東臺灣傳奇：乾隆皇帝與「卑南王」的邂逅談起〉，收錄於《百年觀點特展史料中的臺灣原住民及臺東》（臺東：國立臺灣史前文化博物，2007 年），頁 68～72。

歷史中的角色：乾隆皇帝與「卑南王」的邂逅談起〉〔註26〕。

　　幣原坦為臺北帝國大學首任總長。1931 年，記述卑南族之開祖依祖源傳說可分為石生與竹生兩大系統。長兄系統的知本部落，勢力與權力逐漸地移轉到為弟系統的卑南部落，影響附近的「眾諸侯」也開始接受卑南社方面的統治。卑南族出色人物「卑南大王 pinadai」，是在清朝封王之前出現的勢力擴張者，但其餘事蹟已無跡可尋。朱一貴之亂平後，得卑南大酋長之助，清大悅乃賜號並授王衣王冠，並委其專門治理臺灣這片所謂「化外之地」的所有原住民。此舉促使了卑南的勢力更加強大。〔註27〕幣原坦的田野明確指出「卑南大王 pinadai」，但對卑南大王事蹟卻以「無跡可尋」作為交代。

　　1992 年，宋龍生《臺灣原住民史·卑南族史篇》，首先論證卑南族內部石生文化與竹生文化，在不同環境中之適應與發展，繼而指出以卑南族為主體歷史時期的分期史觀，和生活地區的生態環境。「卑南族」一詞，遲至日治時期才有。他認為「卑南大王」或「卑南王」其實並不是來自清廷皇室的策封，〔註28〕在區域中被尊為卑南王，不在他們打了多少勝仗，而是他們排除了多次糾紛，以及維持了後山地區長期的和平〔註29〕。宋龍生以「卑南族」為主體提出之史觀，然「卑南族」之組成，學者一般認為構成複雜，宋氏所謂的主體為誰？在所謂的不同歷史階段中，「卑南族」群體的構成皆不盡相同，主體的觀點難以一言以盡之。從出版序言，特別感謝得到南王 Raʔraʔ氏族全力協助，在田野中無論走到哪，都靠著名家世，獲得族人歡迎與合作，再觀討論卑南大王的觀點，可發現整體較偏為卑南社的觀點。

　　陳文德《臺東縣史·卑南族篇》卑南（大）王一詞，以洪安全《清宮諭旨檔臺灣史料（二）》之記載，詳陳卑南覓社因協助林爽文之亂受召入京，既非封王也非賞予龍袍。「卑南（大）王」無疑是後人穿鑿附會之說。」〔註30〕陳氏以歷史文獻分荷鄭、清領、日治三時期書寫卑南族史，再以各聚落的部落史、部落組織、歲時祭儀方式介紹各聚落之間的異同，企圖更完整呈現卑

〔註26〕林志興：〈重探「卑南王」在花東歷史中的角色：乾隆皇帝與「卑南王」的邂逅談起〉，收錄於《卑南學資料彙編第一輯》（臺北市：山海文化雜誌，2014年），頁 63～76。
〔註27〕幣原坦：〈卑南大王〉，頁 1～4。
〔註28〕宋龍生：《臺灣原住民史·卑南族史篇》（南投：臺灣省文獻委員會，1998 年），頁 18～24。
〔註29〕宋龍生：《臺灣原住民史·卑南族史篇》，頁 130。
〔註30〕陳文德：《臺東縣史—卑南族篇》（臺東：臺東縣政府，2001 年），頁 46。

南族社會文化的形成。但受限於文獻資料記載，最為膾炙人口之卑南（大）王口碑傳說，僅在書寫南王社時提及。

卑南族學者林志興分別於 2007、2014，以自身卑南族人的觀點來看卑南王。將卑南族的過去與發展，納入荷蘭時代至清代的歷史縱深與區域政治局勢中進行理解，試圖探討身分認定政策與社會文化之間的落差。他認為被稱為「卑南（大）王」的英雄，始起於林爽文事件，清廷巧妙借助運用族群關係，藉助閩、粵間之矛盾，結好原住民圍堵林爽文部眾以殲滅之。進一步推測因地理性因素，卑南社位於臺東平原迎南通北的交通渠道上，是荷蘭人考量選擇設置東部落區議會所在的重要因素之一。眾因匯集，造就了一個 17 至 19 世紀的「卑南（大）王」盛世。

四位學者的研究各有異同；引用何時有卑南王說法，出現年代最早的屬連橫著《臺灣通史》。然，這段記錄幣原坦認為，根據隋軍之中有「崑崙人」能與土著溝通，認為這一段記錄不實，可能是傳說的誤記。他認為當時卑南族雖強，應還無「卑南王」這個稱號。卑南王的稱號，應是清廷時期朱一貴事件後，清國大悅乃賜號並授王衣王冠，此舉促使卑南社的勢力更加強大。宋龍生與林志興皆認同此說法。

學者根據清宮資料，論功行賞的頭目記載是傀儡山總社「加六賽」，但卑南族口傳的卑南王是「比那賴 Pinadray」，這個不一致現象，分別在宋龍生、林志興到卑南部落與耆老的訪談中得到答案。宋龍生訪問耆老們指出當時的總頭目確實是加六賽，只是年事已高，不克遠行，所以特別命在西部水底寮做生意的兒子比那賴就便代父參加赴北京之行〔註31〕。林氏的田野調查卑南族長輩說：Pinadai 確有其人，且屬 raʔraʔ家的人，但是由於他能力很強，所以頭目凡事都委任於他，因此與外界接洽的事都是由他出面處理，因而得權並有名。

但林志興認為僅僅是因父親年事高，又居住在西部之故，就能取得代表地位，理由尚未充分。他認為：一、卑南社遠在中央山脈之東，當時清廷官方力量難達的東臺灣，在戰亂時分，清廷官員如何通過淪陷區域與敵後的原住民部落聯絡上的呢？二、就卑南社而言，或就原住民各族各部落而言，西方平地地區的爭戰與其何干，何需捲入爭端當中？雖然資料缺乏，証據不明。

〔註31〕宋龍生：《臺灣原住民史料彙編 6 卑南族神話傳說故事集》（南投：臺灣省文獻委員會，1998 年），頁 233。

林氏認為二個問題實可以合一而觀,至水底寮番產交易所做生意的「比那賴」,極有可能是「傀儡山」總社最前線情報資訊的提供者。筆者卻認為早在荷蘭時代,卑南社即已與西部接觸,對於西部的情勢應有所知悉,民變逃竄的人,或許危急卑南社的勢力,而不得不出兵。

朱一貴、林爽文兩起清廷民變相隔約五十年,學者們認為何者造就「卑南王」的稱號觀點並不相同。不過相同的是指稱卑南王稱號之獲得,皆因協助清廷平定民變有功而受封。林氏認為值得探討的問題是,乾隆當時的封賞官位最高只達「六品頂帶」,距離口傳所說「受封為王」的官位還很遠。可是為什麼會在民間傳成「王位」呢?特別是在沒有「王」概念的原住民族社會中產生,很值得探究。林氏的研究文字綜合前人研究與文獻資料,以嫻熟自身族群的語言與社會風俗,大膽推論卑南王形成原因,著重標幟卑南族的過去與發展,歷史積累的「卑南王」意像,成為當今卑南族的某種象徵符號。然,是何種符號,留給讀者深具想像空間。

過往的文獻記載,原住民族的聚落常被稱為「社」,漢人聚落則被稱為「庄」。原住民各社都有領導人,稱謂各自不同。17 世紀以後,外來統治者常會在原住民各社中選拔領導人,如荷蘭時代會任命某些人為「頭目」,然後賜與荷蘭東印度公司的權杖,象徵統治者的權力;清官方也會任命「土目」、「土官」,代為收稅和其他行政業務。清代文獻中已記載各社有「正社長」、「副社長」,日治時期,臺灣總督府也在各社設立「頭目」等,每月有固定薪俸。臺灣原住民族的歷史上曾出現過一些著名的領導人,不只被以「頭目」、「酋長」稱之,有的還被稱之為「王」。

1915 年,臺灣總督府臨時臺灣舊慣調查會所出版《蕃族調查報告書》,曾記載當時的卑南社距離卑南街約一里,有二百多戶,部落內道路井然,兩旁種有可遮蔽烈陽的蒼鬱竹林。雖屬酷熱的熱帶,但涼風徐徐,彷彿置身於日本鄉間。佐山融吉來此調查,形容一入社即可見到道路兩旁直徑約三寸五分、高聳入天的茂密竹林,不禁讓他想起昔日「卑南王」的雄姿。1930 年臺北帝國大學首任總長(校長)幣原坦,也曾記錄清廷因朱一貴民變時,得到卑南大酋長 Pinadray 的相助,清廷大悅因此賜封號,賞賜王衣王冠,並委託他專門治理臺灣東部地區,當時卑南王勢力強大,勢力範圍遠至花蓮港廳。傳說皇帝賞賜龍袍,使他具有不同凡響的力量,讓後山七十二社的人都臣服。

卑南族傳說的「卑南大王」,統治後山七十二社,凡是有射鹿、殺牛、

宰豬的人，必定要送獵物的腿給他。清皇帝封他為「卑南王」，統治後山七十二社。傳說流傳到今天，仍然受到族人津津樂道他的光榮史蹟。普悠瑪（Puyuma 南王部落）就有一座「卑南王」雕像，寫著「卑南大王」功蹟。黃應貴認為：這「過去光榮的歷史」一直成為卑南族文化認同上的重要指標，自然也影響其對歷史主體性的建構。即使在當今卑南族也如同其他原住民族群，面臨「黃昏」的處境，然而卑南族人主觀上仍認為自己是其歷史的主體與活動者。〔註 32〕「卑南王」過去光榮的英雄事蹟，讓族人津津樂道。這位主人公為何會如此讓族人津津樂道？每個人怎麼說這位「卑南王」？津津樂道的事蹟如何成為卑南族歷史主體性的建構？

〔註 32〕黃應貴：〈「時間、歷史與記憶」〉，載於黃應貴主編《時間、歷史與記憶》（臺北市：中央研究院民族學研究所，1999 年），頁 1～30。

第一章　關於「卑南王」的記載與說法

十七世紀，荷蘭東印度公司曾為尋求傳說中的金銀島來到東臺灣，鄭成功時期也曾派員來取金；清初因朱一貴、林爽文事件，要求卑南覓社協助平亂，清晚期因牡丹社事件刺激清廷調整治理政策，接續割讓臺灣與日本政府，各歷史時期對東臺灣最具勢力的領袖—卑南王，皆有不同的稱謂，荷治時期稱 king、Regent（攝政王），清治時期稱「番長」、「大土官」、「通事」、「總通事」，日治時期稱「頭目」。

最早稱「卑南王」的記載，是清末日治初期陳英《臺東誌》。以下分別以：荷治至明鄭時期（1636～1683）、清初至清代中期（1683～1871）、清代晚期（1871～1895）至日治時期（1895～1945）三個時期，探討觀察在不同時期，文獻中「卑南王」的記載與說法。

第一節　荷治—明鄭時期文獻中的「卑南王」

一、金銀島的「卑南王」

1625 年，臺灣東部在荷蘭東印度公司繪製地圖首次出現；荷蘭東印度公司派赴臺灣的第二任長官偉斯（Gerard F. de With）在巴達維亞不斷要求下，命令高級舵手諾得洛斯（uppersteerman）去北方探測，準確將臺灣描繪成一個島的地圖，東部地區標出三仙台、綠島及臺東（pima）附近一處平坦的沙灘。諾得洛斯由海上進行測繪，可確認他並未登陸東部地區。不過這次測繪使荷蘭東印度公司人知道臺灣東部山高，沒有良好的深水港與貿易網絡，並

不適合他們居住與建立據點。〔註1〕《福爾摩沙地誌》紀錄下卑南角（Penimbos cape，今猴子山），正南方有條河，推測應是今日的卑南大溪，溪的南邊標註卑南角間 Penimbos（卑南社），〔註2〕如圖1。

圖1　十七世紀《新舊東印度誌》書中的臺灣島，紀錄卑南角（Penimbos cape），今稱猴子山

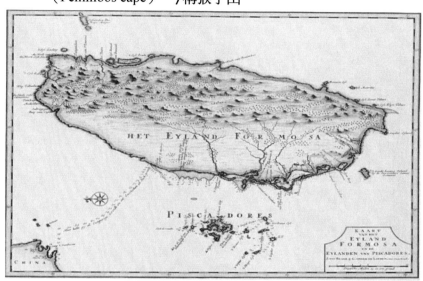

資料來源：引自蘇格蘭牧師甘為霖（William Campbell）《荷據下的福爾摩沙》
收錄 François Valentyn（1666～1727）橫躺的臺灣地圖。

十七世紀臺灣島，土著稱為北港（Pak-an 或 Pak-ande），漢人稱為大琉球（Tai Liu-khiu），葡萄牙人稱為福爾摩沙（ilha Formosa），荷蘭東印度公司人也稱之為福爾摩沙（island of Formosa）。〔註3〕「福爾摩沙」已廣為歐洲人所知，但真正到過臺灣的人少之又少，甚至大陸上的中國人對臺灣也不熟悉。

荷蘭東印度公司為尋求傳說中的東方金銀之島，曾多次出動探險行動，耗去了莫大的費用。〔註4〕1636 年，從一個住在放索仔，經常前往瑯嶠〔註5〕的

〔註1〕 1625 年荷蘭人所繪製的臺灣全島圖，這是世界上第一張比較正確的臺灣地圖。在這張地圖出現以前，臺灣島在地圖上都被描繪成三個分開的島嶼。

〔註2〕 引自甘為霖著，翁佳音校訂：《荷蘭時代的福爾摩沙》的第一部分福爾摩沙概述，（臺北市：前衛出版社，2017 年），頁 4～10。

〔註3〕 甘為霖英譯，翁佳音校訂：《荷蘭時代的福爾摩沙》（臺北市：前衛出版社，2017 年），頁 6。

〔註4〕 中村校志：《荷蘭時代臺灣史研究上卷概說產業》（臺北市：稻鄉出版社，1997 年），頁 165。

〔註5〕 荷蘭人稱瑯嶠為省，provintie，稱瑯嶠首長為君主，vorst，足見對瑯嶠頗為尊

中國人處得悉臺灣東部有黃金。

> ……關於黃金的情況和產地，我方的人從一個住在放索仔，經常前
> 往從上述瑯嶠再過去三日路程的山裡（那裡的人也跟瑯嶠的人敵對）
> 有黃金，……〔註6〕

　　據《熱蘭遮城日記》1636 年 5 月記載，瑯嶠的人偕同牧師尤紐斯從新港
來大員都聲稱，「那些跟他們在作戰的，位於從他們那裡向北上去一兩天路程
的兩三個稱為卑南（Pimaba）〔註7〕的村莊，擁有很大量的黃金。」〔註8〕1637
年 2 月，荷蘭東印度公司中尉 Jan Jeuriaensz 率人搭戎克船親赴瑯嶠打聽金礦
所在，得知黃金訊息產在瑯嶠更南方的山裡東邊鄰近的地區：

> 傳說的黃金產在卑南的東邊鄰近地區，要前往那地區，即要達成目
> 的，必須使用武力，完全不可能跟他們用交涉的方法締和，首先要
> 對付 Tawaly（臺東縣太麻里）的人，這個村莊位於瑯嶠的北邊約 20
> 浬處，戰士不到 100 人，然後要去對付卑南的人，位於再往北 6、7
> 浬處，估計那村莊有 1,000 個戰士，這兩個村莊的人，都是上述瑯
> 嶠人的世仇。為要使上述征伐進行的更好，上述瑯嶠人自願提供他
> 們的武力，參與征伐，他們有 960 個戰士，並將指示一條適當的捷
> 徑，安排荷蘭東印度公司人和瑯嶠人全軍進入敵人腹地的行軍事宜，
> 他們很想要對敵開戰。〔註9〕

同時根據一個經常往來瑯嶠、卑南漢人的說法，搭戎克船比走陸路更容易到
達；從中國人處得知獲知黃金產在卑南的東邊鄰近地區，卑南的人擁有魁偉的
戰士，甚至還有其他的歸屬之村社，〔註10〕這讓荷蘭東印度公司不敢對卑南
小覷。

　　往來東部的中國商人和通譯，又告知「從瑯嶠向北上 一兩天的路程」，黃

　　崇。江樹生譯註：〈熱蘭遮城日誌／I-I／1636-12-14〉，臺灣日記知識庫。中央
　　研究院臺灣史研究所。上網日期：2020 年 04 月 3 日。〈http://taco.ith.sinica.edu.
　　tw/tdk／熱蘭遮城日誌／I-I／1636-12-14〉。

〔註6〕 江樹生譯註：〈熱蘭遮城日誌／I-H／1636-04-11〉。

〔註7〕 荷蘭文獻記載稱「卑南」為 Pima、Pimaba、Pibamba 等不同拼寫形式。程紹
　　　剛：《荷蘭人在福爾摩莎》（臺北市：聯經出版社，2000 年），頁 189。

〔註8〕 江樹生譯註：〈熱蘭遮城日誌／I-H／1636-05-19〉。

〔註9〕 江樹生譯註：〈熱蘭遮城日誌／I-I／1637-02-17〉。

〔註10〕 江樹生譯註：〈熱蘭遮城日誌／I-K／1638-02-12〉。

金就在「兩三個稱為卑南（Pimaba）的村莊，擁有很大量的黃金」。〔註11〕紀錄特別指出：「這位中國人經常往來瑯嶠、卑南長達 14 年」，除表達對這份訊息的信任外，可知在荷蘭東印度公司未進入東部以前，已有漢人為了作生意，往返臺灣東部之間，推算時間大約是荷蘭東印度公司進入臺灣島的時間。在中國商人眼中，此區有一個「酋長」，周遭皆歸屬其治理，擁有不少人口、附屬小村莊，和戰士軍隊，宛如一個獨立王國。

「卑南」在瑯嶠眼中為世仇〔註12〕。1636 年 12 月，瑯嶠頭目率眾前往大員城，向荷蘭東印度公司長官 Johnvander Burch 請求，代為向與瑯嶠交戰的卑南各社協議和平，若其不從，則請荷蘭東印度公司人偕同討伐卑南各社。〔註13〕荷蘭東印度公司聽瑯嶠人說：卑南有 1000 個戰士，瑯嶠願提供 960 個戰士參與征伐。推測卑南與瑯嶠，兩者的兵力應相當，但瑯嶠卻想藉助荷蘭東印度公司之力攻打卑南。螳螂捕蟬黃雀在後，荷蘭東印度公司卻想利用瑯嶠與卑南敵對的關係聯合出兵。1638 年 1 月底，荷蘭東印度公司的卑南探金隊先攻擊卑南南邊 Tawaly（太麻里村社），屠殺社人 40 名，並燒毀房屋 300 座，之後繼續前往卑南進行調查。〔註14〕同年 2 月間，荷蘭東印度公司探金隊返回大員城，回程再度經過太麻里，太麻里各社頭目向荷蘭東印度公司請求庇護納為盟友。〔註15〕荷蘭東印度公司尋金隊長進入卑南社後，親眼見其擁有的武器茅 15 呎，換算長約 4.5 公尺長，18 呎的茅甚至可長達 5.4 公尺〔註16〕，可見卑南戰士頗為魁偉：

> 卑南位於一片平坦的農地上，種植很多檳榔和椰子樹，人口約有
> 3,000 人，其中約有 1,000 個魁偉的戰士，武器有弓箭和 15 呎長甚
> 至 18 呎長的矛，還有六、七個小村莊附屬於該村莊。〔註17〕

經由中國翻譯員的居間聯絡，安排了卑南政府的首領和荷蘭東印度公司的隊長會面：

〔註11〕江樹生譯註：〈熱蘭遮城日誌／I-H／1636-05-19〉。
〔註12〕江樹生譯註：〈熱蘭遮城日誌／I-I／1637-02-17〉。
〔註13〕郭輝譯：《巴達維亞城日記》（南投：臺灣省文獻委員會，1970 年），頁 191。
〔註14〕江樹生譯註：〈熱蘭遮城日誌／I-K／1638-02-12〉。
〔註15〕施添福編纂，《臺東縣史・大事篇（上冊）》（臺東：臺東縣政府，2001 年），頁 17～20。
〔註16〕1 呎約 30.48 公分。
〔註17〕江樹生譯註：〈熱蘭遮城日誌／I-K／1638-02-12〉。

2 月 1 日來到卑南前方，在那裡把當地的部隊排好陣勢。經由中國人翻譯員 Tangwa 的居間聯絡，安排了卑南政府的首領和荷蘭東印度公司的隊長會面。商談不久，雙方就達成和議了。為要確認該和議，卑南的領主把他來見面時戴在頭上的周沿鑲金，整個薄如鐵皮的帽子贈送給該隊長，相對地，該隊長也贈送他恰當的禮物，即一頂灰色帽子和一匹紅色天鵝絨，用以同表確認該和議。〔註18〕

雙方商談不久就達成和議，免去了瑯嶠與卑南社的戰爭，並與荷蘭東印度公司作出和議互贈禮物。〔註19〕卑南領主將帶在自己頭上、帽緣鑲一層薄如鐵皮的帽子，贈給 Juriaense 隊長，隊長將一頂灰色帽子、一塊紅色天鵝絨，回贈給卑南領主。締盟後荷蘭東印度公司稱：傳聞中的「卑南酋長」為「領主」。在不到兩個月的時間下，卑南領主下令屬下 10 個小村莊，歸順荷蘭東印度公司。〔註20〕卑南領主下的「10 個小村」歸順，很快也影響其他周遭的鄰社紛紛歸順。「卑南領主」選擇歸順荷蘭東印度公司，隔日，同意讓全部軍隊走進該村莊，對於荷蘭東印度公司探詢所希望的金礦之事，卑南社宣稱該金礦在一條稱為 Danauw 的河裡，距離卑南還有三天半的路程；在該河旁邊，有幾個大的和小的村莊。〔註21〕之後，荷蘭東印度公司與卑南社共同展開尋金之路。

雖然〔隊長〕很友善地鼓勵他們，請他們帶路，但他們不肯指示那地方給我們，因為他們還不認識荷蘭東印度公司人的性格，跟荷蘭東印度公司人沒有確實的經驗，因此還不能決定一起行動，因為害怕在途中被殺害。〔註22〕

剛歸順的卑南社對於荷蘭東印度公司深感害怕，因此還不能決定一起行動，害怕在途中被殺害，但願意帶路尋找金礦。〔註23〕在卑南社的協助下開始尋金，甚至留下佐理商務官員馬丁‧威瑟靈（Marten Wesselingh）長駐「卑南覓」，繼續探訪金礦所在。1638 年後，荷蘭東印度公司駐地回報熱蘭遮城，卑南人自願當嚮導，並提供協助荷蘭東印度公司往北尋金，軍隊要去那裡，卑南人也願

〔註18〕江樹生譯註：〈熱蘭遮城日誌／I-K／1638-02-12〉。
〔註19〕江樹生譯註：〈熱蘭遮城日誌／I-K／1638-02-12〉。
〔註20〕江樹生譯註：〈熱蘭遮城日誌／I-K／1638-03-10〉。
〔註21〕江樹生譯註：〈熱蘭遮城日誌／I-K／1638-02-12〉。
〔註22〕江樹生譯註：〈熱蘭遮城日誌／I-K／1638-02-12〉。
〔註23〕江樹生譯註：〈熱蘭遮城日誌／I-K／1638-02-12〉。

意供應米等其他物品。〔註24〕顯示荷蘭東印度公司在卑南社從「威服」到「信服」的過程，但讓卑南人產生心理變化的原因未明。

> 他已設法使卑南領主與公司的締和更加鞏固，卑南領主也樂意繼續締和，因此已經下令卑南與他屬下 10 個小村莊，要歸順公司，並像其他鄰近村莊那樣跟公司結盟起來，而且太麻里的人也已經答應要如此跟隨。〔註25〕

從此段記錄看來，剛與荷蘭東印度公司締盟的卑南社，似乎還有其他事項讓馬丁‧威瑟靈（Marten Wesselingh）不安，要想辦法使締和更加鞏固。同年 8 月，卑南社中長者來到大員並與荷蘭東印度公司締結友好合約：

> Radout〔卑南的貴族〕，由他的隨從 12 個人陪伴，抵達此地，要來締結和約。……9 月 9 日。下席商務員 Marten Wesselingh 由 6 個士兵陪伴，與卑南的貴族 Radout 一起出發，要經由瑯嶠再度前往卑南，上述 Radouth 留在此地的期間，予以週到的慇勤款待，因為他同意締結了聯合東印度公司政府與卑南人之間的和約，該卑南人，於贈送禮物給他以後，滿意地離開了。〔註26〕

「卑南領主」擁有強大的人力與武力，短時間內願意歸順荷蘭東印度公司，提供人力物力開始尋金，除可能因荷蘭東印度公司以強勢武力，攻下敵對太麻里社恫嚇卑南社；學者認為荷蘭東印度公司代表是一股新的外來勢力，當不同村社勢力集團存在敵意時，如何面對、運用這股外來勢力，將是重要考量。〔註27〕因此文獻記載卑南社自願當嚮導，並提供協助往北尋金，軍隊要去那裡，卑南人願意供應米等其他物品，也到大員與荷蘭東印度公司締結友好合約。荷蘭東印度公司不斷在東部尋找寶藏，三次探金征伐活動，最終發現那只是夢，只好務實的回到基本面，選擇與卑南社合作，共同經營、擴張東部勢力。

荷蘭東印度公司在東臺灣因距離、交通等因素鞭長莫及，選擇與卑南社結盟，一同出動武力在東臺灣地區擴張影響力。除了讓知本、大南社勢微，瓦解里壠社在花東縱谷南段的勢力外，卑南社勢力還一度擴張至花蓮秀姑巒

〔註24〕江樹生譯註：〈熱蘭遮城日誌／I-K／1638-02-12〉。
〔註25〕江樹生譯註：〈熱蘭遮城日誌／I-K／1638-03-10〉。
〔註26〕江樹生譯註：〈熱蘭遮城日誌／I-K／1638-08-08〉。
〔註27〕康培德：〈卑南人與荷蘭東印度公司的後山統治〉，《臺灣文獻》第五十七卷第二期，頁3～36。

溪口的阿美族部落群之中。雖荷蘭東印度公司被隨後的鄭成功勢力逐出臺灣，卑南社依然繼續扮演公司代理人角色，維持東臺灣霸主的地位，繼續控管東臺灣一帶其他部落的住民；如後世所稱的「卑南阿美」，皆需向卑南人繳納貢稅的習俗，多少即起因於此。〔註 28〕

　　荷治時期臺灣南島語族的涉外戰役中，可約略看出部落與荷蘭東印度公司的結盟，事後往往轉變成部落的對外主權移轉為荷蘭東印度公司所有，與今日國際社會認定的結盟概念不盡然一樣。當時各部落之所以願意歸順公司，除了受制於公司的武力外，還有其他動機。如小型部落多為尋求保護，避免強大部落的攻擊。也有企圖透過與荷蘭東印度公司結盟，對抗原有的宿敵；如新港社即藉由歸順，以對付周邊的麻豆社與阿猴社勢力。〔註 29〕不過，在眾多的結盟案例中，結局最例外、也最特殊的是卑南社。

　　在一連串尋金的過程中，傳說的黃金在哪？黃金都在主權以外的地方，要拿黃金都須先降服對方。荷蘭東印度公司先聽聞臺灣有黃金，又聽說黃金在瑯嶠，瑯嶠人說在卑南覓，卑南人說在里漏。想利用荷蘭東印度公司強勢兵力的部落，都說黃金在敵營，想藉以解決敵對關係，但似乎只有卑南領主順勢利用這層關係，不僅是消滅對頭勢力，還順勢拓展了勢力範圍。如 1638 年後先以武力征伐太麻里、知本、呂家、大巴六九等社，戰敗村社多化為焦土；以大巴六九為例，荷蘭東印度公司除要求族人成為卑南覓公司在當地的「代理人」的屬民，〔註 30〕原位於卑南覓附近的山區知本社，1643 年因收留逃亡的瑯嶠君主，並與卑南覓為敵，遭公司出兵討伐。〔註 31〕

　　荷蘭東印度公司文獻中原住民村社要人的稱謂與中文翻譯，從 1635 年 12 月與臺南一帶麻豆社締結的條約文字內容推測，村社內部原本就有一群約定俗成的「長老」（Outsten），稱為「長者」（Ouden），以強調非正式的性質；未正式與東印度公司締約前的村社統治者（Overste）稱「頭目」（principaeliste）；締約後公司由村社推選名單中遴選「首長」為長老（Outste）、「首領」

〔註 28〕　康培德：〈荷蘭時期涉外事件〉，《原住民族文獻》2015 年 6 月 21 期。https://ihc.
　　　　　apc.gov.tw/Journals.php?pid=628&id=858。

〔註 29〕　康培德：〈荷蘭時期涉外事件〉，《原住民族文獻》2015 年 6 月 21 期。https://ihc.
　　　　　apc.gov.tw/Journals.php?pid=628&id=858。

〔註 30〕　中村孝志著，吳密察、翁佳音編：《荷蘭時代臺灣史研究上卷概說產業》（臺北
　　　　　市：稻鄉出版社，1997 年），頁 188。

〔註 31〕　康培德：《臺灣原住民史政策篇（一）荷西明鄭時期》，頁 70。

（bevelhebber）或統治者（OVerste）。〔註32〕也有幾個地方有較特別的稱呼，如：瑯嶠、太麻里鄉。「瑯嶠灣」是荷蘭東印度公司通往卑南尋金的航運和陸上要道，以及荷蘭東印度公司、漢人與瑯嶠地區上、下十八社居民經濟交易的出入口。〔註33〕瑯嶠在荷蘭東印度公司眼中為臺灣最文明的原住民番社。臺灣長官普特曼，提到瑯嶠人時，還贊許任何土著都「還要文明（veel beter geciviliseert）」，稱呼統治首領為瑯嶠君主（vorst）；擁有高度的尊嚴。〔註34〕統治如同國君般；首領不論在屬民播種、收割或狩獵所得都有其份，有如稅收一般。也有在原住民部落所設置「頭人」，漢譯音為「甲必丹」，阿美語稱之為 kakitaan。現今太麻里鄉境內阿美族人仍稱頭目為 kakitaan。〔註35〕

《熱蘭遮城日誌》記載卑南社的領袖有多種稱呼，有稱：卑南大人物（grooten van Pimaba）、卑南社攝政武士（regent van Pimaba）〔註36〕、卑南社統治者（oranckay、卑南社首長們（opperhoofden）、攝政者（regent）、卑南社長老（outsten）、卑南社首長（Redout、Toboe），記載之意，皆是指稱最重要之領袖人物。〔註37〕可見荷蘭東印度公司文獻中的「卑南領袖」，其記錄觀點似乎都蒙著一層薄紗，從多變的稱呼，領袖人物似乎不只一人，有時甚至可能是一群體。現今卑南社稱領袖為頭目 Yawan，相傳也為荷蘭東印度公司語，在荷蘭東印度公司還沒有來以前稱為 ragan。南王社耆老表示：

> 荷蘭東印度公司人還沒有來以前，部落的領袖其實就是 Pasaraadr 家族的祭司長，我們稱為 ragan，由男性承襲，會所的事務都是由他們主持。我們從都蘭山遷徙到 drungdrungan，都是由 Pasaraadr 家族的人當部落的領袖。Raera 是南邊家族的，是荷蘭東印度公司人

〔註32〕康培德：〈卑南人與荷蘭東印度公司的後山統治〉，《臺灣文獻》第57卷第2期（2006年），頁8。

〔註33〕洪文傑：《大航海時代瑯嶠地區的開發與社會變遷1624～1895》（屏東：國立屏東大學社會發展學系碩士論文，2015年），論文摘要。

〔註34〕康培德：《殖民想像與地方流變》（臺北市：聯經出版社，2016年），頁39。

〔註35〕葉志杰等撰、財團法人臺灣史研究會編：《太麻里鄉志》（臺東：臺東縣太麻里鄉公所，2013年），頁3～4。

〔註36〕Magol 在原文記載為 regent van Pimaba，直譯為「卑南社攝政」：因考慮 Mago 原係負責與東印度公司作戰的卑南社要角，與之後文獻裡出現頻繁的長老、貴族（edelmanT 類的 regent vanPimaba 不同，故康培德將其譯為「卑南社攝政武士」。康培德：〈卑南人與荷蘭東印度公司的後山統治〉，頁4。

〔註37〕康培德：〈卑南人與荷蘭東印度公司的後山統治〉，頁1～36。

時期的時候，才成為部落的領袖。〔註38〕

　　卑南社領袖（Yawan），對外代表番社，對內保障社民的安寧幸福，主司軍事、司法與祭典。卑南社有六個集會所，社民各依出身親屬關係分屬各集會所，各會所各有領袖統率，部落再由總領袖統一領導。〔註39〕傳統卑南族人的名制與禮貌，不直呼其名，有可能稱其職而成為荷人記錄中之名。這或許可解釋為什麼荷蘭東印度公司稱卑南社的領袖有多種稱呼。荷蘭東印度公司認為其驍勇善戰，是整個福爾摩沙島上最會使用兵器的種族，這也與1640年荷蘭東印度公司東印度公司蘇格蘭籍員工大衛・萊特（David Wright）觀點相同；他以「福爾摩沙十一郡」地理區域記錄臺灣島，位第四區者為卑南（Pimaba），他形容卑南居民驍勇善戰，比福爾摩沙島其他各族擅用兵器，卑南王本人也被視為勇士，身邊永遠有侍衛。〔註40〕以當時而言，大衛・萊特（David Wright）觀察到的「卑南王」應是對荷蘭東印度公司深具有影響力之人，「王」與荷蘭東印度公司當局關係良好，「王」還喜歡誇稱自己是公司的軍官。

二、設卑南地方會議區

　　荷蘭東印度公司為維護採金的利益和尊嚴，不惜展現決心，凡是阻擾者不論其原因，必定動用武力以達遏阻的效果。如：1637年，一進入臺東平原殺戮太麻里社，1641年，東印度駐社商務員Wesselingh在Tamalocou（泰安社）被殺，派兵350人攻打（泰安社），並命令該社不得重建，社眾皆歸納卑南社統領。〔註41〕對於不服者以武力攻之，同時間卑南社逐漸成為荷蘭東印度公司的代言人，四處招降諸社和徵收賦稅。

　　對於曾經結盟的村社一旦叛變也出兵征討。1642年初，原與荷蘭東印度公司人結盟的瑯嶠人，與荷方關係轉劣，荷蘭東印度公司乃於年底，與放索、下淡水兩社為盟軍出兵征討，瑯嶠王一子陣亡，轄下五社被焚。瑯嶠王

〔註38〕未出版。臺東縣卑南族民族自治事務促進發展協會：《館藏卑南族文物與卑南王傳說之相關研究分析暨故事採集計畫期末報告書》（臺東：國立臺灣史前文化博物館，107年），頁111。

〔註39〕河野喜六：《番族慣習調查報告書第二卷》，頁356。

〔註40〕引自甘為霖英譯／翁佳音校訂《荷蘭時代的福爾摩沙》（臺北市：前衛出版社），第一部分福爾摩沙概述（法蘭汀原著），頁18。

〔註41〕《巴達維亞城日誌》1640～1641，263～268〔8〕，長官P. Traudenius於1641年3月17日在大員寫給總督A. van Diemen的書信。

本人，傳說與其兄弟、隨從逃到知本社；公司繼而派兵懲罰知本社，並將其遷往知本溪一帶的平地。〔註42〕1646年10月，荷蘭東印度公司派駐卑南指揮官 Jan Jansz. van den Bergh 士官上書，表示東部所有村莊都還相當平靜安寧，只有知本社人還膽敢為非作歹。1647年3月15日，Jan Jansz. van den Bergh 率領19個荷蘭東印度公司士兵和150個卑南社人前去攻打知本社，當時的紀錄記載，此役戰果是取得包括婦女少年人在內的20顆頭顱，並把田裡的房屋放火燒毀。〔註43〕該場戰役荷蘭東印度公司將向來不願順從的知本部落徹底降服，也將臺灣東部原住民部落的局勢大致抵定下來。

地方會議是荷蘭東印度公司統治臺灣時期對原住民族的管理制度。由公司召集各村社長老頭目來到大員（今安平），展示公司的實力取得威信。透過定期召開地方會議，以維繫雙方關係，協助荷蘭東印度公司推行政令，並以確立為領主、原住民為封臣的關係。全臺灣陸續成立南部、北部、東部、淡水四大地方集會區，授予各部落首領（稱為頭人）公司的籐杖，以及維持部落社會秩序的權力。藉由地方會議來挑選受征服的各社首長，候選人來自社內長老，首長職權除執行當局政令之外，亦需協助宣教士推動教育事業。首長人數依村社規模而有所不同，如大社3位、中社2位、小社1位，首長若是年紀過大，荷蘭東印度公司人也會多選1位首長予以輔助。〔註44〕每年3到4月間，召集各部落首領，宣達政令與合法授權首領們在社內行使司法權的權力。

地方會議上會藉由會議排場，展現自己的優越地位。每次長官及議員前往會場時，皆鳴放禮砲、禮槍，並由士兵簇擁就座。開會時，長官及議員皆坐在較高的亭子，原住民族則坐在較矮的桌椅上，顯示雙方地位有差距。荷蘭東印度公司為表示漢人的地位不如己，通常不讓漢人出席會議，就算有人出席，也僅在宴會上端送茶水、點心，明白表示漢人為公司的屬下。〔註45〕1644年，卑南社第一次到大員參加地方會議。文獻記載 Pimaba〔卑南〕參加長老人數3人，分別是 Redut（redout？）、Parmonij 與 Touba。〔註46〕

〔註42〕江樹生譯註：《熱蘭遮城日誌（二）》（臺南市：臺南市政府，2003年），頁74～75、78～81。

〔註43〕江樹生譯註：〈熱蘭遮城日誌／II-J／1647-03-21〉。

〔註44〕康培德著：《臺灣原住民史政策篇（一）》（南投：國史館臺灣文獻館，2005年），頁157～160。

〔註45〕歐陽泰：《福爾摩沙如何變成臺灣府？》（臺北市：遠流出版社，2007年），頁345～348。

〔註46〕江樹生譯註：〈熱蘭遮城日誌／II-E／1644-04-19〉。

在前來參加會議的這些人當中，最顯要的人是 Poulus，或作 Parmonij，以及瑯嶠社君主的兄弟 Kaylouangh，他住在特別的村社，而且跟他兄弟很不相同。……那些長老都被熱誠款待，直到他們都盡興愉快，並有所消遣。〔註47〕

會議記錄以「卑南社首領的兄弟 Poulus」記載出席，會議還記載用卑南的語言宣導，「今後要順服議長閣下」，並詳細說明「將來最好用鹿皮納稅。也提說，每年要更換幾個長老，並培植年輕人，以便有人更換或死亡時，來擔任該職務。也告訴他們關於長老與教師的差異、以及這兩種職務不宜由同一個人來擔任的事」，對此宣稱大家都願意順服。〔註48〕卑南地方會議區為1644～1661 年的東臺灣行政區，位置範圍約指臺東區域。該區域統治數十個臺灣原住民族社，「卑南」一詞，亦為首次使用。該會議區與其他三個臺灣行政區劃相同，不設各區統治者，是由該區劃轄下歸順的原住民族社長老直接向大員長官負責。〔註49〕

1652 年，舉辦第一屆東部地方會議，直至 1656 年 5 月，參與的東部地方會議有 42 社。透過地方會議，荷蘭東印度公司進行村社頭人的派任，直接涉入村社長老的權力運作。不過相對於西部，東部地方會議僅辦理 5 年，公司對村社長老的權力運作還是有限。東部地方會議的運作，大多係透過卑南社的武力，協助支持公司的象徵意義；會後的實質運作，也藉由卑南社的力量執行。〔註50〕1655 年，於安平舉辦南路地方會議，卑南駐地官帶領卑南社 14 歲年幼攝政者，贈送荷蘭東印度公司長官禮物，特別被記錄：

這次來普羅岷西亞參加這地方會議的人當中，有荷蘭東印度公司士官 Jacob Dusseldorp 從卑南帶來的卑南的少年酋長（jonge regent）一行 27 個人，他年約 14 歲，是個彬彬有禮的少年人。他帶禮物來贈送長官閣下（以前曾幫助他父親在戰爭中收復幾個村社），據上述 Dusseldorp 的說法，是要用以表示他們公司之意。這是第一次有這麼尊貴的人，從這麼遠的那邊來到此地。因此，准許他們，用公司的費用，讓他們在大員停留幾天。〔註51〕

〔註47〕江樹生譯註：〈熱蘭遮城日誌／II-E／1644-04-18〉。
〔註48〕江樹生譯註：〈熱蘭遮城日誌／II-E／1644-04-19〉。
〔註49〕施雅軒：《臺灣的行政區變遷》（臺北市：遠足文化公司，2003 年）。
〔註50〕康培德：〈卑南人與荷蘭東印度公司的後山統治〉，頁 1～36。
〔註51〕江樹生譯註：〈熱蘭遮城日誌／III-F／1655-03-19〉。

　　「卑南少年酋長」，推測可能是「酋長之子」，當時卑南社最具權力首長之子，年僅 14 歲，就已參與荷蘭東印度公司結合卑南社討伐村社戰爭，且收復幾個村社。隨行這位「卑南少年酋長」有 27 人之多，被形容「第一次有這麼尊貴的人」，可見當時荷蘭東印度公司對卑南來參加南部地方會議非常重視，認為東部番社逐漸進入順服階段。荷蘭東印度公司因在後山缺乏人力，大量仰賴卑南社的力量鞏固在當地的利益，卑南社亦藉由維持與荷蘭東印度公司合作關係，日漸穩固在後山的勢力版圖。〔註52〕

　　然而，這個記載十分特別，值得注意。因為它和現在我們理解的卑南社社會制度頗不相同。卑南族石生系統的部落領導的產生，傾向世襲的制度，但是竹生系統的部落為推舉制。所以依照推舉原則，一位 14 歲的少年，在卑南族的年齡級制度中，只是青少年會所（trakubakuban）中的低年級成員（marenagan）而已，不可能成為部落領導，還成為 27 位成人的領導代表。能解釋的理由或許是，顯示卑南社在荷蘭東印度公司時代時，部落領導人的產生有可能還是傾向世襲制度，而如今竹生系統的部落盛行推舉領導的制度，有可能是受到阿美族的社會制度所影響；也或許是對於外部有了擴張的需要，需要有一個中央集權的嚴密組織，因而內部出現了階級，部落領導的產生成為推舉制。

　　1652 年舉辦第一屆東部地方會議，東部地方會議參加者計 34 村，1653 年 37 村，1654 年 38 村，1655 年 43 村。東部已有 43 社（部落）承認荷人治權，人口約五、六千人。〔註53〕自 1647 年起，荷蘭東印度公司於地方集會召開時所蒐集的資料，製作《全臺臣服番社戶口造冊》報告，對各區番社的首長名字、各社名稱、戶數皆詳細列舉。時至今日，留存 1647、1648、1650、1654、1655、1656 等，共六年的番社戶口報告。經中村孝志的考證整理，得知荷蘭東印度公司時代登錄的全臺番社數目，大致與清代所載三百餘社生番、熟番相去不遠，從地方集會的定期召開，亦顯示出其統治的嚴密與穩固。〔註54〕荷蘭東印度公司所劃分的集會區，各區有政務官、駐防官以管

〔註52〕康培德：〈卑南人與荷蘭東印度公司的後山統治〉，頁 19。

〔註53〕康培德著：《臺灣原住民史治策篇（一）荷西明鄭時期》（南投：臺灣文獻館，2005 年），頁 171～182。

〔註54〕中村孝志：〈荷蘭時代的臺灣番社戶口表〉，《臺灣風物》第 44 卷 1 期（1994 年），頁 197～234。

理地方民刑事務，在北部淡水與東部卑南等區，也分別有公司指揮官與土兵駐紮，因此翁佳音認為，這可視為有相當雛形的行政區域。〔註55〕從荷蘭東印度公司派駐卑南地區的指揮官的層級與人數來看，東部卑南地區維持「相當雛形的行政區域」，需大大倚賴卑南社的力量。

1630年代的卑南社，最初僅是地方性的勢力，遠與瑯嶠交惡，近與知本社互別苗頭（這兩者均在卑南社南方）。康培德認為卑南社除因近海之便，成為對外貿易中心，在三次的探金征伐行動中，荷蘭東印度公司因受限於臺灣東部的地理空間、區位等因素，無法對東部地區實施類同於臺灣西部的統治模式，因而採取在地結盟策略。此策略讓卑南社透過外部結盟，成功地抗衡了當時在臺東平原的同語族知本社與異語族的大南社，成為當地的首要地域勢力，卑南社的影響力因而產生變化，成為東印度公司在後山的輔佐勢力，管理歸順公司的村社，代表公司收取歸順村社的貢物，甚至隨著荷蘭東印度公司影響力的擴張，讓自身勢力向北延伸，將秀姑巒溪以南的地區、部落納入為其所屬，因而奠定日後卑南社勢力的基礎。〔註56〕

康氏也認為從歷史地理學的角度來看，卑南覓的案例其實是後國族主義（post-nationalism）所談的「地方實體」（spatialidentity against nation history），與現代民族國家一樣，享有地理疆界領域的概念與實作，呈現出地域整合與政治鞏固的過程（a process ofterritorial and political consolidation）。

然，在1652年荷蘭東印度公司總督Reniers眼中，東部平地的村社雖然處於和平的狀態，卻確認為人群「狂野、魯莽（die menschen nochry war wilr ende brutael zijn）」，希望能藉由定期的地方會議給予改善。〔註57〕不過卑南社的領袖在荷蘭東印度公司多數人的眼中，都是「樂意繼續和其締和」。之後東部會議的舉行，還倚賴其收貢維持秩序，可見卑南社對荷蘭東印度公司的重要性；由此可知卑南社「領袖」具特殊的領導能力，能與荷蘭東印度公司聯合統治臺灣東部。卑南地方會議區成為1644～1661年的東臺灣行政區，是東臺灣最早之行政區劃，「卑南」一詞，亦是首次使用。

〔註55〕翁佳音：〈地方會議・贌社與王田—臺灣近代初期史研究筆記（一）〉，《臺灣文獻》第51卷3期（2000年），頁263～281。

〔註56〕康培德：〈荷蘭東印度公司治下的原住民頭人、村社整合與地域勢力變遷〉，《人文與社會科學簡訊》13卷3期（2012年6月），頁83。

〔註57〕程紹剛：《荷蘭人在福爾摩沙》（臺北市：聯經出版社，2000年），頁354～355。

三、阻鄭成功入後山

明永曆 15 年（1661）3 月到 1662 年 2 月初，鄭成功攻台，圍攻熱蘭遮城，迫使荷蘭東印度公司守軍實質投降退出臺灣。1661 年荷蘭東印度公司南部村社長官范·諾爾頓（Hendrick van Norden），及學校教師士兵共計 60 人，越山逃至卑南覓，與原來駐在該地之荷蘭東印度公司人 24 人會合，在當地住民保護下逗留〔註58〕。同年在卑南社人的保護下，送往外海登上接運的大船，返回巴達維亞。可見荷蘭東印度公司與卑南社關係密切，其影響力也不容小覷。在此大變局中，善於與外力結盟的卑南社人，消息不可能不靈通，荷蘭東印度公司之敗，應該可以由其他管道，例如漢商之中獲得，但為何選擇持續支持荷蘭東印度公司？推測卑南社人知道荷蘭東印度公司人在臺灣境外還有上級力量，荷方可能給予卑南社人不久將有援軍到達的訊息，以穩定卑南社人之心；果然之後大船來臨接人，證實荷蘭東印度公司海外力量的存在。

相較位於第三區米達克（Middag），由大肚王（the king of Middag）管轄，王國極盛時期曾統領 27 社。〔註59〕荷蘭東印度公司離開後，大肚王（the king of Middag）頑強抵抗鄭軍，導致鄭成功等人認為他們受到荷蘭東印度公司的煽動。鄭軍當時尚未攻下安平，就已缺糧，因此下令往北屯墾，就地取糧或種植，因此與大肚王國諸社發生激烈衝突，此次衝突，鄭軍將領楊祖陣亡，一鎮之兵（約五百人）「無一生還者」。鄭軍再派出將領黃安，以埋伏之計襲殺大肚社頭目。1670 年，大肚王國轄下的沙轆社遭劉國軒強力進攻，屠殺至僅剩六人，幾乎滅族。〔註60〕

1683 年，鄭成功為解決軍糧的問題，在登陸不久隨即命令軍隊展開屯墾；5 月，上淡水通事李滄向鄭克塽獻策「取金裕國」，鄭氏於是派監紀陳福由陸路前往卑南地方取金，文獻記載如下：

> 偽鄭時，上淡水通事李滄願取金自效，希受一職，偽監紀陳福偕行，率宣毅鎮兵，並附近土著，未至卑南覓社，土番伏莽以待，曰：吾儕以此為活，唐人來取，必決死戰。福不敢進，回至半途，遇彼地

〔註58〕村上直次郎（原譯）、程大學（中譯）：《巴達維亞城日記第三冊》（臺中市：臺灣省文獻委員會，1990 年），頁 302。

〔註59〕大衛·萊特（David Wright）劃分荷蘭東印度公司統治下的臺灣島為 11 個「郡省」地理區域。甘為霖英譯／翁佳音校訂：《荷蘭時代的福爾摩沙》（臺北市：前衛出版社，2017 年），頁 16。

〔註60〕康培德著：《臺灣原住民史政策篇（一）》，頁 269～270。

番泛舟別販，福率兵攻之，獲金二百餘，並繫其魁，令引路，刀鋸臨之，終不從。按出金乃臺灣山後，其地土番皆傀儡種類，未入聲教，人跡稀到。〔註61〕

卑南覓社對鄭軍的到來高度警戒。鄭軍驅使土魁繞別路，到力距社（利基利吉）連殺數番，亦不肯明示出金之地，鄭軍未到達卑南覓即剎羽而歸，只好無奈引還。同年 8 月 18 日，鄭克塽降清，東寧王朝滅。鄭成功的軍隊尚未到卑南覓，即已被阻在半途。為什麼卑南社在荷蘭東印度公司進入時卻很快與其締盟？願意配合荷蘭東印度公司取金，卻不願和鄭軍合作？歐陽泰認為，荷蘭東印度公司人透過地方會議維繫原住民的向心力，有助於解釋原住民為何協助鎮壓郭懷一事件。〔註62〕換言之，卑南社與荷蘭東印度公司可能透過結盟的方式，讓其願意配合荷蘭東印度公司取金。

明鄭時期並不注重東部開發，亦未曾設官治理東部地區。不過在當時南部改隸的四十六社當中，有出現「卑南覓社」的名稱，甚至有卑南覓各社繳納社銀的紀錄。〔註63〕「贌」為荷蘭東印度公司在臺灣實行的特殊承包制度，意指將某項經營活動的獨佔權以拍賣出售，其他人不能侵犯承包商的權利。獨佔權通常一年到期，得標時承包商須先繳納一些預付款，餘款等到期後才繳清。從廣義上而言，「贌」即為課徵不同形式的間接稅，有時也叫稅收承包制。〔註64〕荷蘭東印度公司引進的贌社制，被後世政權沿襲，將稅收改發包給漢人承包商、通事辦理。〔註65〕1662 年鄭成功擊敗荷蘭東印度公司後，根據雙方簽訂的條約，荷蘭東印度公司把贌社承包商的名冊抄錄給鄭方，作為辦理贌社的依據。〔註66〕

荷治時期「瑯嶠地方」已是一個出贌單位，明鄭末年則分為瑯嶠、卑南覓及加六堂，若「瑯嶠」對應「瑯嶠地方」，卑南覓與加六堂在明鄭時期為新

〔註61〕余文儀：《續修臺灣府志》（臺北市：臺灣銀行經濟研究室，1962 年），頁 555。

〔註62〕歐陽泰：《福爾摩沙如何變成臺灣府？》（臺北市：遠流出版社，2007 年），頁 334。

〔註63〕陳虹：〈明末臺灣山地行政研究（下）〉，《臺灣文獻》第 25 卷 4 期（1974 年 12 月），頁 36。

〔註64〕贌荷蘭東印度公司語：Pacht；閩南語：Pȧk。翁佳音：〈地方議會・贌社與王田：臺灣近代初期史研究筆記（一）〉，《臺灣文獻》51 卷 3 期（2000 年 9 月），頁 266～269。

〔註65〕翁佳音：《荷蘭時代臺灣史的連續性問題》（臺北市：稻鄉出版社，2008 年），頁 11～12。

〔註66〕康培德：《臺灣原住民史政策篇（一）》，頁 271～272。

增。卑南覓 1682 年 140.40 贌金（明鄭銀兩）。荷治與明鄭時期之制度稱為贌
社，清治時期則稱為社餉。〔註 67〕1685 年社餉（清銀兩）68,7960，人口數未
記載。〔註 68〕1685 至 1737 年社餉改為定額，《臺灣府志》記載卑南覓社徵銀
六十八兩七徵九分六釐〔註 69〕。明鄭到清初，贌社制不但沒有消失，反而配
合社餉制，轉化為治理權對原住民稅收的主要取得方式。

　　廣大的後山區域，卑南社一直是個稅收中心，不論是贌金或是社餉。表
面上看起來，荷蘭人與明鄭政權皆轄有臺灣東部地區，因交通險阻，控制力
量亦時斷時續。從文獻記載，再綜合前述荷原／漢原關係的分析，卑南社仍
然納稅之舉，顯示卑南社人在明鄭時期的境外關係策略，採取的是順而不親
的策略。事實上，明鄭國策治理方向主要在西部，無力東探，因此東臺灣仍
留下以卑南社為中心的政治格局，並為清代前期及中期出現卑南王時代預留
了崛起的空間。

第二節　清初至清代中期文獻中的「卑南王」

一、任清代大土官

　　清治初期承明朝的觀念，視臺灣為化外之地未納入版圖，不屬於中國。方
志記載：「臺灣府，古荒服地，先是，未隸中國版圖。」〔註 70〕康熙 22 年（1683）
施琅平定臺灣，距離荷蘭東印度公司離開臺灣已近 20 年。施琅始建議將臺灣
收為版圖，劃為福建省的一部分，康熙 23 年（1684），臺灣〔註 71〕納入清朝版
圖，隸屬福建省，改設臺灣府，下轄「臺灣縣、鳳山縣、諸羅縣」三個縣，在
臺灣設巡道一員，總兵官一員，副將二員，兵八千，禁止移民臺灣、原漢通婚，
然而偷渡臺灣者卻仍絡繹不絕。

　　臺灣東部因山勢險峻，又有先住民阻礙，地圖無法測繪，僅在圖上畫幾朵
象徵性的山峰，東部海岸則一片空白，清廷初期對臺灣的統治僅限於西部平
原。中國社會中地圖的主要目的，在於軍事和政治上的用途；因此歷代地圖大

〔註 67〕吳聰敏：〈贌社制度之演變及其影響 1644～1737〉，《臺灣史研究》第十六卷第
　　　　三期（2009 年 9 月），頁 32。
〔註 68〕吳聰敏：〈贌社制度之演變及其影響 1644～1737〉，頁 32。
〔註 69〕高拱乾：《臺灣府志》（臺北市：臺灣銀行經濟研究室，1960 年），頁 134。
〔註 70〕劉良璧：《重修福建臺灣府志》（臺北市：臺灣銀行經濟研究室，1961 年），頁 39。
〔註 71〕臺灣當時為臺廈道時期，下設一府三縣。

多具有高度機密性，政治上，「獻地圖」甚至被官方比喻為獻江山，歷代朝廷基於統治與行政管理之需，總是或多或少、或詳或略地完成各式地圖。臺灣任職的地方官，也有許多基於了解轄境地理形勢，以利於行政管理的需要，繪製各種轄境圖。其中，最常見的方式，是在纂修方志時、附上相關的地圖以為所用。〔註72〕從當時的地圖的表現方式來看，大致可推知臺灣東部在開山撫番政策推動以前，仍不屬清廷管轄之地。蔣毓英《臺灣府志》（1685）記載後山位鳳山縣的最東邊，描述「其土番性最頑悍，偽時屢征之，終不順服。」藍鼎元《平臺紀略》說「前此大山之麓，人莫敢近，以為野番嗜殺」；可看出清初即使將後山模模糊糊納入版圖，仍無法列為歸順之地，且被認為此地野番頑悍甚難順服。

　　清初對後山主要採取招撫封酋長為土官，維持名義上的治權。「招撫」是指招安，使歸附。「土官」為清初期治理臺灣原住民族的辦法，主要繼承自鄭氏選制，在各社設置，由社中年輩較大者公舉之，是番社中的首腦人物。土官選出後會給予該身分證明或牌照，權限與任務為約束族群與負責族群行政業務。土官也稱「頭家」，比敍從九品文官起任，族群酋長若任土官者，亦有加授七品武職，有民亂時帶領部落社眾從征之。小社通常只有 1 名土官，大社則有土官及副土官。至於總社因包括所轄小社的土官，可能多至數人。〔註73〕除了土官之外，番社內還有「通事」；較早期因土官不識字，又不熟習漢人的文物制度，權勢及威望都不及由漢人充任的通事。自乾隆以後，為了與內地世襲的土官制度區別，便改稱「土目」，職責與原來的土官相同，除了約束社番、處理社務外，還多了管收公租、給發口糧等事務。〔註74〕「土官」又稱「土司」，土司制度是元、明、清王朝在少數民族地區設立的地方政權組織形式和制度；由中央任命和分封的地方官。獲中央認可納貢、土人治理本土、家族世代世襲，是土司制度的三大特徵。

　　首次的招撫是在康熙 34 年，因北路擒賊黃來，混稱臺灣山後，尚有餘孽三千人，府令賴科等招撫歸附，歸附後記載「八社與阿里山社合輸餉銀一百五十五兩二錢三分二厘。」〔註75〕郁永河《裨海紀遊》描述賴科此行過程：

〔註72〕夏黎明、王存立、胡文青著《你不知道的臺灣古地圖》（新北：遠足文化，2014年），頁1。

〔註73〕周鍾瑄：《諸羅縣志》。（臺北市：臺灣銀行經濟研究室，1962年），頁168。

〔註74〕吳密察：《臺灣史小事典》（臺北市：遠流出版公司，2000年），頁41。

〔註75〕藍鼎元：《東征集》（臺北市：臺灣銀行經濟研究室，1958年），頁91。

> 客冬有趨利賴科者，欲通山東土番，與七人為侶，晝伏夜行，從野
> 番中，越度萬山，竟達東面；東番知其唐人，爭款之，又導之遊各
> 番社，禾黍芃芃，比戶殷富，謂苦野番間阻，不得與山西通，欲約
> 西番夾擊之。〔註76〕

賴科為雞籠番通事，被令越山來卑南招撫，記載受到後山原住民族的禮遇，爭相款待並擔任導遊，還相約一同夾擊橫亙前後山之間的深山野番，言「鑿山通道，東西一家，共輸貢賦，為天朝民矣」。〔註77〕從此段記錄推知，賴科應是沿北路一路南下至後山，記錄中的八社，推測賴科當時應未到卑南社。〔註78〕後山第二次的招撫是朱一貴事件時（1721年），命其協助圍剿朱一貴事件竄逃至東部的人：

> 令外委千總鄭惟嵩，率健丁十數人，駕舟南下，由鳳山、郎嬌至沙
> 馬磯頭，轉折而東，費檄往諭卑南覓社大土官文結。〔註79〕

朱一貴事件後（1724年），總兵林亮委水師、中營守備吳崑協同卑南覓社土官遍歷東部各社，宣布聖王德威，歸化生番，記載共有65社，5790人接受招撫。範圍北起加走灣（今長濱），南迄巴塱衛溪（今大武溪）。歸順番社數量與1685年歸附納餉之社相較均未增加，徵銀六十八兩七錢九分六釐。〔註80〕

康熙61年（1722），出任巡臺御史的黃叔璥記載，卑南覓社「番長名文吉，達裡、武甲等七十二社，歲輸正供銀六十八兩零。」〔註81〕，1747年的《重修臺灣府志》則有出贌各社之丁口以及丁口總數。〔註82〕《重修鳳山縣志》，記曰「卑南覓新例准其歸輸，（乾隆十三年開禁）……」，至乾隆年間，餉額仍為六十八兩七錢九分六釐，從此可看出卑南覓納餉數額未改變，換言之餉額並未因乾隆2年番餉改依民丁計算，每丁徵銀二錢而改變。餉額始終未變的可能原因是公文書傳抄的結果。事實上，當時以物易物的繳交方式，餉銀可能只具歸順之象徵意義，在沒有統計數字可依的情況下，參考抄錄之前文獻資料的可能性較大。依記載：「卑南覓社征銀六十八兩七錢九分六厘，每

〔註76〕藍鼎元：《東征集》，頁91。
〔註77〕藍鼎元：《東征集》，頁91。
〔註78〕《東征集》卷六/紀臺灣山後崇爻八社分別為：曰筠椰椰、曰斗難、曰竹腳宣、曰薄薄，為上四社；曰芝武蘭、曰機密、曰貓丹、曰丹郎，為下四社。
〔註79〕藍鼎元（臺灣銀行經濟研究室編）：《東征集》，頁21。
〔註80〕施添福等纂修：《臺東縣史・大事篇》（臺東：臺東縣政府，2001年），頁55。
〔註81〕黃叔璥：《臺海使槎錄》（臺北市：臺灣銀行經濟研究室，1957年），頁160。
〔註82〕范咸：《重修臺灣府志》（臺北市：臺灣銀行經濟研究室，1961年），頁288～302。

年多完不足數」〔註83〕，上有政策，下有對策，對於社餉的繳納，卑南覓社並未完全服從。官方的記載，可能僅是記應收數量，是否有繳納卻是避重就輕，未曾言明。卑南覓的「番長」，自荷蘭東印度公司時期即掌有出贌或納餉的治理權，民間傳說的納貢，可能包含卑南覓向清廷繳納社餉之義務。從歸附納餉的記載，更可證實清初對後山採取招撫封酋長為土官，對東臺灣的治理關係僅是一種名義上的統治關係，實質上無法實行形式治理的情況下，可能存在地方官員遮瞞中央而有的粉飾應對之策。

《臺海使槎錄》有兩段這樣的記載：「楥仔離逼近內山，生番眉裏喝、貓堵貓堵兩社，間出殺人。過半線，往大肚，則東北行矣。大肚山形，遠望如百雉高城。昔有番長名大眉。」、「瑯嶠山後行一日至貓丹，又二日過丹哩溪口至老佛，又一日至大鳥萬社，又三日過加仔難社、朝貓籬社，至卑南覓社。番長名文吉，轄達里、武甲等七十二社，歲輸正供銀六十八兩零；南仔郎港可以泊船。」〔註84〕記載 17 世紀臺灣有二位「番長」存在，依描繪番長所轄的領土範圍，當時可能出現了跨部落的政治體系，一位在中臺灣，一位在東臺灣。荷蘭東印度公司時代文獻也曾記載兩位「king」，「番長」與「king」，兩者記載相似點是：一、擁有數個歸順番社，二、一位卓越領導人，但到清廷時中臺灣的「king」的記錄已是「昔有大眉番長」，僅東臺灣「king」「番長文吉」尚存。

二、受清廷封賞

清康熙以來對臺灣的原住民族的分類有土番、野番之別。

> 諸羅鳳山番，有土番、野番之別。野番在深山中，疊嶂如屏，連峰插漢；深林密箐，仰不見天；棘刺藤蘿，舉足觸礙；蓋自洪荒以來，斧斤所未入。野番巢居穴處，血飲毛茹，種類實繁。其升高陟巔、越箐度莽之捷，可以追驚猿、逐駭獸。半地諸番恆畏之，無敢入其境。〔註85〕

兩者主要的差別在於文明化的程度，但「野番」、「土番」其實是延續荷蘭東印度公司時期的「贌社」制度，並不具文明化概念的投射。清初卑南覓因所居位置與繳納賦稅，被歸屬「土蕃」。直至康熙末年，官方對番人的分類稱謂從「野

〔註83〕王元穉輯：《甲戌公牘鈔存》（臺北市：臺灣銀行經濟研究室，1959 年），頁 45。
〔註84〕黃叔璥：臺海使槎錄（臺北市：臺灣銀行經濟研究室，1957 年），頁 128、160。
〔註85〕黃叔璥：臺海使槎錄（臺北市：臺灣銀行經濟研究室，1957 年），頁 161。

番」、「土番」轉變至「生番」、「熟番」，後來又因界碑、番界的成立，出現「界
內熟番」與「界外生番」的對應。康熙 55 年（1716 年），閩浙總督覺羅滿保
在〈題報生番歸化疏〉中，以「熟番」一詞指稱歸化「生番」：

> 臺灣遠屬海外，民番雜處，習俗異宜。自入版圖以來，所有鳳山縣
> 之熟番力力等十社、諸羅縣之熟番蕭壠等三十四社……，俱各民安
> 物阜，俗易風移。其餘南北二路生番，自古僻處山谷，聲教未通。
> 近見內附熟番賦薄徭輕，飽食煖衣，優游聖世，耕鑿自安；各社生
> 番，亦莫不歡欣鼓舞，願附編氓。〔註86〕

文中指出「薄徭輕，飽食煖衣，優游聖世，耕鑿自安」因而「願附編氓」。換言
之卑南覓，從「生番」進化至「歸化生番」。卑南覓成為「歸化生番」後，陸
續完成清廷交付要務，即是分別於康熙、乾隆時期，協助平定朱一貴事件與林
爽文事件，奠定日後的封賞之路。

康熙 60 年（1721），朱一貴起事。清廷考慮餘黨遁跡東部，乃遣千總鄭
惟嵩、林天作與通事章旺至卑南覓，賞大土官文結以帽靴、補服、衣袍等，
命其調遣東部 72 社協力捕捉朱之餘黨。藍鼎元《東征集》記載：「令外委千
總鄭惟嵩，率健丁十數人，駕舟南下，由鳳山、郎嬌至沙馬磯頭，轉折而東。」
〔註87〕以告知、曉喻方式，以徵召或聲討的文書命令「卑南覓社大土官文
結」，令其調遣「崇爻七十二社壯番」，再「賞以帽靴、補服、衣袍等件」。
凡擒解山中漢人一名，賞布三十尺、鹽五十斤、煙一斤。若是捕獲朱一貴劇
賊者加倍之。有能擒獲王忠，當以哆羅呢、嗶吱、銀兩、煙布、食鹽等物，
大加犒賞。清廷認為這樣應能使諸番黎盡心搜緝，餘孽應無容身之地也。
〔註88〕以東部缺乏之布、鹽、煙，罕見物品，在重賞之下必有勇夫，命卑南
覓抓拿民變之民。諭卑南覓大土官文結調遣七十二社，殲滅民變逃逸之人，
避免漢人與原住民族相連結。得到奧援後，卻又認為其「番性嗜殺，本鎮不
得已而用。」〔註89〕

雍正 3 年（1725）巡臺御史禪濟布奏生番歸化，即言卑南覓等六十六社歸
誠，已題報在案，陸續尚有其他番社歸化，雍正卻於奏後硃批：

〔註86〕周鍾瑄：諸羅縣志。（臺北市：臺灣銀行經濟研究室，1962 年），頁 251。
〔註87〕藍鼎元著，臺灣銀行經濟研究室編：《東征集》（臺北市：臺灣銀行經濟研究
室，1958 年），頁 21。
〔註88〕藍鼎元：《東征集》，頁 22。
〔註89〕藍鼎元：《東征集》，頁 22。

覽奏，生番歸化已悉。更聞生番有傷人之事，為何不行奏聞？〔註90〕
可見當時臺灣島上尚動亂不安，雖是已劃定「生番界址」，原漢仍是多有衝突。
此時清廷對東部並無土地需求，但懼漢人出沒與原住民族結合，伺機謀亂，於
是採取籠絡原住民族，隔離漢人接觸的政策，對東部態度仍是延續消極的不聞
不問。被清廷視為生番的山區原住民，除了少數幾個社群曾被推舉到福州、北
京或熱河，當作大清盛世的模範樣板外，大多數臺灣島上「化外之民」並不與
官方往來，也不從事樟腦生產，更不願讓出勢力範圍供外來者開發。

　　清乾隆 51 年至 53 年（1786～1788）發生林爽文事件，主要地點集中在
臺灣中部，同時擴展至北、中、南天地會，戰事延伸至淡水、新竹、苗栗、
竹南、鹿港、南投（水沙連）、諸羅等地，林爽文帶著殘餘的部眾逃入內山，
遭到原住民族多次伏擊，最後於乾隆 53 年元月在老衛崎（在今苗栗縣竹南
鎮）被捕，解送北京城處死。〔註91〕林爽文民變，清廷巧妙借助閩、粵矛盾，
並以結好原住民族圍堵林爽文部眾後路，中部地區借助原住民之力生擒林爽
文，南部借助原住民之力堵住莊大田部眾，往東向中央山脈，借助原住民族
之力堵住後撤之路，使其往南向（今車城方向）終遭殲滅。同年六月，福康
安特別奏准將有功「番」社頭目，帶往京中觀見以為寵榮。

　　兩起民變事件並未延燒至東部，在《臺東縣史大事篇》幾乎無記錄。〔註92〕
林爽文事件後，福康安提議臺灣原住民族進京朝觀，實為昭示乾隆功業，並想
以此為契機，推動臺灣的「生番」歸化。同時，臺灣民變形勢平定，不僅博得
朝野一片歌功頌德之聲，乾隆對此也頗為得意，還為此賞賜「襃忠」、「旌義」
里名。〔註93〕

　　當時臺灣的清朝官員，考慮送一批有代表性的原住民領袖人物至北京觀
見乾隆皇帝，雖後山「生番」貢獻並非傑出，但不得不考慮當時已掌管傀儡內
山、臺灣山後七十二社的大土官，也就是卑南覓的大土官。〔註94〕1788 年 9
月乾隆接受福康安安排各社有功頭目進京朝見，並論功行賞。根據《清高宗實

〔註90〕臺灣銀行經濟研究室編：《雍正硃批奏摺選輯》（臺北市：臺灣銀行經濟研究
　　　　室，1972 年），頁 190。
〔註91〕吳密察：《臺灣史小事典》（臺北市：遠流出版公司，2000 年），頁 59。
〔註92〕施添福等纂修：《臺東縣史‧大事篇》（臺東：臺東縣政府，2001 年）。
〔註93〕臺灣銀行經濟研究室：《清高宗實錄選輯》（臺北市：臺灣銀行經濟研究室，
　　　　1964 年），頁 569。
〔註94〕宋龍生：《臺灣原住民史卑南族史篇》（南投：臺灣省文獻委員會，2009 年），
　　　　頁 233。

錄選輯》記載，乾隆 53 年春 3 月 30 日，烏鰲總社番頭目、阿里山總社番頭
目、大武壟總社番頭目、傀傀山總社番頭目等，上御保和殿，筵宴朝正外藩並
至御座前，賜酒成禮。〔註95〕前去北京臺灣「祝壽團」總頭目，皆獲賞六品頂
戴，各社小頭目 26 人每名獲賞七品頂戴。〔註96〕總頭目 4 人，分別為：

1. 烏鰲總社（泰雅族南勢群，位於今大安溪南臺中市和平區自由村竹林
   社區一帶）：「番頭目」—華篤哇哨。
2. 阿里山總社（可能指鄒族達邦、圖富雅、魯夫都、伊姆茲 4 社群，部
   分曾居住臺南大內鄉頭社村，又稱大武壟頭社）：「番頭目」—阿吧
   哩。
3. 大武壟總社（西拉雅平埔族，今臺南善化鎮）：「番頭目」—樂吧紅。
4. 傀傀山總社（可能含卑南、排灣族，可能也包括魯凱族）：「番頭目」—
   加六賽。

回臺後清廷令番目「歸化薙髮」，四社在此次民變後「薙髮化熟」，「生
番」變為「歸化成熟番」，也就是說卑南覓由「歸化生番」成為「歸化熟番」。
〔註97〕不但如此，乾隆皇帝還諭令將原住民族朝覲事蹟補畫入《皇清職貢圖》。
該畫冊於 1761 年（乾隆 26 年），由傅恒主持完成，收錄了臺灣鳳山、諸羅、
彰化縣和淡水廳「熟番」、「歸化生番」男女各 13 幅圖像與文字說明，並增
補臺灣「生番」朝覲事跡：

> 謹按，臺灣生番向由該督撫圖形呈進者，茲乾隆五十三年，福康安
> 等追捕逆匪林爽文、莊大田，各生番協同擒剿，傾心歸順。是年冬，
> 番社頭目華篤哇哨等三十人來京朝貢。並記于此。〔註98〕

由此可見清廷認為臺灣原住民族已誠心歸順。清朝初期邀請臺灣原住民族參
訪，發生在康熙、雍正各 1 次，乾隆 2 次，再來並未延續，並未能像其他邊疆
民族、朝鮮、琉球及東南亞一帶，形成「朝貢貿易」體制。這可能是幅員廣大
的清廷，並未將邊陲地帶的臺灣山區，真正視為領地的關係。〔註99〕未形成朝

〔註95〕臺灣銀行經濟研究室編：《清高宗實錄選輯》，頁 649。
〔註96〕臺灣史料集成編輯委員會編：《清代臺灣關係諭旨檔案彙編》第二冊（臺北市：
　　　　文建會、遠流，2004 年），頁 468～473。
〔註97〕（清）未著撰人：《安平雜記》（臺北市：臺灣銀行經濟研究室，1958 年），頁 56。
〔註98〕見於殿本《皇清職貢圖》卷三臺灣原住民族圖像附尾的一段文字。郝時遠，〈清
　　　　代臺灣原住民族赴大陸賀壽參訪的歷史意義〉，引傅恒等編《皇清職貢圖》卷
　　　　三，（瀋陽：遼沈書社，1991 年影印本），第 306 頁。
〔註99〕陳政三：〈清代初期原住民大清帝國考察記—兼論清廷的原住民政策〉，行政

貢關係，主要與當地是否具有稀有物產和是否具有交換利益有關，如果有利基，其利又被原住民族掌握，再遠也有可能產生「朝貢貿易」體制。但事實上，臺灣原住民族地區擁有的物質，大多是掌握在漢商的手中，不像琉球王國，是掌握在琉球國王手中，於是據其物與明／清朝進行「朝貢貿易」。

然，協助清廷平息民變，諭卑南覓大土官文結調遣七十二社，造就卑南社至北京覲見乾隆皇帝，似乎也因而成就日後陳英所載的「卑南王」局勢：

> 卑南（大）王統治後山七十二社，凡有射鹿、殺牛、宰豬者，必送
> 一足與卑南（大）王。名為「解貢」。〔註100〕

這樣的情勢彷彿又回到荷蘭東印度公司至東部尋金，卑南領主選擇歸順荷蘭東印度公司東印度公司，從此展開與荷蘭東印度公司共同尋金、共同經營、擴張東部勢力。但是清廷卻選擇封山設界，獨留卑南王一統後山。清朝實施「開山撫番」政策之前，東臺灣的地理環境的孤立性，致使各治權都難以行直接統治，除因無利可圖（無稀有礦物可開、也無農民耕稅可徵），設官管理及用兵風險成本過高，採行名義統治，尊重與結盟原有地方實力，行間接統治的策略最符合清帝國之需。力不可及的邊疆或邊陲之地，就出現地方勢力發展的社會條件。卑南社據此而興，荷蘭東印度公司時期、明鄭時期及至清朝前期都在此格局下脫穎而出，面對不同外來勢力形成，似乎不斷重覆相似的結構。直至牡丹社事件之後，東亞國際局勢引動清廷決定保護壟斷東臺灣投入軍事、移墾開發的行動，才打破卑南社優勢的局面。

三、封山設界為「番頭」

康熙 60 年（1721）朱一貴事件爆發後，清廷平亂過程中的最大困擾，是無法掌握沿山地區及生番情勢。藍廷珍因干忠、邱寶官遁逃傀儡內山、臺灣山後，下令將所有漢人逸賊盡縛以來。翌年遂施行封山劃界政策，從雍正初年至乾隆年間，清廷多次劃定「生番界址」，有時並立石開溝，形成所謂的「土牛溝」，〔註101〕並規定不得私入番界，「凡民人私入番境者杖一百，失察之專管

院原住民委員會：《原住民族文獻》，2014 年 10 月 17 期。https://ihc.apc.gov.tw/Journals.php?pid=624&id=816。

〔註100〕 陳英：〈臺東誌〉，收錄於胡傳：《臺東州采訪冊》（臺北市：臺灣銀行經濟研究室，1960 年），頁 81。

〔註101〕 施添福：《清代臺灣的地域社會：竹塹地區的歷史地理研究》（新竹：新竹縣政府文化局，2001 年），頁 68～69。

官降調。」〔註102〕

　　南部鳳山縣下淡水（今屏東縣）地方，立石 19 處為界，自加六堂至瑯
嶠，皆列為禁地，不許漢人逾越，從此東部成為番境禁地。雍正 3 年（1725），
臺鎮林、知縣楊招撫卑南覓等社。雍正 7 年（1729）鳳山縣准許卑南覓社長以
「甘心向化」呈請通商貿易，年徵餉銀 68 兩 7 錢。〔註103〕同年，清廷再度重
申嚴禁漢人越界經商：

> 臺灣南路、北路一帶山口，生番、熟番分界勒石，界以外聽生番採
> 捕。如民人越界墾地、搭寮、抽藤、弔鹿及私挾貨物擅出界外
> 者⋯⋯。〔註104〕

希望能阻止原、漢勾結，不再有民變事件產生。

> 至謂僻遠荒服，易為奸藪；則不知番漢原不相謀，奸民絕跡之區，
> 政為海外維藩之固者也。〔註105〕

也就是說，不准漢人進入番界，反而可成為維持疆界的重要力量。這也是朱一
貴事件後，至 1874 年牡丹社事件前，清廷對後山採取封禁政策，不准漢人開
墾的原因。

　　道光年間，臺灣西部的開發已人滿為患，清廷想以徵收東部的賦稅增加
稅入，開始思考臺灣東部。點出「奇萊、秀姑巒、卑南覓其地頗平衍，堪以
墾種，三處延長約數百里，地皆平埔。」其中「噶瑪蘭之蘇澳，中阻兇番，
不能陸進。」〔註106〕因而思考從瑯嶠引入漢人至卑南覓開墾。但，此時前來
開發之人「多為兇番所殺」，剎羽而歸甚至斷送生命，清廷因而不許漢人再入
後山。〔註107〕僅准許卑南覓社長通商貿易，可見卑南覓社長權高位重，官方
只好由原住民自行攜物到前山貿易：

> 生番所射之鹿茸及各獸皮等，番頭自帶眾番，往前山枋寮兌換。臺
> 防廳因有生番往來，建一公所於枋寮，以便生番住宿。選一譯番語
> 者以為通事，由是賣買日久，番頭漸與人相親。〔註108〕

〔註102〕沈葆楨，臺灣銀行經濟研究室編：《福建臺灣奏摺》（臺北市：臺灣銀行經濟
　　　　研究室，1959 年），頁 12。

〔註103〕王瑛曾：《重修鳳山縣志》（臺北市：臺灣銀行經濟研究室，1962 年），頁 66。

〔註104〕未著撰人：《清會典臺灣事例》（臺北市：大通書局，1984 年），頁 148。

〔註105〕王瑛曾：《重修鳳山縣志》，頁 66。

〔註106〕王瑛曾：《重修鳳山縣志》，頁 66。

〔註107〕王瑛曾：《重修鳳山縣志》，頁 66。

〔註108〕陳英：〈臺東誌〉，收錄於胡傳：《臺東州采訪冊》（臺北市：臺灣銀行經濟研

卑南覓社於是帶著狩獵的熊膽、鹿茸、鹿皮等，翻山越嶺到屏東水底寮地區設置的交易站，與漢人交換布匹或農作物種子，攜回故鄉種值。

後山「番頭自帶眾番」至前山買賣交易，也因而帶入水底寮（今屏東枋寮）商人鄭尚。嘉慶年間（約 1810 年間），臺灣總人口數已達 200 萬人，西部平野已開發殆盡，後來的漢人移民只得向山區與東部發展。此時漢、原隔離政策雖依舊執行中，然漢人逾越者仍時有所聞。後山的開發拓墾遲至咸豐年間（約 1860 年），方由水底寮（今屏東枋寮）商人鄭尚開其端，首墾地區為臺東平原：

> 咸豐年間，有一鄭尚隨番頭進山，觀看風土情形。鄭尚見遍地無禾、麻、菽、麥，即回家帶禾、麥、芝麻各種，復進埤南，教番子播種，回家傳諸眾人。斯時，即有人隨番頭出入兌換者，亦有隨番頭進山於寶藏與成廣澳住家者。中路璞石閣之番子有鹿茸等物，往嘉義齊集街兌換；稅歸鹿港廳。久之，亦有人隨番頭進山，於璞石閣住家者。〔註109〕

鄭尚隨「番頭進山」帶進稻種與先進的耕作技術外，亦漸漸建立「寶桑庄」據點，成為今日臺東市之前身。嗣後香蘭、知本、利家、卑南、里瓏（今關山）、成廣澳（今成功小港）陸續有漢人入墾，時間在咸豐、同治年間。

由於鄭尚對卑南社農業的貢獻，頭目撮合他與同族姐妹 Aoretan。鄭尚經商致富，又身為卑南社女婿，影響力日增。之後他的兒子林貴繼任為 21 任總頭目，又以贅入婚到 Garaigai 家，鄭尚的後裔就此融入卑南族中。〔註110〕鄭尚進入後山，先給予衣物、鐵器、食具、耕牛、種子等物，並教授耕稼方法、農具製作，再與當地番社有權勢者通婚，拉攏與「番」民的友好關係以減少衝突。這樣的模式之後還有鄭登山、陳安生、里瓏李天送等。〔註111〕政策的限制，後山封禁政策長達百餘年之久，從漢人角度來看，大大延誤了東部的開發，然若站在原住民族的立場，此項政策保存東部的多元文化，不致太早被開發侵墾、同化與消滅。

臺灣可考的民變紀錄根據許文雄〈十八及十九世紀臺灣民變和社會結構〉

　　　　究室，臺灣文獻叢刊第 81 種，1960 年），頁 81～82。

〔註109〕陳英：〈臺東誌〉，收錄於胡傳：《臺東州采訪冊》，頁 81。

〔註110〕林韻梅〈鄭尚〉，王河盛等纂修：《臺東縣史·人物篇》（臺東：臺東縣政府，2001 年），頁 37。

〔註111〕臺東文獻委員會：《臺東縣志卷二》，頁 3～9。

一文統計，總計為 107 次〔註112〕。茲舉乾隆朝 60 年計 29 次、嘉慶朝 25 年計 20 次、道光朝 30 年計 34 次〔註113〕等等，尚不包括鄉里之間難以計次的族群械鬥（閩客械鬥、泉漳械鬥以及原漢衝突）〔註114〕，足見 18 世紀中葉之後臺灣社會的動盪不安。然，臺灣東部民變事件，卻少之又少。

　　清初的「封山設界」，劃出臺灣島上的原漢界線，讓卑南覓一統七十二社情勢更加穩固。臺灣早期移民主要來自福建、廣東，因此昔日臺灣島的開發由沿海向內陸，再由南向北，最後為東部區域，西部沿海開發最早，西部和南部港口成為移民進入的門戶，造就臺南安平及彰化等貿易口岸。劃界封山政策長達 150 餘年，將山區與東部地區（後山）劃為原住民族居住區，禁止漢人侵入原住民區，因而降低漢人和原住民族的衝突，也延遲漢人對東部區域的開發。再加上東部地形阻隔山脈多海岸，海岸線平直缺少良港，使得海上交通也不發達，外來者不易進入。

　　臺東平原居於東部地區南路的交通要道，是相對上易於接近的位置；且形勢完整，地形單一，面積較廣，「自恆春新路以來，阻山逼海，絕少平燕；過知本溪，則山勢豁然開朗，中間平原彌望，林壑秀美。」〔註115〕表面上，具移民開墾的潛在條件。雖道光、咸豐年間已有漢人移住，卻僅僅是少數。主因即在平原上「土著」人口密集，早期具有強大勢力。〔註116〕卑南覓社在清廷眼中曾經是「土番」、「生番」、「熟番」，也是「歸化生番」，自朱一貴事件後，在臨近番界附近設隘劃定「番界」、「土牛紅線」，劃出「漢人」、「熟番」、「化番」、「生番」，同時也劃出卑南社特殊身分；因封山畫界，致使東部地區成為化外之地，原住民族仍是此地的主人，卑南社因接續荷蘭東印度公司時期的勢力，甚至更上一層樓，雄據「卑南覓」致漢人無法隨意進入後山，也因而沒有所謂民變事件。相對於西臺灣而言，東臺灣看似穩定的力量：一、來自清朝封山，二、來自卑南社拒阻之力所形成。這兩種力量讓東臺灣生態環

〔註112〕許文雄：《臺灣歷史與文化（四）》（臺北市：稻鄉出版社，2000 年），頁 67。

〔註113〕戴寶村：〈移民臺灣：臺灣移民史的考察〉，《臺灣史十二講》（臺北市：國立歷史博物館，2006 年），頁 126～136。

〔註114〕戴寶村：〈移民臺灣：臺灣移民史的考察〉，頁 63～67。

〔註115〕吳贊誠（臺灣銀行經濟研究室編）：《吳光祿使閩奏稿選錄》（臺北市：臺灣銀行經濟研究室，1966 年），頁 9。

〔註116〕吳贊誠（臺灣銀行經濟研究室編）：《吳光祿使閩奏稿選錄》，頁 2。

境利用仍可維持傳統方式，不致引發影響各社之間展開資源與空間的爭奪。尤其清廷對於卑南覓並不見治理，可見陳英所描寫之「番頭」勢力，被清廷認為是鞏固邊疆的勢力，其勢力不容小覷。

第三節　清代晚期至日治時期文獻中的「卑南王」

一、開山撫番的通事卑南王：陳安生

清初在臺灣劃定的封山界線，有著法律與族群分類上的意義，界外非清廷有效管轄領域。許多臺灣地圖的描繪上，多只畫出西部地圖，至多包括宜蘭，現今中央山脈以東地區多為空白。因此到了 19 世紀中以後，外國人認為「界外」既非清朝轄域，產生覬覦臺灣土地之心。同治年間開始，相繼發生外國人入侵臺灣海岸，使得後山長期封山禁墾解除。

1871 年間，琉球山原號海難船員遭屠殺，日本即以「界外」為藉口，以保民之名出兵臺灣，以「番地」不屬於清國版圖為藉口大肆進軍，意圖攻領臺灣，爆發牡丹社事件（或稱臺灣事件）[註117]。同治 13 年（1874 年）此時的卑南覓被記載如下：

> ……埤南通牡丹社，水路由海道繞山南而東，輪船日半始至；陸路由下淡水穿山，百七十里可通。其地西準鳳山，膏腴遠勝瑯嶠；番社七十有二，丁壯萬人。[註118]

日本對卑南早已垂涎甚久，然畏其強悍不敢強逼，牡丹社事件時使人勾引當時的卑南番目陳安生。[註119] 原來早在 1873 年，日本小田縣〈今岡山縣小田郡〉航運業者佐藤利八等四人海上遇暴風雨，被吹到舊臺東廳新港支廳成廣澳沿岸番地，被洗劫一空，在性命危急之際被救，被卑南生番頭目陳安生救邀回家，給以飯食，款待甚殷。《臺東縣史大事篇》以「卑南王」記載此事：

> 同治 13 年（1874）卑南王陳安生，救助日本備前國漂流民 4 名。[註120]

〔註117〕張素玢撰稿：〈開山撫番〉，文化部：《臺灣大百科全書》，2009 年 9 月 24 日。http://nrch.culture.tw/twpedia.aspx?id=3561。

〔註118〕王之春（臺灣銀行經濟研究室編）：《清朝柔遠記選錄》（臺北市：臺灣銀行經濟研究室，1961 年），頁 44。

〔註119〕王之春（臺灣銀行經濟研究室編）：《清朝柔遠記選錄》，頁 44。

〔註120〕施添福纂修：《臺東縣史大事篇（上冊）》（臺東：臺東縣政府文化局，2001年），頁 89。

漂流民眾在臺灣府官吏協助下送至上海的日本領事館保護：

> 事在本年五月十五日，該難民名利八等四人，由伊本國運鹽，在洋
> 遭風，飄至臺灣鳳山縣之山後生番處所；船為風浪所壞，片板無存。
> 幸人皆無恙，鳧水登岸；經生番頭目陳安生救邀回家，給以飯食，
> 款待甚殷。有商人李成忠經過，會同番目陳安生護送到縣。邑尊因
> 見番目好義可嘉，且容貌恭順；……〔註121〕

此次的援救事件，日人對番目陳安生印象「好義可嘉，容貌恭順」，並非清
廷傳言中之「生番」樣貌。《清季申報臺灣紀事輯錄》也記載日人對陳安生
印象「若此友愛，並非所謂烹殺琉球國人之番人，兩者有若天壤之別。」
〔註122〕埋下日後牡丹社事件日本煽誘卑南諸番之因。

日本「瑯嶠之役」開打，沈葆楨派幫辦潘霨之招撫番社，據悉卑南七十
二番社，「丁壯萬餘皆強悍有力」〔註123〕，又傳聞日本「購奸民潛鉤番目陳
安生與和」〔註124〕，速派袁聞柝等航海至卑南曉諭頭目陳安生、鄭仁貴：

> 頭目陳安生、鄭仁貴等即首先薙髮具結；各社聞風一律遵辦，使倭
> 人無從藉口。厥後開路、撫番諸事，陳安生甚為出力；時有以邪教
> 相誘者，約束子弟，不為所惑……〔註125〕

袁聞柝坐輪船往招撫陳安生，記載「該番目五人，立即薙髮，隨委員來郡叩
謁。臣等分給銀牌衣物，以原船送歸。」〔註126〕之後，「同知袁聞柝乘輪船
至後山埤南寶桑登岸，招撫埤南呂家望等社，並帶番目陳安生等回郡，言群
番願歸化；始議用兵開後山。」〔註127〕「牡丹社事件」讓清廷發覺對東部「番
地」的掌握，太過薄弱。清末李鴻章明確指出臺灣東部地區：

> 曠土數百里，平衍膏腴，多係生番地界。山產、煤礦、石油、樟腦、

〔註121〕臺灣銀行經濟研究室編：《清季申報臺灣紀事輯錄》（臺北市：臺灣銀行經濟
研究室，1968年），頁42。
〔註122〕臺灣銀行經濟研究室編：《清季申報臺灣紀事輯錄》，頁43。
〔註123〕臺灣銀行經濟研究室編：《同治甲戌日兵侵臺始末》（臺北市：臺灣銀行經濟
研究室，1959年），頁63。
〔註124〕臺灣銀行經濟研究室編：《海濱大事記》（臺北市：臺灣銀行經濟研究室1965
年），頁95。
〔註125〕吳贊誠（臺灣銀行經濟研究室編）：《吳光祿使閩奏稿選錄》（臺北市：臺灣銀
行經濟研究室1966年），頁9。
〔註126〕吳贊誠（臺灣銀行經濟研究室編）：《吳光祿使閩奏稿選錄》，頁9。
〔註127〕胡傳：《臺東州采訪冊》（臺北市：臺灣銀行經濟研究室，1960年），頁65。

藤木、金礦、玉穴，百物殷富。各國通商以來，覬覦已久。日本相
距尤近，欲為洋人先導，早晚必圖侵略。若不趁此時撫綏招徠，俾
為我用，後患何可勝言。〔註128〕

　　沈葆楨因此擬訂「開山撫番」政策，從消極的封山轉為具侵略性的開發
政策；獲清廷大力支持，使臺灣長期之封山禁墾，一夕解除。〔註129〕刺激清
廷調整治台政策，由為防內亂而治台，調整為防外患而治台，派遣官員來台
積極的治理臺灣。主要施行作法為：開放漢人進入臺灣後山拓墾、闢建道路、
安撫生番，促進番民漢化。使臺灣東部的番民接受教化，使其地成為清朝版
圖，以杜絕外人入侵的口實。

　　沈葆楨「開山撫番」之「開山」，即打通阻隔東西部間之中央山脈的道路。
當時規劃為開築 3 條橫貫山路，北、南、中各一條，官兵們在開路過程中，
逢山就挖隧道，過溪谷便搭橋，在當時條件下，工程之危險和艱鉅不難想像，
再加上有些原住民族不明原委、恐居所遭到侵犯，經常襲擊官兵，也造成不
少傷亡：

　　中路吳總鎮，自去秋統帶風虎軍前往，由林圯埔始經營開鑿，曲折
　　而東；現大營已抵埔，前隊已逾八同關。由八同關至繡姑巒，僅四、
　　五十里。聞生番之歸化投誠者，已不下六、七十社，番丁不下萬餘
　　人。自總鎮蒞事以來，生番無不悅服，願赴徭役。凡兵勇運糧必越
　　疊嶂層巒，險峻異常，難於行走；皆生番為之翼助。南路張鎮臺，
　　由內埔闢路至卑南覓，距繡姑巒亦不甚遠。南路水工惡劣、瘴癘薰
　　蒸，兵勇多有觸之而感病者；而是處生番，崛強不服。是以開山之
　　事，殊難告捷。卑南覓一社，乃南路十八番社之主，其番目自稱為
　　「卑南王」。卑南之地，疆宇開廣；就山後較山前言之，其界自鳳山
　　縣屬至嘉義。大憲議開後山，披圖覽之，以繡姑巒在戊己之方，是
　　以分作三路進兵。今南、北、中三路開山之役，已俱至繡姑山邊界；
　　大功不日可以告竣也。〔註130〕

〔註128〕 李鴻章（臺灣銀行經濟研究室編）：《李文忠公選集》（臺北市：臺灣銀行經濟
　　　　 研究室，1961 年），頁 21。
〔註129〕 張素玢撰稿：〈理番〉，文化部：《臺灣大百科》，2009 年 09 月 24 日。http://nrch.
　　　　 culture.tw/twpedia.aspx?id=3576。
〔註130〕 臺灣銀行經濟研究室編：《清季申報臺灣紀事輯錄》（臺北市：臺灣銀行經濟
　　　　 研究室，1968 年），頁 552～553。

中路開路順暢，但南路初期被認為「處處生番，崛強不服，開路甚難」，還好有自稱為「卑南王」是南路十八番社之主協助。加上後來沈葆楨，一方面嘉獎有功官兵，安撫提振士氣；另方面招徠原住民族參與開墾，並給予工資。南路由屏東枋寮至臺東卑南，共計 214 里，3 條合計逾 700 里（約 350 公里）的道路，僅 1 年多就完全開通。羅大春記載袁聞柝開山至崑崙坳時，陳安生來相迎：

> 卑南番目牙等陳安生等自率番眾循山闢路，出至崑崙坳相迎，其附近番社各繳倭旂多面，以示輸誠。八月初八日，復有崑崙坳及內社番目率二百許人來袁營，請領開路器具，願為前驅；分別賞賚訖。詎其旁有望祖力社兇番——其目名武甲，及卑南社素仇，率眾伏殺之；番與抵禦，殺武甲等三人。袁聞柝急馳至，排解之。星使慮袁軍之深入無助也，以副將李光率勇三哨紮雙溪口、遊擊鄭榮率一營駐內埔莊應之。」〔註131〕

開山路途中清廷還協助將卑南社素仇「武甲」，率眾伏殺之，這樣的情節似乎又回到卑南協助荷蘭東印度公司尋金，尋金路途中藉其力量殲滅宿敵。荷蘭東印度公司殖民時期，當時臺灣東部之對外交通，以海路為主。一般由安平港出海，繞過沙馬磯頭，北航至卑南覓。亦有經由陸路者，由瑯嶠出發，沿大武斷層海岸，經貓丹、老佛、大鳥萬（今大鳥）、加仔難（今金崙）、朝貓離（今太麻里）至卑南覓。因陸路地形崎嶇，雨日水漲，加上沿途各社出草之風仍盛，社商多視為畏途。身為社商之漢人，時而奔走於前山、後山間，與原住民族以物易物互市。因此開通前山、後山道路是首要。早期枋寮商人鄭尚引進農耕方法之後，後山之貨物出於山前者，都要枋寮公所通事發賣，中間也常有番社阻攔，販賣之穀物還須被通事抽成：

> 不數年間，埤南之禾、麥、芝麻甚多，無路可售；因於枋寮僱船來載。凡有後山之貨物出於山前者，都要枋寮公所通事發賣。穀、麥、芝麻賣十包者，通事抽一包；鹿茸、熊膽等物賣十元銀者，通事抽一元。每年麥有一萬包、穀有七千餘包、芝麻有一千餘包；其稅每年只有八百餘歸臺防廳，餘皆通事得之。〔註132〕

〔註131〕 羅大春（臺灣銀行經濟研究室編）：《臺灣海防並開山日記》（臺北市：臺灣銀行經濟研究室，1972 年），頁 25～26。

〔註132〕 據伊能嘉矩所言，鄭尚早在清道光年間即移居寶桑，乃為漢人至後山定居之

通事抽成，麥一萬包通事抽一千包，穀七千餘包通事抽七百包，芝麻一千餘包，通事抽一百包。從此可得知，中間的剝削可觀。但因當時陸路地形崎嶇，常有雨日水漲，加上沿途各社出草之風仍盛，社商多視為畏途。陳安生曾試圖藉機聯合日本攻打阻礙東西交通之部落，以消除至前山路途阻饒之番社，但考量清廷之強大兵力武器進駐，精於貿易的卑南頭目陳安生，聽說清廷實施開山政策，因此選擇薙髮具結清廷，不費一兵一卒，即可讓卑南之禾、麥、芝麻農作順利銷售至山前。

「撫番」，即撫綏生番，使番民（原住民）漢化。沈葆楨每到一部落，便設立學堂，安撫勸說原住民族，接受漢人教化與教育，使其學習農耕，改變生活習慣，不再殺害漢人。同時，鼓勵原住民族開墾田地、開發山林以增加收入。管理番社乃借助傳統頭目之力量，先行約束番社內部，不服者再至官府究辦，頭目選任係為一社或一莊之主，官府信任之人。「撫番」初期，陳安生除任職頭目，也擔任通事一職。陳安生約生於清咸豐至清光緒間，父為漢人，出身不詳，相傳可能係咸豐年間隨鄭尚來東之漢人〔註133〕，母為原住民，其身分有時被視為「番人」，有時又被視為漢人。年長後入贅卑南社拉拉家系之 Siruku（西洛姑），Siruku 為卑南王比那賴之後裔。「通事」是清代臺灣原住民族番社的代表者，擔任官府與番社之間傳譯、溝通、催辦公務，包括辦理官役、官差、嚮導、收租完課等事項。通事起源於荷蘭東印度公司時期，荷蘭東印度公司在番社實施璞社制，通常由社商委託熟悉番語的漢人，代理荷蘭東印度公司人收稅及徵派差役，並作為與社蕃交涉時之翻譯。語言的不通，通事的角色有其關鍵性。如赴京朝覲活動，令通事曉諭該番等仰戴皇恩：

> 宣諭爾等仰蒙皇上天恩、得遂瞻仰、複蒙厚賞。如今回社，務須約束各生番，不許滋事。「台府」將花紅、布疋、鹽、筋、煙、米等物逐名賞犒，並給飯肉，各番目具喜悅叩頭。除給與盤費，飭令義民首、通事選撥妥人，護送回社。〔註134〕

嚆矢。參見伊能嘉矩：《臺灣文化志》下卷（東京：刀江書院，昭和 40 年複刻版發行），頁 334。另根據川上和一的調查，則是清道光 25 年（1845 年）。參見川上和一，吳文星譯：《臺東恆春兩廳轄區調查書》（南投：臺灣省文獻委員會，1989 年）。陳英：〈臺東誌〉，收錄於胡傳：《臺東州采訪冊》，頁 81～82。

〔註133〕連橫：《臺灣通史》（臺北市：臺灣銀行經濟研究室，1962 年），頁 814。
〔註134〕奎林、萬鐘傑：〈犒賞臺灣番目緣由折〉，《臺灣原著民宮中檔》（電子版），【乾】129。

　　清廷選用通曉番語、熟悉番務的人為通事，有官派和自舉之別，其職權與功能因時因地而異。開化較早、漢化程度較高的番社，皆自舉通事料理官役。有些番社於各小社上設一總社，總社設總通事，綜理社務，下設正副通事，作為幫手。〔註135〕陳安生因婚姻關係與能力，成為卑南社的「頭目」、「卑南王」〔註136〕，也因為通曉番語、熟悉番務擔任「通事」。其善觀時變，更善營生貿易。〔註137〕面對強大之兵力武器，特殊的國際形勢之東臺灣，頭目陳安生選擇薙髮具結，也連帶影響周邊之番社。清廷還曾賞給番目陳安生銀牌一塊，以昭激勵。〔註138〕對其也頗為倚重，陳安生生故時還表示甚為惋惜。〔註139〕

　　沈葆楨「化番為民」的政教建設，積極擴展至臺灣東部。之後分別為管理地方在璞石閣、北路岐來、南路卑南，設立招撫局委員，設置各界撫墾局、開山拓墾、及教化生番等等工作，若有不服者皆以武力用兵征伐。〔註140〕「開山撫蕃」政策為清廷治理觀點，仍將在此生活之民，視為化外之民，從自己文化的觀點，視其為未開化的「番人」；開山深入山地之時，道路所經之處，隨時隨地招撫當地「番社」，強迫接受漢化，若有不服招撫而抵抗者，便以強大武力征服和侵略部落，多次發生反抗事件如：大港口事件、加禮宛事件等屠殺事件。

　　光緒元年（1875）增設卑南廳，轄管今臺東、花蓮兩縣。光緒5年（1879），設埤南廳署。1884年（光緒10年），提督張兆連率鎮海後軍移駐卑南。光緒11年（1885）中法戰爭，光緒13年（1887）臺灣建省，卑南廳升格為臺東直隸州，州署設於水尾（今花蓮瑞穗），臺東、花蓮二地皆為所轄行政區範圍。光緒14（1888）年，又因反抗事件移回卑南。〔註141〕

〔註135〕張素玢撰稿：〈通事〉，文化部：《臺灣大百科全書》，2001年9月24日。http://nrch.culture.tw/twpedia.aspx?id=3579。

〔註136〕施添福纂修：《臺東縣史大事篇（上冊）》（臺東：臺東縣政府文化局，2001年），頁89。

〔註137〕林志興撰稿：〈陳安生〉，文化部：《臺灣大百科全書》，2001年9月9日。http://nrch.culture.tw/twpedia.aspx?id=5673。

〔註138〕臺灣銀行經濟研究室編：《清季申報臺灣紀事輯錄》，頁42。

〔註139〕吳贊誠：《吳光祿使閩泰稿選錄》（臺北市：臺灣銀行經濟研究室1966年），頁9。

〔註140〕黃逢昶：《臺灣生熟番紀事》（臺北市：臺灣銀行經濟研究室，1960年），頁37～38。

〔註141〕胡傳：《臺東州采訪冊臺東州采訪冊》，頁1。

　　然，清廷至卑南平原後的用兵征伐事件，文獻記載上都未再提及卑南社。

二、大庄事件的總通事：張新才

　　光緒元年（1875），原設於臺南的南路撫民理番同知移紮於卑南，下設撫墾局。同時設置卑南廳，管轄北起宜蘭東澳溪，南迄恆春八瑤灣之範圍，廳治設於寶桑。〔註142〕光緒 13 年（1887），卑南廳不經設縣而破格升為「臺東直隸州」，層級與臺北、臺灣（中部）、臺南三府平行，凸顯清廷積極經營東部的決心。光緒 15 年（1889）為徵稅便，於臺東直隸州下分設南、廣、新、奉、蓮 5 鄉。其中南鄉轄地以卑南為中心的臺東平原，廣鄉為以成廣澳為中心的東海岸（秀姑巒溪以南），新鄉為以新開園（今池上錦園）為中心的縱谷南段（秀姑巒溪以南）。

　　「開山撫番」的政策逐步讓漢移民湧入臺東，改變了後山原來的生活空間。各社群與官方的衝突幾乎無可避免，以埤南呂家望社「大庄事件」（或稱臺東之役）規模最大，主因是土地丈量不公致使民怨，反清廷的漢人和原住民族聯合對抗清政府貪吏。〔註143〕光緒 14 年 6 月 25 日，呂家望社集結數千人，圍張鎮兆軍營水洩不通，燒燬民房廳治。清以礮鎗隊連環攻勦，民匪散盡後，獨呂家望社恃強不服，迫脅鄰社幫同抗拒。呂家望社位處卑南之南，週圍十餘里，與大巴六九新舊兩社毘連；邦邦社居其左，相為犄角。〔註144〕

> 臣查呂家望凡號番王，人眾丁強，外降內抗。臣因前山初撫，勢未盡馴，屢飭張兆連暫爾羈縻，與民休息。此次殺斃哈水社番，社長交兇，殊出意計之外。一旦勾結大莊化番，圍攻廳治，戕殺委員，蓄叛已非一日。〔註145〕

呂家望社早在清廷眼中一直是個桀傲不遜的部落。呂家望社房屋鱗砌層層竹圍，圍外長濠，排以竹籤。牆用石砌，高至丈餘，平時往來路徑，徧置荊棘地窟。因此當時劉銘傳派遣臺灣鎮總兵萬國本千里來援，調遣當時屬於全世界最先進海軍之一，清國北洋水師艦隊致遠號、靖遠號穹甲巡洋艦自臺東外

〔註142〕施添福等纂修：《臺東縣史‧大事篇》（臺東：臺東縣政府，2001 年），頁 95。
〔註143〕黃逢昶：《臺灣生熟番紀事》，頁 37～38。
〔註144〕唐贊袞：《臺陽見聞錄》（臺北市：臺灣銀行經濟研究室，1958 年），頁 103～104。
〔註145〕劉銘傳：《劉壯肅公奏議》（臺北市：臺灣銀行經濟研究室，1958 年），頁 225。

海發射重砲轟炸呂家望，造成呂家望死傷無數，並派洋槍隊助陣，才使戰事勉強弭平。整個事件歷時近兩個月，因臺東直隸州署受創嚴重，州治從水尾（今花蓮瑞穗鄉）遷回卑南。〔註146〕

呂家望社在地理位置於知本北上進入臺東縱谷的中途，往來的族群多樣，傳說朱一貴事敗後，殘黨中有人落籍利嘉，使人口與人力資源，一時之間大為增長，〔註147〕十九世紀末葉逐漸成為臺東平原崛起的第三大部落，實力漸漸凌駕知本社，甚至威脅到卑南社獨霸的局面，加上與縱谷平埔族與平地村落莊院友好者近四十餘庄，影響力非同小可。大庄事件起，基於保護莊院、土地的意識，呂家望社與邦邦社、大巴六九社形成同盟，傾巢介入大庄的起事，反而因為兵強馬壯實力強大，被清廷當成主要打擊對象。

自荷蘭東印度公司來東尋金時，一直居於卑南平原領導者的卑南社，在此次「大庄事件」文獻記錄上幾乎不見其身影，只說明呂家望社位於「埤南之南」，「大巴六九新舊兩社毘連；邦邦社居其左，相為犄角。」劉銘傳帶兵前來乘坐伏波輪船馳抵「埤南」，也不見卑南社隻字片語之紀錄。協助呂家望社圍攻廳治的番社，在文獻被稱「迫脅鄰社幫同抗拒」，也不見其名。〔註148〕「大庄事件」是東臺灣繼荷蘭東印度公司「大巴六九事件」（衛西里事件）後的最大戰役。〔註149〕戰鬥兵器在當時之新穎、先進程度，牽連範圍之廣，動員人數之眾，在東臺灣迄今僅見。大庄事件見證了臺東平原第三大社呂家望的崛起，在部落與官方的權謀下，加深了卑南族本身各部落之間的猜忌，也驗證了卑南社在東臺灣的傳統霸權與影響力。

自荷據時期開始，臺灣東部平原上的人民即因探金、璞社貿易與外界接觸，清同治年間漢人聚集的寶桑庄，已是臺東縱谷南半部的商品交易與服務中心；然而臺東平原即使是嘗試性的拓墾活動也尚未發生。道光年間雖

〔註146〕 劉銘傳（臺灣銀行經濟研究室編）：《劉壯肅公奏議》，頁225～229。

〔註147〕 相傳朱一貴事敗之後，有很多叛黨分子，跟隨王忠遁入，有些人即落籍後山呂家望社。宋龍生：《臺灣原住民史‧卑南族史篇》，頁270。

〔註148〕 林志興：〈大庄事件〉，文化部：《臺灣大百科全書》，2009年12月。http://nrch.culture.tw/twpedia.aspx?id=5225。

〔註149〕 衛斯林在1641年被大巴六九與呂家望（現今臺東縣利家村）部落的人所殺，衛斯林死後，荷蘭東印度公司展開報復性的軍事行動，當時的行政長官率兵親征，將大巴六九燒毀。《巴達維亞城日誌》1641～1642，55～63〔25〕，長官 P. Traudenius 於1641年11月6日在大員寫給總督 A. van Diemen 的書信。

有來自西部平埔族稍事停留，但旋即北遷。原因礙於開山撫番初期，清朝仍
尊重土著土地所有權的原則，使設治、駐防、招墾等官方措施，讓移民拓墾
始終無法開展；〔註150〕從臺東天后宮建置碑文可窺見當時卑南社之經濟規
模。

　　當時卑南社頭目張新才，亦為總通事，〔註151〕又名張義春，廣東梅縣
人，也是卑南社女婿。「大庄事件」平定後，光緒15年（1889），張兆連提督
為感恩媽祖庇佑讓當時軍隊挖井找到水源，捐俸倡議建廟感恩，並發動部屬
及地方士紳共襄盛舉。胡傳《臺東州采訪冊》記載捐助情形：

> 光緒十七年，埤南大麻里各社正、副社長以及總、散各通事捐助六
> 八銀七百四十元，由前統領鎮海後軍各營屯張提督兆連交總通事張
> 新才於新開園、大陂一帶購田一十五甲零零六毫二絲二忽，交佃承
> 種；每年議定包納租穀一百四十八石，作為天后宮祀產。歲收租穀，
> 供奉香火之費；勒碑在廟，移州有案。十九年，代統鎮海後軍各營
> 屯後總鎮元福，因所置田路遠，照管維艱，復將此項祀產田畝全數
> 退回張新才為業，收回六八銀七百四十元〔註152〕

　　總通事卑南社頭目張新才除捐款，後還將地屬偏遠之土地全數買回，可
見張新才經濟財力雄厚。然清廷對他的重視卻不成比例，可從《臺東州采訪
冊》社長所領之月薪餉略窺一二：

> 埤南撫墾局所轄平埔、高山各番社：埤南社（正社長月領銀五圓）：男、
> 女一百八十四人。副三。撫漏社（正社長月領銀三圓。即埤南番所遷
> 之社）：在埤南北五里；男、女五百三十餘人。馬蘭社（正社長月領銀
> 八圓）：在埤南西一里；男、女四百五十餘人。副五〔註153〕……

埤南社止社長月薪餉於其他番社無異，可見清廷對其並無特別倚重。雖然清
廷將臺灣東部全劃入臺東直隸州的管轄範圍，但實際上能控制及開發的地區
卻很少。1894年胡傳撰寫《臺東州采訪冊》時，實際控制範圍大致只有北起
加禮宛（今花蓮縣新城鄉嘉里村），南至阿朗壹（今屏東縣牡丹鄉旭海村）的

〔註150〕鄭全玄：《臺東平原的移民拓墾與聚落》（新北市中和區：知書房出版，1995
　　　　年），頁38。
〔註151〕胡傳：《臺東州采訪冊》，頁49。
〔註152〕胡傳：《臺東州采訪冊》，頁49。
〔註153〕胡傳：《臺東州采訪冊》，頁86。

縱谷平原地帶。至臺灣割讓予日本時，臺東州內平地人口裡面只有 9% 人口為漢人。田代安定 1896 年調查，日治初期臺灣東部全部的人口，扣除高山原住民部落無法計算，平地 34172 人中，漢人 3300 人，墾成水田有登記可查的僅 8.88 平方公里。〔註 154〕

「開山撫番」政策實施後，1874 至 1894 年短短廿年間，歷任卑南廳同知及臺東州知州的地方首長多達 16 位，其中 4 名於任內病故。〔註 155〕折損率之高，替換頻繁，可以想見官員嚴重的水土不服。不僅是水土不服，清廷有一項似乎和語言無關的政策，卻產生深遠的語言政策效果，那就是任官制度。滿清政府規定：督撫以下，雜職以上，均各自迴避本省。所以福建人不可來台當官。臺灣漢人亦有部分由廣東的惠州、潮州、嘉應州移民而來的客家人。有鑑於此，滿清政府再特別規定臺灣知縣以上之官，不能任用廣東東部該三州的人民〔註 156〕。這些任官禁令，使清代兩百多年官民語言不相通。〔註 157〕

不僅官民語言不相通，開山撫番成效也有限。晚清經營東部 21 年，利用原住民族歷經漫長歲月開出的路徑，先後自南、北、中三路開通八條，以及雖動工但未開通的五條越山道路以聯絡臺灣東西部。然，已開通的八條越山道路中，大多在短時間內即宣告廢棄。事實上，自光緒 3、4 年（1877～1878）以後，大部份的時間，臺灣東部只依靠一條簡陋的人行步道，即先是恆春、卑南道，後是三條崙、卑南道跟臺灣西部保持聯繫，以致晚清經營東部效果依舊有限。晚清開築臺灣東西部越山道路，不論是已開通或開而未通的道路，之所以紛紛廢棄或半途而廢，大部份都是由於原住民族狙擊和截殺。原住民族之以狙擊和截殺激烈反抗，皆是為阻止外人侵犯傳統生活領域。過去刻意利用「獵首」的傳統習俗，「素性嗜殺」塑造原住民族，以維護治臺的基礎，開山撫番也因而成效有限。〔註 158〕

〔註 154〕田代安定：《臺東殖民地豫察報文》（臺灣總督府民政部殖產課，1900 年），頁 272～274。

〔註 155〕未著撰人：《臺東史誌》，引自《臺東縣政府官網》，搜尋日期 109/04-16。https://.taitung.gov.tw/cp.aspx?n=3ED4E35C4A97DEAF&s=BD3B450373053909。

〔註 156〕陳培桂：《淡水廳志》（臺北市：臺灣銀行經濟研究室，1963 年），頁 172～205。

〔註 157〕劉良璧：《重修福建臺灣府志》（臺北市：臺灣銀行經濟研究室，1961 年），頁 24。

〔註 158〕施添福：〈開山與築路：晚清臺灣東西部越嶺道路的歷史地理考察〉，《國立臺

　　沈葆楨的奏摺中曾提及:「卑南、埔里一帶,居近漢民,略通人性;若是者,曰良番。」〔註159〕這意味著當時的「卑南」,是開山撫番政策中的「良番」。雖為良番,但在清廷臺東最後一任官員胡傳〔註160〕的眼中,開山撫番之政策無確實之效。在其日記中記載:

> 臺灣自議開山以來,十有八年矣。剿則無功;撫則罔效;墾則並無尺土寸地報請升科;防則徒為富紳土豪保護茶寮、田寮、腦寮,而不能禁兇番出草。

胡傳認為開山撫番之政策無確實之效,主因在無法確實量測土地,加上番社出草,影響漢人移墾:

> 無論尺土寸地,一戶一民,均須設兵保護,國家無此兵力,無此政體。無論此等零星單弱之防勇,斷斷不能堵禦兇番出草殺人。且有使之不能殺番者,撫墾局是也。撫墾局畏番如虎狼,待番如驕子,惟務以財帛酒肉喂之靨之以悅其意。視漢奸通事如神明、如師保,任其播弄,言聽而計從。兇番託名就撫,任意出沒,伺便殺我勇、我民,則視為固然,置而不問。我勇、我民偶殺一兇番,通事必播弄其間,令訴于撫墾局以為誤殺化番;司撫墾者恐眾番因此而怒,怒必作逆,通事更以危言恫喝,迫令營勇、居民出賄與和,必飽其囊而後罷。〔註161〕

胡傳直言「撫墾局畏番如虎狼,待番如驕子」。胡傳任臺東直隸州州官〔註162〕,當時總通事為張新才,早已是南路埤南(南鄉)、成廣澳(廣鄉)等社的總通事。臺東天后宮的〈新建埤南天后宮高山平埔各社捐題碑記〉,記其為「臺東都總管操保都司銜花翎守備」。總通事除職務上的政令宣導、消息傳遞外,還協助徵收田賦,代發放各社通事、社長口糧銀等。設「張義春號」,從事招攬墾戶開墾、經營雜貨買賣、及換番等。〔註163〕擔任總通事卑南社頭目

　　　灣師範大學地理研究報告》第 30 卷(1999 年 5 月),頁 94～95。

〔註159〕沈葆楨:《福建臺灣奏摺》,頁 2。

〔註160〕胡傳當時代理臺東直隸州知州,兼統鎮海後軍各營屯。

〔註161〕胡傳:《臺灣日記與稟啟》(臺北市:臺灣銀行經濟研究室,1960 年),頁 64。

〔註162〕胡傳於光緒 19 年 5 月至 21 年 5 月,1893 年 5 月至 1895 年 5 月任臺東直隸州州官。

〔註163〕姜柷山、孫民英、林娜鈴:《臺東南王社區發展史》(臺東:臺東縣臺東市南王社區發展協會,2016 年),頁 103～104。

張新才，在胡傳眼中僅是「通事」一名，對於同治 13 年（1874 年）文獻所記載之「埤南通牡丹社，……膏腴遠勝瑯嶠；番社七十有二，丁壯萬人。」〔註 164〕卑南為群番之首，胡傳接任一年多，日記內容僅一次提及張新才：

> 猴子山番社頭人來獻小米及豬一口，賞以酒並布三疋、紅五段。通
> 事廖亮、張新才言各社均將來賀。

張新才雖在胡傳眼中僅是「通事」一名，但以贅入婚聯姻策略與卑南社陳達達結為夫妻，使其得原住民族之助成為清末日治初東臺灣有影響力人士。〔註 165〕1901 年 4 月 15 日，張新才仍見於臺東廳秘書「辭令」（任官令）中。1895 年，日人開始接收臺東。張新才協調卑南大社和馬蘭大社出兵攻打新開園（今臺東池上及花蓮富里一帶）的清軍，日軍登陸寶桑新街，張新才亦帶頭通力配合。清劉德杓遁走後，日軍再向花蓮前進，相良長綱率張新才、潘骨力等隨行，並用張新才名義致函花蓮管帶約其歸順。〔註 166〕日治後被委任為臺東廳事務囑託，屬總務課通譯掛（科）被認定為「蕃社總通事」。

　　卑南社所在的「後山」（概括為臺灣中央山脈以東）是「生番」所居的「化外之地」。清廷領台之初，基於維持邊疆之治安，對於「生番」及番地採取隔離、圍堵之政策，無意間使得臺灣「後山」成為國際上的「無主之地」。直至發生日人侵入臺灣「後山」的「牡丹社事件」，此一事件促使清廷向國際社會確認清廷在臺灣「全部」之主權。清治理臺灣二百多年，僅在 1874 年牡丹社事件之後，積極實施「開山」、「撫番」，開始將臺灣東部納入治理區域。「開山撫番」之政策。主要在於取消內山番界，鑿通東西道路，用武力推進朝廷統治範圍，取消族群隔離政策，並由朝廷籌設「撫墾局」辦理貸款，獎勵漢民拓墾，進一步推展招撫文治工作，教育「生番」漢化。但此時「卑南覓」在方志的記敘，乃是「番自稱為王，統轄之地十八番社。」〔註 167〕晚清卑南社雖不受清廷重視，但卻仍穩坐於後山，統轄各番社，雖被記為自稱為王，「王」卻似乎有如隔山觀「官」與「民」的衝突，不動如山。

〔註 164〕臺灣銀行經濟研究室編：《同治甲戌日兵侵臺始末》（臺北市：臺灣銀行經濟
　　　　研究室，1959 年），頁 63。
〔註 165〕林志興撰稿：〈張新才〉，文化部：《臺灣大百科全書》，2009 年。http://nrch.
　　　　culture.tw/twpedia.aspx?id=5614。
〔註 166〕施添福等纂修：《臺東縣史・大事篇》，頁 176。
〔註 167〕臺灣銀行經濟研究室編：《清季申報臺灣紀事輯錄》，頁 553。

三、臺灣割讓日本後的末代卑南王：姑仔老

光緒 20 年（1894），由寶桑庄、新街、馬蘭坳三處市街所集結而成的卑南新街（今臺東市前身），已儼然成為東部地區的貿易、交通中心，商業日漸繁榮。當時漢人有 178 戶，僅 750 人。廣大的卑南平原仍屬粗墾狀態，主要仍為卑南社與阿美族馬蘭社之勢力範圍，約有 1500 戶，5000～6000 人之多。卑南平原外，漢人建立的聚落只有里壠、新開園、鹿寮（今鹿野永安）、巴塱衛（今大武）與成廣澳等寥寥數處，且多與清軍營相鄰，成為一大特色。成廣澳為一天然港澳，光緒以後即有戎克船出入，是卑南新街外商業較繁盛之地。〔註 168〕

清、日爆發甲午戰爭，隔年（1895）清割讓臺灣。割讓之初，清廷統領副將劉德杓率部眾千餘人集中於新開園；因有天險固守，對峙長達近一年。當時恆春出張所所長相良長綱，研判當時的情勢，認東部地區的清軍已處進退危谷之勢，宜先勸其投降，沒收武器彈藥。日軍此時不宜遽然進兵，以免使當地先住民有所疑懼，妨礙綏撫的工作。相良長剛派潘文杰等遊說卑南地區漢人及原住民族歸順。1895 年 12 月 2 日，遣恆春下十八番社總頭目潘文杰、射麻裡社社長潘阿蘭、及豬勞束社社長潘藕葉等前往卑南招降，獲得善意的回應。〔註 169〕明治 29 年（1896）1 月，再派潘文杰與臨時雇員王福前往卑南，除招撫外，並致書袁錫中及張新才等勸降。在潘文杰的聯絡下，12 月間東部各社已陸續前往恆春表示歸順，1 月底，卑南社大總頭目（sangung）有 6 人前往；2 月初，有知本社等 44 社，共 190 餘人前往，至 2 月底，又有 36 社 33 人前往。清朝統領袁錫中也早有降意，回復相良長綱之信中，要求日軍派軍艦將東部地區清軍載運回內地，〔註 170〕但隨即於 2 月 5 日乘船遠走廈門。袁錫中離去後，臺東一帶情勢紊亂，清軍因缺乏糧食多有逃走者，由張新才暫代卑南營官，捐款募集糧食，勉強維持。總通事張新才再次展現其驚人的財力。

光緒 12 年（1886），姑仔老（Kulalrau）〔註 171〕為卑南社第 22 代大頭目，

〔註 168〕胡傳：《臺東州采訪冊》，頁 18～19。

〔註 169〕臺灣省文獻會：《臺灣總督府檔案中譯本第六輯》（臺中市：臺灣省文獻會，1995 年），頁 509。

〔註 170〕《臺灣總督府檔案中譯本》第五輯，頁 542。

〔註 171〕姑仔老（Kulalrau），或記作龜仔老。姑仔老、龜仔老都是 Kulalrau 的閩南語記音。Kuralrau 是一種羽毛漂亮的鳥名，有可能是灰喉山椒鳥（Pericrocotus solaris），成鳥公的紅色，母的黃色。

創立 Masikadr 家族。清廷雖然設立了臺東直隸州，經歷了大庄事件，並且對後山清賦完成，對各番社仍然鞭長莫及。卑南社對大部分番社仍保有自荷蘭東印度公司時代開始的領主權，每年向各部落徵收貢租（drisin），也為各部落服務，姑仔老大頭目，依然承襲了形式上的卑南王。〔註172〕

姑仔老（Kulalrau）先於 1895 年 12 月 17 日率人至恆春廳表示服從。日軍未抵臺東之前，姑仔老（Kulalrau）聯合馬蘭阿美族頭目「黃骨力」調集人馬 371 人，攻擊頑強堅守臺東地區的清軍副統領劉德杓殘部。後日軍突破陣地，光緒 22 年（1896）日軍乘艦登陸卑南，結合原住民族成立「義勇隊」與劉德杓的清軍互戰。後劉德杓不支翻越中央山脈遁走，部眾散去，新開園之役成為台地清兵抗日的最後一役。卑南社姑仔老的出兵策略，建立卑南社與日本政府初期的友好關係。日人幣原坦如此記錄當時的姑仔老：

> 日清戰爭起，臺灣被日本所有，清軍未能自東海岸如意撤退。因此，在此駐屯的清軍，未能獲得俸給及其他補給，就地變成了土匪，而攻擊與搶奪良民，百姓戰戰競競，日夜思尋安靖之策而不得。卑南頭人古拉老，慨然而立，出行恒春迎日軍，請求能早日到東海岸來。日軍立即容納其言，組派船艦與士兵至卑南登陸，並掃蕩清軍。古拉老率其眾與日本兵共同行動進至北方的新開園驅逐之。清軍則自新開園遁入蕃界之山，然後，在今之玉里附近下清水溪，往更北方向逃去。從此之後，日本即在東海岸各處留駐擔任守備任務。〔註173〕

「概然而立，出行恒春迎日軍」，可見姑仔老當時在日人心中的領兵形象，居關鍵影響性。1897 年，姑仔老協助臺東廳在卑南社設立「臺東國語傳習所卑南分教場」（今南王國小），使族人開始接受現代教育。明治 30 年（1897）臺灣大致底定，日本政府調整地方行政區域為 6 縣 3 廳。東部地區獨設臺東廳，管轄卑南、水尾、奇萊三辦務署。明治 42 年（1909）花蓮港廳再自臺東廳分出，獨立設廳。從此花、東二地行政區劃開始分道揚鑣，沿用迄今。1920 年至 1924 年（大正 9 年至 13 年）姑仔老受臺東廳派任為卑南區區長。

日治初期，總督府根據「漢蕃分離」的統治原則，對原住民族採撫育政策，建立「蕃地」專勤制度和加強隘勇線設施，以隘勇線的推進圍堵「蕃地」，利

〔註172〕姜祝山、孫民英、林娜鈴撰文：《臺東南王社區發展史》，頁97。
〔註173〕幣原坦：〈卑南大王〉，《南方土俗》第 1 卷第 1 期（1931 年），頁 1～10。

用「以蕃制蕃」政策，逐步使原住民族歸順投降。明治29年（1896），設撫墾署為獨立官衙組織，管理蕃地的撫育授產，並將理蕃政務與普通行政分離，視為蕃地為特別行政。蕃人不需繳稅，但也未擁有山林原野所有權，不適用民刑法，並禁止與漢人通婚，除非官方特許，一般人不得隨意進出蕃地。在此一制度下，蕃地與一般街庄地形同兩世界，分然有別的並存於臺灣島上直至明治38年（1905），民政局長正式要求庄、社分立，地界分明，凡是居住或遷入民庄的蕃人，都需要於戶口集計表中將其合併記入原蕃社中，並且加以註記。自明治39年（1906），開始對廳內的「平地蕃」課稅，認為阿美族與卑南族已具備成為「本島人」的條件，可將之納入普通行政內，藉由納稅脫離「生蕃」階段，以「化蕃」身份加以保護。〔註174〕也因此1908～1909年，臺東廳命各部落取消對卑南族繳納貢租〔註175〕；至此，形式上的「卑南王」就劃上了句點。

小　結

各時期的對此地最具勢力的領袖──卑南王，皆有不同稱謂。

最初荷蘭文獻記載以「king」稱第四區卑南（Pimaba）的領袖，之後在各官方時期，分別歷經明鄭時期、清初、清中晚期、日治時期等，各時期官方分別出現不同稱謂，所代表的意義不盡相同。如下表1：

表1　卑南王各歷史時期文獻的記載與說法

時　　期	官方稱謂	歷史時期的記載稱謂
荷治時期	king、Regent（攝政王）	卑南政府領主
		東部地方會議中心被任命長老
明鄭時期	未曾設官	頭目、酋長
清初時期	大土官	被納入清界大土官
清中期	六品頂戴	民變造英雄皇帝封賞
清中期	大土官	封山設界傳封「王」
清晚期	通事	「自稱」卑南王陳安生
	總通事	總通事張新才
日治時期	頭目	末代王、卑南女王

〔註174〕鹿子木小五郎編：《臺東廳管內視察復命書》（臺北市：成文出版社，1912年）。
〔註175〕姜祝山、孫民英、林娜鈴撰文：《臺東南王社區發展史》，頁97。

荷蘭東印度公司時代在臺灣服事的蘇格蘭人 D. Wright 之記錄，將臺灣當時分成 11 個區，其中：第四區為卑南（Pimaba），有大社（town，stad）及許多小社（villsage，drop）。〔註 176〕記載卑南王（king，overste）英勇，有隨從，與荷蘭東印度公司人結盟，允許他們一位中士帶 25 名兵丁駐紮該地。〔註 177〕之後設東部地方會議中心，該會議區與其他三個臺灣行政區劃相同，不設各區統治者，是由該區劃轄下歸順的原住民族社長老直接向大員長官負責。〔註 178〕

明永曆 15 年（清順治 17 年，1661）鄭氏將荷蘭東印度公司人逐出臺灣，以臺灣為反清復明的基地。政權控制範圍仍以南部為主，對於東部之經營，大抵沿襲荷人方式，於各社設立土官，令其自治。當時以卑南覓為主的 46 社皆臣服。經濟方面亦承襲荷人瞨社制度，不同的是控制管理較荷人為嚴，且直接向社商徵稅，等於已視東部為領土之一部。表面上看來，荷人與明鄭政權皆轄有臺東地區，然因交通險阻，控制力量亦時斷時續，在其眼中乃是化外之地。荷治時期卑南社領袖被稱為 king、Regent（攝政王），分別為卑南政府領主，及擔任東部地方會議中心，在荷蘭人眼中「king」應是個大人物的概念。也就是當地有名望、地位的人。

不論是清初協助「朱一貴事件」、「林爽文事件」、清末「牡丹社事件」後「開山撫蕃」、「日軍登陸」東部、卑南社都扮演著舉足輕重的角色，但各時期的文獻記載，治理政府從未在東部封「王」。卑南社被清廷視為「東番屏障」、「能以漢法變番俗」、「居近漢人、略通人性」，是日人眼中「近於文明的族群」，又因與漢人接觸頻繁，被視為漢化頗深的族群。〔註 179〕卑南社的領袖在各時期的文獻被記載為「king」、Regent（攝政王）、「大土官」、「六品頂戴」、「通事」、「總通事」、「頭目」等稱謂，不管是何種稱謂，民間以「卑南王」傳稱。

清初「朱一貴事件」後，臺灣東部實施劃界封山，嚴禁西部人民逾越。「牡丹社事件」後，同治 13 年（1874）解除封山禁令，實施「開山撫番」、「移民拓墾」後，逐漸始有漢人入墾臺灣東部。許多文獻記載都指出，臺東

〔註 176〕甘為霖（W. Campbell）編譯：《荷蘭統治下的臺灣》（Formosa under the Dutch），書中收錄荷蘭時代在臺灣服事的蘇格蘭人 D. Wright 之記錄。

〔註 177〕翁佳音：〈像女王的排灣族好婦人〉，《原住民民族文獻》2012 年 2 月 1 期。https://ihc.apc.gov.tw/Journals.php?pid=606&id=624。

〔註 178〕施雅軒：《臺灣的行政區變遷》（臺北市：遠足文化公司，2003 年）。

〔註 179〕陳文德：《卑南族》（臺北市：三民書局，2010 年），封底引言。

平原曾經出現一個自稱「卑南王」，轄內的阿美族、排灣族東排灣群各社均納於其下，按年繳納租穀。卑南社向各社徵收貢租的慣例，直到明治41～42年（1908～1909）才停止。馬蘭社、平埔族及晚期才移住的漢人等都認為，住宅用地與耕地的取得皆來自於卑南族的給墾。〔註180〕換言之，直至日據中期卑南平原上的土地幾乎都屬卑南社，也因此印證十七世紀以來的文獻記載，以及當今卑南人與鄰近族群的口碑，卑南族曾經是一個強盛族群，在東部臺灣有著輝煌的歷史，有關「卑南王」的傳說，更是家喻戶曉。

　　十七世紀的臺灣，在文獻中有一位正式出現的「王」，是西拉雅族新港社的部落領袖理加（Dika，或 Dijcka）。1627 至 1628 年間，荷蘭東印度公司與日本發生貿易衝突，一名經營生絲船運的商人濱田彌兵衛，因不滿生意遭受荷蘭東印度公司人的阻撓，趁機鼓動新港社理加，加上漢人通事，組成「臺灣代表團」，至日本面見德川家光。指控荷蘭東印度公司東印度公司，並代表臺灣向日本幕府「獻地」輸誠，表示主權的歸順，日本亦將理加冠上「臺灣王」封號，史稱「濱田彌兵衛事件」。理加在國際強權的交鋒下，因緣際會下成為第一位「臺灣王」。這位經過日本加冠的「臺灣王」，雖非實質臺灣原住民族的共主，卻也就這樣莫名其妙的經過「國際」認證，得到一個光榮的「王」虛銜。〔註181〕

　　十七世紀，在臺灣依歷史時序先後曾有被稱為王：新港社頭目理加被稱「臺灣王」、卑南領主被稱「卑南王」、大肚社被稱「白晝之王」、「大肚王」、鄭經被稱「臺灣王」等；其中僅鄭經被稱之為「王」，是英國東印度公司認證之國王，在公函、條約中都稱之為「King of Tywan」。但在明、清之文獻上，上述的之人都不曾被封為「王」，這些「王」，並不等同於王權（kingship）概念下的國王（king），是凡擁有一定權力或勢力或影響力都泛稱為「王」〔註182〕。也就是說，「王」的稱號應是由民間稱之，「王」在當地人的心目中，具有一定的勢力與影響力。

〔註180〕鄭全玄：《臺東平原的移民拓墾與聚落》，頁 22。
〔註181〕翁佳音：〈新港有個臺灣王─十七世紀東亞國家主權紛爭小插曲〉，《臺灣史研究》第 15 卷 2 期（2008 年）。
〔註182〕翁佳音、黃驗：《解碼臺灣史 1550～1720》（臺北市：遠流出版，2017 年），頁 127～132。

第二章　一方霸主：卑南王與「卑南覓」

　　卑南王的崛起有其歷史背景；早在十七世紀時，荷蘭東印度公司還未進入臺灣東部 Pinamba（卑南）尋金，即相傳此地有個很會打仗的「國王」；清廷命卑南覓社「大土官」協助平民亂，相傳統治後山七十二社，勢力逐漸如日中天。本章首先藉由瞭解卑南王發生的地點「Pimaba」、「卑南覓」、「後山七十二社」，理解卑南王如何在卑南社群內部複雜競爭關係與社會文化中被延續，進一步理解與周遭環繞的阿美、排灣等其他社群的關係。

第一節　「七十二社」與「卑南覓」的形成

一、荷蘭時期的 Pinamba

　　臺灣東部因在臺灣中央山脈以東，清代習稱為「後山」、「山後」；後山空間的範圍認知有多種說法，如：藍鼎元《平臺記略》謂之：「臺灣山後，蛤仔難、崇爻、卑南覓等社」；〔註1〕姚瑩《東槎紀略》謂之：「嘉慶中，又開噶瑪蘭，遂及山後增幅員百里」；〔註2〕夏獻綸《臺灣輿圖》謂之：「後山自蘇澳以南至得其黎……以達卑南…」〔註3〕；吳贊成《吳光祿使閩奏稿》謂之：「後山南起恆春八瑤灣、北至蘇澳六百餘裡，中分三段」〔註4〕。

〔註1〕藍鼎元：《平臺紀略》（臺北市：臺灣銀行經濟研究室，1958年），頁30。

〔註2〕姚瑩：《東槎紀略》（臺北市：臺灣銀行經濟研究室，1957年），頁38。

〔註3〕夏獻綸：《臺灣輿圖》（臺北市：臺灣銀行經濟研究室，1959年），頁75。

〔註4〕吳贊誠：《吳光祿使閩奏稿選錄》（臺北市：臺灣銀行經濟研究室，1966年），頁25。

　　早期描繪的後山空間包含今日的宜蘭、花蓮與臺東三縣；但清代中葉以後，宜蘭地區在人口移入，政治經濟關係上與臺灣北部較為密切，在行政區域上自清代中期後至日治時代均屬於北，因此在觀念上，宜蘭逐漸成為北部的一部份。「後山」一辭所指涉的區域也逐漸變成專指今花蓮、臺東二地。〔註5〕「臺東」是清光緒13年（1887），由「卑南廳」改設為「臺東直隸州」後，始有「臺東」之名浮現在歷史舞臺上。稱「臺東直隸州」時，後山的區域範圍還涵蓋今日的花蓮縣與臺東縣。〔註6〕

　　除「後山」、「山後」之稱，臺灣東部更早期還被稱為「卑南覓」、「寶桑」、「卑南」、「埤南」、「崇爻」。「卑南覓」被認為是臺灣東部最早見諸史料之漢語地名。〔註7〕「卑南覓」一詞源自荷蘭東印度公司記載，也就是荷蘭稱之Pimaba、Pinamba、Pibamba 或 Pimaba。臺灣東部最早被荷蘭人地圖標記為Pima〔註8〕，區域被記為 Pimamba，後來清代中文記為「卑南」、「埤南」及「卑南覓」。〔註9〕

　　最早 Pinamba（卑南）被記錄是因荷蘭東印度公司尋找傳說中的黃金。荷蘭築城於大員（臺南安平），統有臺灣南部地區，不時地從原住民番社聽到關於臺灣產金的傳聞，在一連串的打聽之下，於是派員前往臺灣東部展開尋金行動。荷蘭東印度公司多方打聽模模糊糊的「Pinamba」，首先向瑯嶠人問起，又擔心被識破，瑯嶠人卻很肯定又很率直地對荷蘭人聲稱，傳說的黃金產在此的東邊鄰近地區，「從瑯嶠北上去一兩天路程，稱為 Pinamba（卑南）的村莊，擁有很大量的黃金。」〔註10〕要前往那地區，必須使用武力，完全

〔註5〕孟祥瀚纂修：《臺東縣史，開拓篇》（臺東：臺東縣政府，2001年），頁7。
〔註6〕臺灣東部素稱後山，現係指臺灣島上最大分水嶺中央山脈稜線以東的地區，但行政區只包括原屬清治臺東直隸州或日治初期臺東廳的臺東和花蓮兩縣；其轄境北起和平溪（大濁水溪），南止恆有春半島觀音山北側的塔瓦溪；東臨太平洋，西界中央山脈主分嶺。施添福：〈臺灣東部的區域性〉，收錄於夏黎明、呂理政主編：《族群、歷史與空間東臺灣社會與文化的區域研究研討會論文集》（臺東：國立臺灣史前文化博物館籌備處，2000年），頁2。
〔註7〕臺東縣政府國際發展及計畫處資訊發展科：《臺東縣政府官網》（臺東：臺東縣政府，2013年）。http://www.taitung.gov.tw/cp.aspx?n=3ED4E35C4A97DEAF&s=B988C0B9B93AA121。2018/11/22。
〔註8〕江樹生譯註：〈熱蘭遮城日誌／I-H／1636-05-19〉。
〔註9〕安倍明義：《臺灣地名研究》（臺北市：番語研究會，1928年），頁288～289。
　　　姜柷山、孫民英、林娜鈴：《臺東南王社區發展史》，頁3。
〔註10〕江樹生譯註：〈熱蘭遮城日誌／I-H／1636-05-19〉。

不可能用交涉的方法締和，且首先要對付 Tawaly（太麻里）的人。在福爾摩沙東岸跟山區交易的中國人對荷蘭指稱，「從瑯嶠再過去三日路程的山裡有黃金」〔註11〕，另有一個在瑯嶠地區，曾在 Pinamba 和其他地方連續遊走了 14 年的中國人卻告訴荷蘭，從水路去較容易。這位中國人還自薦願跟荷蘭人一起前往，提供他所有的知識。且在中國人眼中，Pinamba（卑南）並非用武力才可締和。〔註12〕

從此可推知，在荷蘭進入東部之前，早已有中國人在 Pinamba 經商，中國人多走水路。荷蘭東印度公司初期分別從瑯嶠〔註13〕人與經商中國人口中記錄下 Pinamba（卑南），推測 Pinamba 之稱，可能是對岸南閩地區，陸續渡海而來的福建人的閩南語（台語）對臺灣東部地區的稱呼。從其記載「Pimaba」在「更南方的山裡」、「村莊擁有大量的黃金」、「那裡的人也跟瑯嶠的人敵對」，推斷臺灣東部早在荷治時期前，可能已有一個共推的領導者。

《熱蘭遮城日誌》記載，荷蘭人歷經三次探金行動，由卑南社人協助，但最後只在 Terraboan 哆囉滿（推斷在今花蓮新城鄉、立霧溪一帶）發現一條含有少量沙金的黃金河找到金礦，卻因含金量不高，放棄開採計畫。在三次的探金征伐行動中，卑南社與其共同尋金，逐漸成為東印度公司在後山的輔佐勢力，之後還管理歸順公司的村社，並代表公司收取歸順村社的貢物等，武力擴展到秀姑巒溪口。〔註14〕1652 年起每年召開一次的東部地方集會，集會地點皆在「Pimaba」（卑南）舉行〔註15〕，卑南社成為東部地方會議設置所在地，建立 Pimaba（卑南）名號。首度召開的東部地方會議計有 34 個村社代表，齊聚於此舉行會議。1653、1654、1655 分別有 37、38、43、42 個村社代表至卑南出席會議。〔註16〕出席會議代表的每人受頒刻有荷蘭東印度公司徽章的藤杖，代表與公司永結友誼。〔註17〕

〔註11〕江樹生譯註：〈熱蘭遮城日誌／I-H／1636-04-11〉。

〔註12〕江樹生譯註：〈熱蘭遮城日誌／I-I／1637-02-17〉。

〔註13〕關於「琅（嶠）」的地名，由於過去電腦中沒有內建「嶠」字形，因此網路上多以「琅嶠」或「琅喬」代替。但當時的奏摺與公文書往來，均作「琅嶠」；「嶠」方為本字。

〔註14〕康培德：〈卑南人與荷蘭東印度公司的後山統治〉，《臺灣文獻季刊》57 卷 2 期 2006 年，頁 8～44。

〔註15〕江樹生譯註：〈熱蘭遮城日誌／III-F／1655-06-07〉。

〔註16〕康培德著：《臺灣原住民史政策篇（一）荷西明鄭時期》，頁 144～145。

〔註17〕施添福等纂修：《臺東縣史大事篇》，頁 38～40。

　　荷蘭東印度公司來臺灣島，即聽說臺灣東部產金，消息的來源一、是瑯嶠人，二、是往來東部的商人。他們口中的「卑南覓」，荷蘭東印度公司的記為」Pimaba」，還有 Pinamba、Pibamba 或 Pimaba 等。卑南社一直所慣用的稱號是「普由馬（Puyuma）」，或稱漂馬、畢瑪，均為同一音的異譯。〔註18〕由 Pimaba 與普由馬（Puyuma）的音轉，推知最早在瑯嶠人和往來東部的商人，「卑南社」在其眼中是東部一個響叮噹的勢力。荷蘭東印度公司首次親自至卑南社，即紀錄下：「卑南位於一片平坦的農地上，種植很多檳榔和椰子樹，人口約有 3000 人。」〔註19〕

　　「Pimaba」（卑南），荷據時期文獻曾有如下記載：

1. 1936 年瑯嶠人口中描述「更南方的山裡」、「瑯嶠北上去一兩天路程」。〔註20〕

2. 村莊有 1000 個戰士，這兩個村莊的人，都是瑯嶠人的世仇。〔註21〕

3. 中國人口中「搭戎克船從水路去卑南，比從陸路去要適當得多，陸路距離很遠」。〔註22〕

4. 每年召開一次的東部集會地點在「Pimaba」。〔註23〕

5. 東部 Pimaba，43 村社轄下。〔註24〕

　　荷蘭時期以「Pimaba」一詞，作為東部地區發展及東部諸社的代稱。「Pimaba」在荷治時期不僅是代表一區域、一村社、一地點，它還代表荷蘭東印度公司轄下村社暨盟村名單的地理範圍。此時 Pimaba 所涵蓋範圍，南與琅嶠為介，北至秀姑巒溪口。Pimaba 從最早傳聞中在「更南方的山裡」，後來荷蘭東印度公司在 Pimaba 召開東部地方會議，1656 年被荷蘭記載下轄 43 村社，Pimaba 所轄的範圍愈來愈廣闊。

二、清治時期的「後山七十二社」

　　明鄭時期並不太注重東部的開發，未曾設官治理東部地區。對於東部之

〔註18〕未著撰人：〈原住民族十六族簡介卑南族〉，《原住民族委員會官網》（臺北市：原住民族委員會。）https://www.apc.gov.tw/portal/docList.html?CID=E6CD8B3830879023&type=D0BD0AE75F4158D0D0636733C6861689。

〔註19〕江樹生譯註：〈熱蘭遮城日誌 / I-K / 1638-02-12〉。

〔註20〕江樹生譯註：〈熱蘭遮城日誌 / I-H / 1636-05-19〉。

〔註21〕江樹生譯註：〈熱蘭遮城日誌 / I-I / 1637-02-17〉。

〔註22〕江樹生譯註：〈熱蘭遮城日誌 / I-I / 1637-02-17〉。

〔註23〕康培德：《臺灣原住民史政策篇（一）荷西明鄭時期》，頁 144～145。

〔註24〕康培德：《臺灣原住民史政策篇（一）荷西明鄭時期》，頁 144～145。

經營，大抵沿襲荷人方式令其自治。當時記載南部改隸的四十六社當中，以卑南覓為主的 46 社皆臣服，〔註25〕也有「卑南覓」繳納社銀的紀錄。延續至明末清初，清廷文獻的「卑南覓」，仍代表一區域，直至清代末期範圍所指稱仍大致相同。如：光緒初年行政區劃改革以前，後山行政區域歸屬鳳山縣，周懋琦任臺灣知府及臺灣道，描述鳳山縣，東至彌農山麓（七十里），西至旗後港（十五里），南至沙馬磯（三百七十里），北至二層行溪臺灣界（六十里）：廣闊八十五里，袤延四百三十里，距府八十里：

> 卑南覓自山到海，廣闊五、六十裡，南北袤延約百餘裡。自秀姑鸞等境，官能墾闢，可得良田數萬甲，得租賦數萬石；可置一縣治，與奇萊為接壤。近時郡城有小船私到山後向番貿易者，即卑南覓也。〔註26〕

瑯嶠以東到秀姑鸞此區稱「卑南覓」，範圍廣闊，有良田，也有來人此貿易。清治初期「卑南覓」除代稱整個區域，也指某一社群，還指稱此區域有七十二社番地：

> 臺東者，鳳山後山之東，清乾隆時七十二社番地，歲納餉六十九兩，時閉時通，視同棄壤，志所謂卑南覓也。〔註27〕

康熙 24 年（1685）蔣毓英纂修《臺灣府志》，描寫廣大的臺灣東部，係化外野番巢穴，人跡罕至：

> 到郎嬌、沙馬磯頭，而山始盡。深山之中，人跡罕至。其間人形獸面、烏喙鳥嘴、鹿豕猴獐，涵淹卵育；魑魅魍魎。山妖水怪，亦時出沒焉。相傳有金山，每啟人以涎羨之情，然在層巒疊嶂之內，山外係化外野番巢穴，番獰路險，人蹤罕到，亦不知山在何處，與山之高大幾何也。至如仙人之山，雲有絳衣、黑衣仙子，時常下遊，石蹬、棋盤儼然在焉，則別一洞天世界也。〔註28〕

東部不僅被形容是化外之地，還加入仙境的想像，將高山神聖化為神山仙境，對於東部的想像還留有很大空間。可推知此時方志對於東臺灣的描述，全憑作者自己的觀察和想像。康熙 33 年（1694）高拱乾編的臺灣總圖，稱臺灣東

〔註25〕施添福等纂修：《臺東縣史‧大事篇》，頁 50。
〔註26〕臺灣銀行經濟研究室編：《臺灣輿地彙鈔》（臺北市：臺灣銀行經濟研究室，1965 年），頁 85。
〔註27〕洪棄生：《瀛海偕亡記》（臺北市：臺灣銀行經濟研究室，1959 年），頁 23。
〔註28〕蔣毓英：《臺灣府志》，頁 26。

部地區為「卑南覓」：

> 曰傀儡山在縣治東。其土番性最頑悍，偽時屢征之，終不順服。曰
> 卑南覓山在傀儡山東。卑南覓社即在此山之後。〔註29〕

「卑南覓」在其中不僅是社名，是山名，還概括整個後山區域。康熙 58 年
（1719）《鳳山縣志》「康熙鳳志山後圖」，記載後山番社 22 處，標註卑南覓
山、卑南覓大社：

> 卑南覓山：距縣治東二百餘裡，與崇爻相連。峯巒重疊，中開平疇，
> 可闢良田萬頃。為生番地。〔註30〕

「山後圖」記載聚落大都在今臺東縣境內，圖上可見大多都是南路排灣族或現
今屬卑南族的部落，或是某一區域的統稱，並記「內有野番七十餘種」、「其內
深林障蔽，數百里不見日色」〔註31〕。有些番社相對位置並不恰當，或者位置
錯置。可見此時地圖上的臺灣東部的是以「聽說」繪製。

康熙 60 年（1721）藍鼎元來台，記下山後地方野番嗜殺，無人敢靠近此
區。認為臺灣東部深山重重，交通不便，之地形容之：

> 山後地方，有崇爻、卑南覓等社，東跨汪洋大海，高峰插天，巖險林
> 茂，溪穀重疊，道路弗通；苟有賊黨嘯聚，往來番黎無不知之。〔註32〕

藍氏本人雖到臺灣卻未曾親訪卑南覓，僅是派出能通番語之人，和過往曾有過
後山贌社和番經驗之人，前往山後採探。對於朱一貴事件竄逃後山之人，要求
卑南覓社大土官文結，調遣七十二社搜尋山後所有盜賊。〔註33〕當時所描述之
七十二社僅出現崇爻、卑南覓社，其餘未見。

上述各人以「聽說」方式記下臺灣東部，距離有遠有近，從蔣毓英纂修
《臺灣府志》至藍鼎元各文獻所載的「卑南覓」皆模模糊糊。可知自 1662 年
荷蘭東印度公司離開後的 60 年，清初對東部後山的認識相較荷蘭時期更粗
淺，對於「卑南覓」的認識，僅知有番社，因山川阻隔，交通不便，停留在
口耳相傳的階段。雖說「卑南覓」是臺灣東部最早見諸史料之漢語地名，但
自古以來文獻也記載臺東稱為「寶桑」或「卑南」。說法如下：

〔註29〕蔣毓英：《臺灣府志》，頁 14。
〔註30〕高拱乾：《臺灣府輿圖纂要》（臺北市：臺灣銀行經濟研究室，1963 年），頁
　　　　24。
〔註31〕蔣毓英：《臺灣府志》，頁 239～240。
〔註32〕藍鼎元：《東征集》，頁 21。
〔註33〕余文儀：《續修臺灣府志》，頁 738。

說法一，卑南族與地名「Pooson」的音譯。二說，阿美族語地名「Pusong」。兩者皆指位於卑南大溪南畔近海處的一大片平原土地，原為卑南族所居。另一種說法馬蘭社「蕃名」，意指「卑南山」。最初此番社居住在卑南山附近，約日治時期 1895 年左右，自卑南山附近移住現址，以「卑南山」名稱為社名。而當時所稱之卑南山指的是今所稱之鯉魚山。〔註34〕

換言之，因卑南覓位於卑南大溪或是卑南山旁，稱之為「卑南」。當時所指的「卑南山」有兩處，一是現今之卑南山，另一是鯉魚山；鯉魚山地理位置位於現今臺東市區域的中心點上，是臺東市最明顯的地標之一，山高 75 公尺，四周無其他較高山峰。在較早的文獻也曾經被稱為「卑南山」。〔註35〕考察卑南族與阿美族有關鯉魚山的名稱，會發現均稱之為 tukus，為阿美語，卑南語從之，其意為「山」之意。〔註36〕所以中文古文獻上所稱之「卑南山」，極有可能是「在卑南地方的山」的意思所造成。此一現象，可推測此當時可能將地方統稱為「Pimaba」（卑南）。換言之，早在荷蘭時期，臺灣東部即以「Pimaba」代稱，周遭的地標、村社，在無確切的地標或是名稱，觀察者都可能以「Pimaba」稱之，在聽者記音下記成文字「卑南覓」或是「卑南」。

　　安倍明義即認為「卑南」是由卑南覓省略「覓」，荷蘭人所謂的「pimala」就是指卑南族的事：

> 此地卑南山是因卑南社（今南王）而名。卑南社是卑南族的大社，pinan 是從他們的開祖 pinarai 的名字而來的。原來此地稱卑南覓，後來覓字省略而名卑南。荷蘭人所謂的 pimala 就是指卑南族的事。〔註37〕

因此社名「卑南覓」後來成為臺東番地慣用的總名。

　　清初康熙 35 年（1696），記載卑南覓等 65 社歸附納餉，成為大清子民。其中包含「卑南覓社」。〔註38〕康熙 60 年（1721），朱一貴起事。清乃遣千總鄭惟嵩、林天作與通事章旺至卑南覓，藍鼎元記「賞以帽靴、補服、衣袍等件，令其調遣崇爻七十二社」、隔年黃叔璥記載「七十二社在卑南覓，有番長

〔註34〕孟祥瀚纂修：《臺東縣史‧開拓篇》，頁9。
〔註35〕現今卑南山位於卑南遺址西北方約 2 公里處，平均高度約 300 公尺。
〔註36〕筆者之田野報導人林志興採訪南王耆老陳光榮先生。
〔註37〕安倍明義：《臺灣的地名研究》，頁 45。
〔註38〕高拱乾：《臺灣府志》，頁 134。

文吉」，皆記載「七十二社」，這兩段文中所指之「七十二社」是否等同荷據時期的「Pimaba」？或是等同荷蘭東印度公司 1656 年東部地方會議所記，東部 Pimaba 轄下村社暨盟村 43 村社？「其調遺東部 72 社」並無法查證是那72 社，但自 1662 年荷蘭離開東臺灣，東部卑南覓轄下 43 社，1721 年藍鼎元記為七十二社，「七十二社」如何而來？

清康熙 61 年（1722），第一任的巡台御史黃叔璥來臺灣，對「後山七十二社」做了一番調查。他將原住民族按當時清朝的行政區域分成「北路諸羅番」和「南路鳳山番」兩部分，用來涵蓋全台的原住民族；然後，再將「北路諸羅番」分成 10 群，「南路鳳山番」分成 3 群：鳳山八社，傀儡番，瑯嶠十八社。後山蕃社數量在黃氏初次的印象是「卑蘭（南）覓」為番社總名，地與傀儡山相連，北通崇爻，南極琅嶠，中有高山聳起。其記錄卑南覓社有個「番長」，「轄達裡、武甲等七十二社，歲輸正供銀六十八兩零」〔註39〕所統轄的範圍如下：

> 瑯嶠山後行一日至貓丹，又二日過丹哩溪口至老佛，又一日至大鳥萬社，又三日過加仔難社、朝貓離社，至卑南覓社。番長名文吉，轄達裡、武甲七十二社，歲輸正供銀六十八兩零，南仔郎港可以泊船。由卑南覓一日至八裡捫，又一日至加老突；文吉所屬番界止此。

「卑蘭（南）覓」在黃叔璥的記載有如多變的春天，對於所統轄番舍，前後記錄出現有「六十八社」，「相傳七十二社」：

> 山後則卑南覓七十二社，北通崇爻，南極琅嶠，悉為傀儡番巢穴。每社各土官一，仍有副土官、公廨；小社僅一土官。大社轄十餘社、或數社不一，共五十四社。他如謝必益轄四社，琅嶠轄十四社，卑南覓轄六十八社，崇爻轄四社。山前、山後社百四十有奇。卑南覓轄六十八社，崇爻轄四社。山前、山後社百四十有奇。〔註40〕

黃指出卑南覓轄六十八社，崇爻轄四社，但對於那七十二社並非全數知悉，僅知多在山腳沿海處。七十二社各社名單收錄於「南路鳳山瑯嶠十八社」附錄中，強調文獻上雖名為「七十二社」，但各社社名不能盡記，並強調是「相傳」七十二社：

〔註39〕黃叔璥：《臺海使槎錄》，頁 160。
〔註40〕黃叔璥：《臺海使槎錄》，頁 153。

相傳七十二社（與前異），各社名不能盡記。瞨社貿易，每在山腳
沿海處所；約行程四、五日，始窮其境。自卑蘭覓而北，有老郎
社、美基社、八裡捫社、農仔農社（一名南仔郎）、須嘮宰社、獨
馬煙社、株栗社、貓武骨社、佳嘮突社、貓蠻社、白逸民社、佳
落社。……〔註41〕

　　黃在觀察他人記錄，指出發現另有他社，也有其他說法共 72 社，真實統
轄社之數量與社名，始終無法卻認。除數量外，各番社位於何處也並非全數
知悉。對於無法確認統轄多少社的原因，黃自己分析是因「層岩迭岫，人跡
罕經」，得到的僅是傳聞無實證，期許自己將來要更留心採訪。〔註42〕卑南
覓社所轄之數字，在陸續其他各文獻記載中也不盡相同，如雍正 2 年（1724）
在福建臺灣鎮總兵等人奏摺提到南路招撫以卑南覓社為首所為六十五社。
〔註43〕巡臺禦史禪濟布奏生番歸化日眾摺，卻是說六十六社。

前據陞任臺灣知府高鐸招徠北路山前巴荖遠社等四社，又據臺廈
道吳昌祚招徠捌裡閜、卑南覓等六十六社歸誠，俱經題報在案。
〔註44〕

　　黃叔璥明確指稱「卑蘭覓」係番社總名，以卑南覓社作為其代表，是眾
多番社的代稱。黃所述之「七十二社」，雖「南路鳳山瑯嶠十八社」附錄僅提
及 25 社，代表社「卑南覓社」北距崇爻社百餘裡，南距瑯嶠地界六、七十
裡，其餘各社分散於距海處四至五日的行程。雖說記錄番社之名，離 72 社還
差距甚遠，推斷黃叔璥所說相傳「相傳七十二社」，應是當時民間口碑盛行之
說法。如：唐贊袞《臺陽見聞錄》與朱仕玠《小琉球漫誌》，記載「鳳山相傳
七十二社」，「卑南覓山生番六十五社」，也未曾見其記載各社名稱：

臺地熟番大小九十六社，每年輸納番餉。社中戶口多者三、四百口，
少者百餘口至八、九十口。每社置一土官、四土副，每土副一人名
下有公戒二人；猶衙役也。凡徵收錢糧及大小事件，土官掌之。至
於生番住社，難以稽查。鳳山相傳七十二社，新修縣誌加增三十八
社；計傀儡山生番二十七社、瑯嶠山生番十八社、卑南覓山生番六

〔註41〕黃叔璥：《臺海使槎錄》，頁 159。
〔註42〕黃叔璥：《臺海使槎錄》，頁 151。
〔註43〕雍正 2 年 12 月 24 日（1725 年 2 月 6 日），福建巡撫臣黃國材謹奏。臺灣銀行
　　　　經濟研究室編：《雍正硃批奏摺選輯》，頁 23。
〔註44〕臺灣銀行經濟研究室編：《雍正硃批奏摺選輯》，頁 190。

十五社。其外臺灣、諸羅、彰化三邑生番，不在此數。〔註45〕

朱仕玠《小琉球漫誌》更是認為生番居住知地難已查證，「相傳七十二社」指的是鳳山縣所轄，卑南覓所轄六十五社：

> 至於生番住社，難以稽查。鳳山相傳七十二社，新修縣誌加增三十
> 八社；計傀儡山生番二十七社，瑯嬌山生番十八社，卑南覓山生番
> 六十五社，其外臺灣、諸羅、彰化三邑生番，不在此數〔註46〕

乾隆6年（1741）劉良璧《重修福建臺灣府志》記載鳳山縣即直接敘明：

> 凡六十五社，即卑南覓七十二社地。〔註47〕

雍正2年（1724），臺灣總兵林亮委水師中營守備吳崑協同卑南覓社土官遍歷東部各社，記載共有65社，5790人接受招撫，範圍北起加走灣（今長濱），南迄巴塱衛溪（今大武溪），規模之大，前所未有，但其所記其番社數也僅是65社。從上述眾多文獻推測「卑南覓七十二社」可能是個統稱，與荷蘭稱與此區「Pimaba」應是相同，但其所指範圍應不盡相同。荷蘭文獻時期稱臺灣東部為Pinamba、Pibamba或Pimaba，之後中文文獻大多記為「卑南覓」，「卑南覓」既是後山代稱，也是番社總稱，也是眾多番社之一；眾多番社的數量，在口耳相傳之下被訂為72社，然在幅員廣闊，語言轉譯，缺乏文字記錄下，無法得知是否有七十二社之存在。

為何番社數有如此大差距？推測其因：一、可能在於計算的基準不同。如康熙56年，《諸羅縣志》如此定義熟番：「內附輸餉者曰熟番，未服教化者曰生番或曰野番」〔註48〕，番社的歸化是否，也可能成為影響統計番社數量。二、或是「七十二社」僅是個統稱，清代的番社是賦稅單位，反映清廷的統治力。

為什麼番社數是「72」呢？《史記孔子世家》介紹弟子三千，其中身通六藝的賢人有七十二人，曹操死後有七十二疑塚之說；人們都知道孫悟空會七十二變；古人還將一年365天劃分成72候。道教將我國的名山勝地分為十大洞天，三十六個小洞天，七十二福地。古代傳說中黃帝戰蚩尤也是經過了七十二戰才勝利。在形容山峰秀麗壯美時，人們也喜歡將山峰湊成這兩個

〔註45〕唐贊袞：《臺陽見聞錄》（臺北市：臺灣銀行經濟研究室，1958年），頁185。
〔註46〕朱仕玠：《小琉球漫誌》（臺北市：臺灣銀行經濟研究室，1957年），頁80～81。
〔註47〕劉良璧：《重修福建臺灣府志》，頁81。
〔註48〕周鍾瑄：《諸羅縣志》（臺北市：臺灣銀行經濟研究室，1962年），頁154。

數字。如黃山、衡山、嵩山等有七十二峰之稱等。可見「72」在中國傳統文化有數量多之意義，從使用頻率數字「七十二」，在中國人的心理認知和根深蒂固的影響力。〔註49〕因此當數字在七十左右時，則索性湊成七十二個。後山「72社」聽起來都比「43社」、「65社」有力量。以「72社」數量形容卑南覓下轄番社，不僅可彰顯清廷統治番社力量，也顯現民間對其之敬畏。然這相傳在文獻上卻不斷被引用，在層層堆疊中，後山七十二社已成為東部總番社代稱，不論是否有72社。

三、後山七十二社統領：「卑南王」的形成

後山七十二社的說法常被寫訂，「相傳」兩字在後續的文獻已不復見，「七十二社」的存在已被認定。如：同治13年（1874年）王之春記載「七十二社」有壯丁萬人：

> 埤南通牡丹社，水路由海道繞山南而東，輪船日半始至；陸路由下淡水穿山，百七十裡可通。其地西準鳳山，膏腴遠勝琅橋；番社七十有二，丁壯萬人。〔註50〕

有些文獻記載「七十二社」所在稱之為「卑南覓」，如：《彰化縣志》記載位於現今臺東平原上，良田數萬甲，土產檳榔、薯極多，附近有港口可泊船：

> 由埔裡社向東南行一百餘裡，為東面太平洋，其地名卑南覓。由山到海，闊五、六十裡，南北長約百里。他年此地開闊，可墾良田數萬甲，歲得租賦萬石，足置一縣治。與繡孤鸞為鄰境。如今嘉、彰兩相壞也。卑南覓土產檳榔、薯極多，漫山遍野盡是。近時郡城有小船，私到山後向番擺流者，即卑南覓也。所出鹿茸、鹿脯等貨亦多，番與漢人交易，不用銀錢，但以物換物而已。卑南覓港澳數處，皆可泊船。小船由溪而入，可二三十裡，溪水清且深。〔註51〕

除疆域範圍，提及南北相接之番社，還知有港口可泊船。還有一個「番長」：

> 番長名文吉，轄達裡、武甲等七十二社，歲輸正供銀六十八兩零；南仔郎港可以泊船。由卑南覓一日至八裡捫，又一日至加老突，文

〔註49〕聞一多：〈七十二〉，《國文月刊》第22期（1943年7月）。
〔註50〕王之春：《清朝柔遠記選錄》，頁44。
〔註51〕周璽：《彰化縣志》（臺北市：臺灣銀行經濟研究室，1962年），頁390。

吉所屬番界止此。〔註52〕

也有記載噶瑪蘭疆域與卑南覓相鄰，其範圍大約與山前相等：

> 蘭處臺灣萬山之後，與淡水、雞籠為鄰⋯今自蘭再折而東，由蘇澳
> 界外而奇萊（土番七社），而泗波瀾（土番七十八社），為嘉義、鳳
> 山諸峯之陰；由此而卑南覓（土番七十二社），至沙馬磯，迴環瑯嶠
> 一帶・山後延袤，大約與山前相等・〔註53〕

《恒春縣志》記載阿郎壹溪至卑南覓，一百零八里，自楓港至卑南覓二百
三十六里：

> 至卑南覓・卑南覓者，周圍數十裡，番社鱗比，歸化最早。〔註54〕

各文獻記載的卑南覓範圍大至與前山相等，七十二社以卑南覓為起點，「卑南
覓」也指「卑南覓社」，是諸社之長，歸順最早，番長名文吉。居首要領導位
置的卑南覓社，清政府認為其「番情尚屬馴良」：

> 卑南周回百餘裡，為番社者八、為民莊者一；止綏靖軍一營分紮數
> 處，兵力似單。唯卑南各社就撫已久，番情尚屬馴良。其中卑南覓
> 大社，向為七十二社之長，歸化最早。〔註55〕

「番情尚屬馴良」，但從黃叔璥卻描寫其「有犯及獲獸不與豚蹄，以背叛
論，即殺之」。〔註56〕「卑南覓為諸社之長，番黎計萬有奇，人民罕至，不侵
不叛，實為東藩外障。」〔註57〕

卑南覓社的領導統禦威震八方，影響力在清初期即被認為是臺灣東部最
好的屏障。乾隆31年（1766），清廷於臺灣設立南北二路理番同知。卑南覓隸
理番同知下，向鳳山縣輸餉。至此西部與東部間之交通與原住民族事務，始有
專責管理機構。此時仍稱此區「卑南覓」。胡傳《臺東州采訪冊》表示過往因
為通事雖得出入其境，但翻譯不確，臺東地區很多地名都語焉不詳：

> 謹按，臺灣前山後山，本同一幹，而脈絡所分之處，水出期間。如
> 能尋其幹，陟其巔，自北而南，以左右望或源焉，或委焉，當可一
> 目了之。如無山中處處為生番所穴窟。文人墨客，不能入而窮其幽

〔註52〕黃叔璥：《臺海使槎錄》，頁160。
〔註53〕柯培元：《噶瑪蘭志略》（臺北市：臺灣銀行經濟研究室，1961年），頁13。
〔註54〕屠繼善：《恒春縣志》（臺北市：臺灣銀行經濟研究室，1960年），頁307。
〔註55〕吳贊誠：《吳光祿使閩奏稿選錄》，頁9。
〔註56〕黃叔璥：《臺海使槎錄》，頁155。
〔註57〕王瑛曾：《重修鳳山縣志》（臺北市：臺灣銀行經濟研究室，1962年），頁65。

奧。販夫樵豎與番習解番語，為通事者，雖得出入其境，又譯之不
確，語焉不詳。不但山脈川源，難紀其實，而名稱亦無定焉。惜矣，
臺東尤荒僻，民少番多，識字者亦鮮，問以山水，往往不知其名，
或舉番社之名以對。其山脈水源固不能詳也，茲特紀其可知者而已。
疑則闕焉，亦體例應爾也。〔註58〕

「民少番多，識字者亦鮮」，讓文字難以記載，甚至問起地名常以「番社之
名」以對，以「卑南覓」代表此區地名，應是當時之民情。清初記載「七十
二社」，以「卑南覓」為首，更擴充了「卑南覓」範圍。雖未見「七十二社」
各社名，但在口耳相傳、文獻層疊記載，「七十二社」為番社數總稱，「七十
二社」由「卑南覓社」下轄，「卑南覓社」為區域番社代稱。學者曾指出清
治時期某些社名只具有政治經濟意義，是官府向原住民收稅的單位，一個社
多少金額，官府只要收到就好，不會去管這個社實際在哪？是一個社還是一
群社？是集村、散村？去年多少人、今年又是多少人？這種社，特別指界外
的生番社，如卑南覓社。〔註59〕

　　清光緒 13 年（1887），「卑南廳設置」，「卑南」逐漸替代「卑南覓」成
為臺灣東部稱謂。之後又有臺東直隸州的設置，始有「臺東」之名，「臺東」
接續替代「卑南」，「臺東」當時的統轄範圍還包括花蓮，「臺東」所代表的
區域範圍一如「卑南覓」，隨政治因素而有所變動。

　　過往居住在此，不論是掠奪者或過客，對此地有其心中的想像地名。今日
在文獻中去爬梳當時地名的記憶，這些記憶也僅是官方單方的記載，但民間口
碑的傳說卻有其特殊的意義。作家巴代曾說：

1624 年荷蘭人來臺，聽到當地人稱呼此地為 pimaba，因此後來音譯
為「卑南覓」。身為臺東原住民，我並不使用「卑南」這個名稱稱呼
這個地方。我住泰安（palakaw），我們生活領域就叫做 palakaw，但
臺東平原我們稱為「馬蘭」，此地為阿美族非常大的部落，被多個卑
南族部落團團圍住，他是今天的臺東市。所以我們習慣稱呼臺東平
原為馬蘭。〔註60〕

〔註58〕胡傳：《臺東州采訪冊》，頁 10。
〔註59〕詹素娟：〈清代平埔族的分佈與遷徙〉，收錄《臺灣的語言方言分佈與族群遷徙
　　　　工作坊》（2008 年 12 月 27 日），頁 4。
〔註60〕未撰著人：〈國藝會 x 文訊 x TAAZE「小說引力・臺灣魅力」系列講座〉
　　　　（http://novelncaf.wenhsun.com.tw/record20161221.html）。

　　日本學者安倍明義也認為，臺灣自古以來經歷過複雜的居民，以致地名有多樣的變遷。最初有土著番族固有的言語命名，在歐洲人佔據時代，又加上了歐洲各國的特殊名稱，等到漢族統治、日本佔據臺灣以後，又分別改用他們的文字及言語稱呼，以致如今已完全失掉其原意，多數已很難回溯其源。在加上居中的譯者，常因文化的隔閡詞不達意。一如胡傳即表示過往因為通事雖得出入其境，但翻譯不確，臺東地區很多地名都語焉不詳。〔註61〕

　　過往以「山高水深、幅員廣闊、交通不便」描述「卑南覓」，隨著記錄者逐漸進入揭開其神秘面紗。從諸文獻大抵推知「卑南覓」是臺灣東部的舊稱與總稱，番社大多以「七十二社」為總稱。「卑南覓」之名，最早之記載源自荷蘭人記錄臺東聚落為 Pimala，漢譯稱為「卑南覓」，後來清文獻除以「卑南覓」記載，還有以「卑南」、「埤南」之混用。疆域範圍多指北通崇爻，南極琅嶠。荷蘭時期於此地舉辦地方會議紀載有 43 社參與。位於「Pimaba」的 Pima（卑南社），從荷蘭時代被選為東部集會中心，從此活躍於臺灣東部地區，由荷蘭記載 Pima 名稱，清初轉而中文記載「卑南覓社」、「埤南社」或「卑南社」。清末同治年間卑南廳設置，是讓「卑南覓」在地理上發展的極致，其範圍包含到著今天的花蓮。地理上的「卑南覓」一詞廣義時可以廣及花東兩縣，但小的時候則僅指卑南一社而言。卑南或卑南覓一詞的運用，地理的屬性多於族群指稱的屬性，更妥切地說，它常被用做為一個地理區域（東臺灣某部份）的代表名稱，如中村孝志（1936）所譯《荷蘭人時代番社戶口調查》一文中，就有卑南覓地方區的用法。〔註62〕

第二節　關於「卑南覓」與「卑南八社」

一、「卑南八社」的形成

　　清代記載卑南覓社由周遭八個番社聯合組成〔註63〕，皆被認為「番情尚屬馴良」。但清治時期周遭百餘里「番社者八」，「番社者八」卻不一定是指稱現今之「八社番」。「八社」有時僅是番社統轄之數量，如：清乾隆帝於西

〔註61〕胡傳：《臺東州采訪冊》，頁 10。
〔註62〕中村孝志譯：〈荷蘭人時代蕃社戶口調查表〉，《臺灣風物》第 44 卷 1 期（1994年），頁 197～234。
〔註63〕吳贊誠：《吳光祿使閩奏稿選錄》，頁 9。

苑觀見臺灣生番，記載至北京清朝中之代表，各社番頭目所轄蕃社數：

> 茲屋鰲總社番頭目華篤哇哨及所轄六社番目、阿里山總社番頭目阿
> 巴里及所轄八社番目、大武壠總社番頭目樂吧紅及所轄五社番目、
> 傀儡山總社番頭目加六賽及所轄七社番目並通事、社丁共四十二人
> 班迎西華門外，隨入西苑賜食，並令與觀冰嬉。〔註64〕

阿里山總社番頭目阿巴里及所轄蕃社數量也是八社。清治時期臺灣行政區劃分曾多次改變，「八社」也常與鳳山縣相關聯，但此「八社」也並非現今之「八社番」。黃叔璥《臺海使槎錄》記載鳳山番八社：

> 南路鳳山番一：上淡水（一名大木連）、下淡水（一名麻裡麻崙）、
> 阿猴、塔樓、茄藤（一名奢連）、放索（一名阿加）、武洛（一名大澤
> 機，一名尖山仔）；力力。〔註65〕

《臺灣府志》記載：

> 「鳳山之下淡水等八社，不捕禽獸，專以耕種為務」。〔註66〕

《重修鳳山縣志》記錄（附）番曲八社番曲題之「八社」〔註67〕，文裡所序武洛社、下淡水社、搭樓社、阿猴社、上淡水社、力力社、茄藤社、放索社、瑯嶠社，總共九社也非八社。可見清朝文獻記載之「八社」，並非實質之數量，也可能僅是以八形容數量多之意。

不只官方文獻記載不同，清代來臺東的觀察者，對於「八社」記載之觀點也不盡相同。如 Francois Valentyn《新舊東印度誌》記載福爾摩沙區第四區：

> 第四區即是卑南（Pimaba）有八社和數村，其中最重要的是卑南，
> 卑南王就是居住在此。〔註68〕

Francois Valentyn 記卑南有八社和數個村，還強調「卑南王」就住在卑南，但未記錄八社名稱。1887年，探險家泰勒（G. Taylor）曾與十八灣社頭目潘文傑從南路到後山的卑南平原，他在報告中談到：

〔註64〕臺灣銀行經濟研究室編：《臺灣詩鈔》（臺北市：臺灣銀行經濟研究室，1970年），頁44。
〔註65〕黃叔璥：《臺海使槎錄》，頁167。
〔註66〕蔣毓英：《臺灣府志》，頁99。
〔註67〕王瑛曾：《重修鳳山縣志》（臺北市：臺灣銀行經濟研究室，1962年），頁63。
〔註68〕甘為霖（李雄揮譯）：《荷蘭時代的福爾摩沙》（臺北市：前衛出版社，2017年），頁18。

　　卑南平原由個八社組成，分別為卑南、知本、呂加、馬蘭坳、利吉
利吉、猴仔山、檳榔樹格與北絲鬮。〔註69〕

如泰勒所談到的「八社」，為當時卑南平原上的八個原住民村落，不是指現今
卑南族的八社，其中所指馬蘭坳、利吉利吉、猴仔山是現今阿美族人的村落。
「八社」在每位觀察記錄眼中之定義並不盡相同，最早可能只是泛指以卑南
覓為中心有諸多番社。泰勒、移川子之藏等人也認為，「八社蕃」這個見於晚
清文獻的名稱，是指卑南平原部落的數目，並非現今之「卑南八社」。〔註70〕

　　日據初期，岡田謙、移川子之藏、佐山融吉等日本人類學者對臺灣原住
民族進行調查。調查報告顯示，日治時期「八社」是指知本社（Katatipul）、
射馬幹社（Kasavakan）、呂家望社（Rikavon）、大巴六九社（Tamalakaw）、
阿里擺社（Alipai）、北絲鬮社（Basiako 或 Murivurivuk）、卑南社（Puyuma）、
檳榔樹格社（Pinask），主要有 8 個部落，因此被稱為「八社蕃」，沿用至今。
後來由於人口的遷徙又增加班鳩社（Vankiu）、寶桑社（Apapolo）共十個聚
落分部於臺東。〔註71〕

　　在卑南耆老記憶中「八社」的由來如下：〔註72〕

1. 初鹿社：muLybeLybek：很早以前，初鹿和知本是同一族（或同
   一部落），知本的大頭目指示其部屬分別到各地去收貢，往北方收
   貢的一族，每當從北方回來時，在 sekung（現太平榮家上面）的
   地方，天黑就此搭寮過夜，第二天回到知本部落繳交收集的貢物，
   經過多次在同一地方過夜住習慣了，就不再回到知本本部落了。

2. 泰安社（tamalakaw）：知本大頭目每年均分派其部屬，分別到各地
   方去收貢，往北方收貢的一族，每當從北方回來時，在 sekung（現
   太平榮家上面）的地方，天黑就此搭寮過夜，第二天繼續起路，直
   到收完才回到知本繳交貢物，經過多次在同一地方過夜住習慣了，

〔註69〕劉克襄譯註：《後山探險：十九世紀外國人在臺灣東海岸的旅行》（臺北市：自
　　　　立晚報社文化出版部，1992 年），頁 118。

〔註70〕移川子之藏、宮本延人、馬淵東一：《臺灣高砂族系統所屬の研究》第一冊（本
　　　　篇），頁 333～386。

〔註71〕未著撰人：〈認識原住民族卑南族〉，《臺灣原住民族資訊資源網》網址
　　　　http://www.tipp.org.tw/aborigines_info.asp?A_ID=6&AC_No=1。蒐尋日期 107 年
　　　　10 月 24 日。

〔註72〕耆老陳光榮口述、林清美記述整理中譯，臺灣省文獻會採集組主編：《臺東縣
　　　　鄉土史料》（南投：省文獻會，1996 年），頁 283。

就不再回到本部落－知本，就在此定居下來。後來，人口增加，獵物減少，不夠分配，因此有部份人遷移，尋找更好的地方定居，那就是現在的初鹿社（先遷到很多 PykyPykyu 鳥的地方，最後定居在現址），留下來的少部份人，沒有多久也遷移到上面的山腰山谷兩邊，叫 Kandandas 的地方，部份人居住山谷上面，部份人住在山谷下面，他們所居住的地方居高臨下可以眺望整個平原，好像 Sulasulay（房屋的前走廊之意）因此取名為 a Lysu lay，後來部落發生火災，全部往山下遷移。這一族人生性兇悍，外地人不敢上山，稱他們是荒野頭目（yawan ni TaLuTaLun），他們的老人常用古語說，我們是 tamalakaw（意思是勇敢，兇悍之意）因而得名。

3. 上賓朗（alypay）：alypay（上賓朗）和 LyKabung（利嘉）是知本大頭目分派出來收貢的一組人，每到了 da u da u（現在賓朗畜牧場南邊）天黑了，找地方搭寮過夜，久而久之習慣了，也就不想回到知本部落，而就此居住在 da u da u 這個地方，繁衍下一代。

4. 利嘉（LyKabung）：LyKabung（利嘉）和 alypay（上賓朗）是知本大頭目分派出來收貢的一組人，每到了 da u da u（現在賓朗畜牧場南邊）天黑了，找地方搭寮過夜，久而久之習慣了，也就不想回到知本部落，而就此居住在 da u da u 這個地方，繁衍下一代。

5. 賓朗社（Pynasky）：賓朗社（Pynasky）是知本的後代，在知本社 kaLy tak 頭目時代，因 puyuma（南王社）好幾次沒有納貢，引起知本的不滿，群起去 puyuma 問罪，puyuma 青年早有預謀不納貢，因此雙方發生衝突，在南王青年早有準備的情況下，知本被追殺，所剩無幾，從此知本和南王成為仇家，南王由於人數眾多且勢力強，故常逮捕知本青年為奴隸，支使其做苦工。有一知本青年名叫 Paunyn（巴巫寧），聲稱要去南王與南王青年講和，被親友阻止以免被殺，但 Paunyn 堅持要去，大有犧牲小我，正好被南王的 SaPayan 長老看見，命青年勿殺害，將其帶至 SaPayan 家，不久，SaPayan 長老收知本青年 Paunyn 為義子。Paunyn 成家生了孩子以後，想分家自立門戶居住地。

6. 知本社（ka Ty Pul）：知本的頭目 sygasygaw（西凱西高）有一位頗有姿色的姐姐名叫 tuku（獨姑），朝三暮四，常有不同的人做她的

入幕之賓，頭目甚為不悅，身為頭目系的家人怎可如此亂來，為此兩姐弟大吵而鬧翻，姐姐一氣之下，帶著身邊親信家人遠離家鄉沿著知本山谷到達太麻裡山後叫 SaLyyaLyyang TembuTebul 的地方，在此定居下來。在深山中住久了，總忘不了在故鄉屬於她的一切事物，因此舉家遷回來。在途中遇到一位排灣族青年，十分喜歡 tuku 獨姑，這位青年面目雖醜陋，但有超人的能力，幫 tuku 獨姑解決很多困難，所以 tuku 獨姑決定留下來嫁給這位青年，其他的族人回到本部落去投靠 sygasygaw（西凱西高），這種分離後又合而為一的情形，老人說叫 KurTePel，因此意，後來知本老人自稱我們都是 kaTyPul，因而取名 ka Ty Pul，據說閩南人對 Ty Pul 的發音不準，念成 Ty Pun（知本），日據時代繼續沿用知本之名到現在。

7. 建和社（kasabakan）：建和社是屬於 tuku（獨姑）帶出去，又返回本部落投靠知本社的一族人的後代，他們投靠知本，雖然說我們是合為一家人（ka Ty Pul），但是日子久了，總會發生摩擦，後來慢慢的移居到本部落西邊的田園，可能是距本部落太近或當地不適合，他們更往裏面靠山的地方居住，自稱我們是住在靠裏面（母語 kasabakan）的地方，因而得名。

8. 卑南社（Puyuma 後改名為南王社）：南王社的祖先從聖山 aPangan（現今巒山）下山後，各自找適合的地方分散居住，當時有六個家族設 Pa La Kuan（集會所），六個會所分散有很多不便，經過各家族的長老商議，決定把集會所集中在 maydatar（地名）地方，六個集會所面對面的集中在 PasaraaD（家族名）的本家前面，長老們開會如此集合各家族集會的行動稱為 Puyuma，（是集中團結之意）。從那時開始南王自稱是 Puyuma。為了南王社不納貢，知本人前往南王社興師問罪，引起雙方的衝突，進而發生格鬥，知本社落敗，從此雙方變仇人互不往來，直到有一位知本青年 Paunyn 自告奮勇的到南王社請求講和，南王社 SaPayan 長老被其勇氣與誠意所感動，欲收其為義子而前往知本社請求同意，經知本社長老同意後，南王社的 SaPayan 長老說了一句話，既然您們同意我收 Paunyn 為義子，現在開始我們都是一家人，從此凡屬知本系的七個部落均與南王社同稱為 Puyuma。

　　從「八社」的由來，可發現分為兩大中心，分別是知本社與卑南社。八社中的「卑南社」，也就是卑南覓社。〔註73〕相較知本社因收貢與居住空間等因素，相繼往外建立不同部落（初鹿社、泰安社、利嘉、賓朗社），卑南社僅於內部形成氏級制度，並未往外建立不同部落。卑南社內計有六個領導家系，各有其祖靈屋、會所與勢力範圍。這六個領導家系分屬「北半部」和「南半部」，每個半部又各有一個權勢更大的領導家系：（1）北半部—以 pasaraaD 家系為首，包括 sapayan 和 baLangatu；（2）南半部—以 Raʔraʔ為首，包括 arasis 和 Lungadan。

　　日本學者移川子之藏、馬淵東一認為在古代卑南社的源起，可能有多種不同的來源〔註74〕。卑南社有兩類不同的神話起源傳說，第一類來自知本地區發祥地 panapanayan：

　　　太古時，有女神 Nunur 從海裡出來，把茅草折為枝，倒插在 panapanayan（發祥海岸）。倒插的茅草上生根，從根生竹，竹破裂生出男女。在此之先，另有從同地之石頭生出其他卑南族和阿美族的祖先來。後來這對男女結婚而生好幾個小孩。長男及長女，兄妹至 avatoran 而創立 Valangato 家，次男及次女兄妹則來到 Maedatar 而創造 paзaraʔal 家。其幼到 Arawarawa 創立 Sapayan 家。這就是卑南社的創始。

　　　接著，Arasis 家之祖來到 Vokid，patung 家來到 kanaudo 後來成為 Longadan 家。後，Votol 家之祖先乘坐大竹筏從蘭嶼（Votol）移來臺東街南方的 Tokos，相傳起初長有尾巴，因此不便用椅子坐而用壺坐，後 Votol 家從 Tokos 移來 Maecatar 地方，後因有尾巴不好看而將之截去。卑南社總頭日 Raʔraʔ是來到 Maedatar 之後，從 Votol 家分戶者。於是，Maedatar 及其附近一帶成為各家之祖先所集合居住的地方。……

　　　於是，在 Vavatoran 建立一所，在 Maedatar 建立五所集會所，其後 Valangato 家也移來 Maedatar，以上所見諸家及集會所全部集中此

〔註73〕南王部落的前身是卑南社，「卑南覓」一詞曾被作為整個東部地區或者東部諸社的代稱。

〔註74〕參閱移川子之藏著，余萬居譯：《臺灣高山族系統所屬》（臺北市：中研院民族所，未出版）。宋龍生接續根據該書所採之口傳資料進一步地把各個氏族發祥遷徙途徑加以分析整理，確定此一觀點。

地，以 payuma 蕃社之名稱呼之。最初的卑南社在 Maedatar，其後漸次向南方移動，遂定居於現在的土地。……〔註 75〕

從口碑推知卑南社的起源可能晚於其他卑南社群和阿美社群祖先。現今卑南社 paȝaraʔat 最初到 Maedatar，逐漸再建立 Valangato、Sapayan、Arasis、Longadan、Raʔraʔ 共六大領導家系。「卑南王」所屬之 Raʔraʔ 家是來到 Maedatar 從 Votol 家分戶者，Votol 家之祖先，最早乘坐大竹筏從蘭嶼（Votol）移來臺東街南方的 Tokos，相傳起初長有尾巴。這也是為何「卑南王」先祖相傳是有尾巴的人。paȝaraʔal 家系是最早抵達 Maedatar 地建立祖屋、會所，因此最初在卑南社內，以「始祖血脈」為尊，「先來者獲取主治權」的優勢條件，paȝaraʔat 屬社內權勢最大、地位最崇高的家系。〔註 76〕

另一則異文，先祖飄流至 panapanayan 後傳至第四代開始遷移：

> 不知多久以前，有一對男女，從海上飄流至 panapanayan 海岸。男人拿著竹杖，艱辛的爬行至沙灘盡頭處的草地上，把竹杖插在沙灘邊的草地上。在這根竹杖上他握過的竹節處，即長芽生枝，成為竹叢。二人結為夫婦，生了兄妹二人，是卑南社的第二代始祖。傳至第四代兩兄弟時，感覺 panapanayan 土地過於狹小，於是帶著弓箭離開，開始遷移。哥哥在 Papaturan（今南王部落之北）居住下來，弟弟在 toŋtoŋan（今卑南里北方偏西之地）居住下來。……弟弟在領地上建立會所，再建祖屋於會所旁邊，成為 pasaraʔat 家的祖屋。……最後 karunun 會所的建立，其祖屋是屬 RaʔRaʔ 家。後面的三個集會所，合成南部落。南、北部落的劃分，成對峙互輔之局，整個部落自此被稱為「paŋlan puyuma」，「Puyuma」（意即聯合）遂成卑南社的名稱。〔註 77〕

卑南社先祖兩兄弟因 panapanayan 土地過於狹小，離開後建立 palaNato 家的祖屋，再逐漸因先後到達分為北、南兩群，較晚成立的三個集會所，合成南部落，「卑南王」所屬之 Raʔraʔ 家最後成立。兩則異文對於 paȝaraʔal 家、

〔註 75〕移川子之藏、宮本延人，黃文新譯：《臺灣高砂族系統所屬の研究》（中央研究院民族學研究所，未刊本），頁 697～700。

〔註 76〕宋龍生：《臺灣原住民史料彙編 4 卑南族的社會與文化》（南投：臺灣省文獻委員會，1997 年），頁 185。

〔註 77〕宋龍生：《臺灣原住民史料彙編 6》（南投：臺灣省文獻委員會，1998 年），頁 19～20。

RaʔraʔR家的描述大致上是相符的，paʒaraʔal 家是最早抵達卑南舊址、完成祖屋、會所建立的家系，RaʔraʔR家族皆呈現外來者的形象，並為六家系中較晚建制會所、祖屋者。

　　卑南社第二類起源說法，迥異於上述說法。太古的時候洪水為災，淹沒了人類居住的島嶼，卑南社始祖漂至蘭嶼後，因生活習慣不同，先祖見一如「覆鍋之陸地」因而登陸：

> ……見一如覆鍋之陸地（即卑南山或稱都蘭山）登陸，男祖手抓一把扔至水中，水更降，女祖於是曰：「有了平原，女的可以種植。」於是在該處定居．幾百年後，人口漸繁，田地不足使用，有人發現山下有大平原（今之卑南遺址附近之 babaTuLan 或 maedatar），有用不完的地，於是商議遷居，有七兄妹率先前往，各就所愛，擇地建屋而居，其後原居地之人，又依親疏喜愛，前往依附，比鄰而居，自成聚落，開始耕作打獵，由於獵前必先集合，長兄因而建立 swalepuan（古語：今之白話叫 palakwan 意聚會所）其他兄弟也跟著建立各自之聚會所。〔註78〕

南王的老人對於 panapanayan 為祖先登陸地點有不同之想法：「自古以來沒有那種紀錄」，〔註79〕有的老人稱說那是另一個大族登陸的地方，卑南社的人認為是：「先到卑南山，再遷移到平原，現在的卑南遺址一帶，當時是產生六個祭司而稱為頭目，被清皇封王號的卑南王是產生頭目的第十位元頭目，……原因是在祭典時「祭司使用檳榔和 inasi（伊那系）我們稱之琉璃珠粒，最先呼求的就是卑南山，因為南王普悠瑪的祖先，是在此山登陸、生活、過世。因此稱此山為老人山，亦即 maiDang（馬伊浪）是為了紀念老人登陸，居住過的而定名為老人山。南王所有祭司在做各種祭典儀式時必先呼求老人山，尤其是南王普悠瑪所有的詩詞歌賦，均用古話，如讓我們首先告知老人山的神明，請求神明給我們明確指示……）均向老人山呼求。」〔註80〕

　　兩種說法對起源地點雖有不同，但卑南社先祖登陸各自尋找適合的地方分散居住，但設有六個家族 Pa La Kuan（集會所）是相同的。六個會所分散有很多不便，經過各家族的長老商議，決定把集會所集中在 may da tar（地

〔註78〕臺灣省文獻會採集組主編：《臺東縣鄉土史料》，頁 265。
〔註79〕臺灣省文獻會採集組主編：《臺東縣鄉土史料》，頁 258～259。
〔註80〕臺灣省文獻會採集組主編：《臺東縣鄉土史料》，頁 258～259。

名）地方，六個集會所面對面的集中在 PasaraaD（家族名）的本家前面，長老們開會如此集合各家族集會的行動稱為 Puyuma（是集中團結之意）。從那時開始卑南社自稱是 Puyuma。〔註81〕「Puyuma」也就是後來之卑南覓（卑南）社，其組成不僅是外來，也是多社的共同組成。

卑南社內家系構成的雖多源，以團結之名將新增家族都合併在六所組織裡，卑南社內對於發祥傳說講述、流傳的關注點，似乎傾向於社內家系群體的發祥、承襲與互動關係；這可能與卑南社內家系構成的多源、蕃社統領權在家系間的轉移、社內以南北部二分相互競馳等因素有關。〔註82〕卑南社人直到目前仍相對完整地保存了氏族家系和會所制度的持續運作。孫大川認為以氏族家系（samauwan）為基礎的嚴格的「會所制度」（paLakuwan）可能是個關鍵的內部因素。換句話說，卑南社在表面開放、趨新的同時，內部似乎仍存在一股強大的保守力量，使其在激烈變動的時代裡，始終保有彈性與再生的活力。之所以能夠如此，主要是因為此一保守的力量，乃是建立在一個既分化又統合、既對抗又團結的文化邏輯上，且淋漓盡致地表現在氏族家系和會所制度的運作中。〔註83〕

卑南社的氏族家系有兩級姓氏眾單位，並且有南北二亞部落的地域化的二部組織；〔註84〕關於卑南社分南、北二部領導家系，RaʔraʔNat 家與paзaraʔat 家，社內流傳許多傳說。

傳說1，強調 pasaralʔat 原是最早到、達勢力最強之社。

> 昔日，部落分為南北二部，北部落以 pasaralʔat 為大，勢力也在整個部落為最強，故稱之為老大 tinu maidaN。無論舉行祭儀，或稻米之收穫之祭儀，都以北部落的祖屋為先，等到 pasaralʔat 的祖屋舉行過祭儀，其他各家才開始跟著舉行。……〔註85〕

根據陳文德的調查研究，卑南社祭典儀式，六個領導家系各有其祖屋、會所，於收穫祭時各自向不同方向行祭，同時六個領導家系又平均分屬南北

〔註81〕臺灣省文獻會採集組主編：《臺東縣鄉土史料》，頁 269。

〔註82〕宋龍生：〈南王村卑南族的會所制度〉，《考古人類學刊》第 25／26 期（1965年），頁 139。

〔註83〕孫大川：《BALIWAKES 跨時代傳唱的部落音符：卑南族音樂靈魂陸森寶》（宜蘭縣：傳藝中心，2007 年），頁 12。

〔註84〕衛惠林、餘錦泉、林衡立：《臺灣省通志》卷八同冑志第七冊卑南族篇（臺中：臺灣省文獻委員會，1972 年），頁 370。

〔註85〕宋龍生：《臺灣原住民史料彙編6》，頁 115。

兩邊，各以領導家系做祭儀領導，即以北邊的 pasaralʔat 家與南邊的 Raʔraʔ
家，這兩家的祖屋為南北半部各自的祭儀中心，其中又以北半部 pasaralʔat 家
族具祭儀優先性，社內仍然保有「北先南後」的位階關係，顯示竹生始祖起
源的北半部家系在接納外來的南半部諸家系的同時，也透過階序思維對於外
來者產生影響與限制。〔註86〕

　　傳說 2，有貶低 Raʔraʔ氏族的意謂。

　　　　從前，住在 Puyuma 南部落的 Raʔraʔ氏族，原來名叫 babayaʔan，
　　　　有時也被稱為 paralirali，這兩個名稱的意思都是「幫人工作的下等
　　　　人」。實際上，Raʔraʔ氏族的人，是當時 sapayan 氏族的苦力或農務
　　　　幫傭，他們的工作包括田中的粗活和處理死亡埋葬之類……〔註87〕

傳說 Raʔraʔ氏族的原名 babayaʔan，意義為「幫人工作的下等人」，除強調先
來、後到之意義，也蘊含有貶低 Raʔraʔ氏族之意。傳說 Rara 頭目家的祖先，
是從紅頭嶼駕著竹筏渡海過來的，最早時期每個人都有尾巴。〔註88〕長有尾
巴是否有貶低之意謂？或是其他？為什麼 Rara 家族人皆有尾巴？象徵其與眾
不同？或者其具有特殊力量？雖說傳說有貶抑貶低 Raʔraʔ氏族之意，但傳說
中「卑南大王」卻都出自 Raʔraʔ家族。

　　卑南社接納外族的方式，在於獲得允許加入部落的人群，必須成立自己
的祖屋及會所 ka-romah-an（祖屋），不同家系群體除了藉著起源說法分別社
內本家系與非本家系的階序關係，同時也透過祖屋祭儀的舉行，凝聚家系人
群，區隔非本家系群體。〔註89〕卑南社「punuyuma」的由來，強調在 Raʔraʔ
家系之後就不再新增會所。卑南社採取不再新增會所，採取是合併在原來會
所，「如此為的是整合全族對外的防禦力量。」南、北兩部落，起源傳說皆
說 pasaralʔat 是最早到達、勢力最強之社，為何勢力會衰退轉至 Raʔraʔ家？

　　　　荷蘭人還沒有來以前，部落的領袖其實就是 Pasaraadr 家族的祭司
　　　　長，我們稱為 ragan，由男性承襲，會所的事務都是由他們主持。我
　　　　們從都蘭山遷徙到 drungdrungan，都是由 Pasaraadr 家族的人當部落

〔註86〕陳文德：《臺東縣史—卑南族篇》，頁 201。
〔註87〕宋龍生：《臺灣原住民史料彙編6》，頁 100。
〔註88〕馬淵東一著，楊南郡譯：《臺灣原住民族移動與分佈》（新北市：原住民族委員
　　　　會，2014 年），頁 246。
〔註89〕移川子之藏、宮本延人，黃文新譯：《臺灣高砂族系統所屬の研究》（中央研究
　　　　院民族學研究所，未刊本），頁 645。

的領袖。Raʔraʔㄥ是南邊家族的，是荷蘭人時期的時候，才成為部落的
領袖。〔註90〕

勢力衰退的關鍵在荷蘭時期。雖說 Raʔraʔ 氏族來自外部，但卻相傳 Rara 氏
「kaLunung」的成立，是由「pasaraʔaD」家族有一位叫「pasyar」的青年，入
贅到傭僕戶。雖然其貌不揚，但各方能力都很強，具有領導能力。入贅之後不
斷擴充獵場，拓荒墾地，建立了自己的勢力，成立了成年會所，取家族名稱為
「Raʔraʔ」，為「繁盛」之意。〔註91〕Raʔraʔ家族是較晚進入 Puyuma 部落的一
支，在部落中勢力的增長，是從與荷蘭人結盟開始。自 Raʔraʔ 氏與荷蘭相遇
後，荷蘭所有事務皆與 Raʔraʔ 氏族聯繫。Raʔraʔ家族也因荷蘭的東印公司的選
認，勢力因此超越 Pasaraadr 家族，一躍為成 Puyuma 部落的 yawan（軍事領
袖）。

　　荷蘭時期，屬南會所 Raʔraʔ家族憑藉荷蘭東印度公司強大火力，掌握了
部落中的軍事與外交權力，但涉及與祭祀或儀式相關的活動，還是以北會所
Pasaraadr 家族為主。學者認為社內不同家系群體，對於發祥傳說中各種有利
於我群立場的情節內容，透過二元論述的強化，如主幹／分支、先來／後至、
年長／年輕等對比，以突顯我群在社內的優勢地位。此種二元對立的比較性，
突顯了部落社會約定俗成的尊／卑價值觀，即以主幹尊於分支、先來尊於後
至、年長尊於年輕的觀念。〔註92〕而之後徵收貢租部分，每個家族的集會所，
也皆有自己的收租範圍，收租範圍的大小，也多少反映了該家族在部落中的
勢力。

二、暨聯合又對抗的「卑南八社」

　　知本社極盛時代，向周遭番社收貢，也因而建立部分部落，向中央山脈南
端的大武山、知本主山等山區發展，經過多次的遷徙而後建立知本社（卡卡蘭
部落 Kazeklan），部落位於一山崖處，可鳥瞰整個臺東平原。〔註93〕從知本社

〔註90〕未出版。國立臺灣史前文化博物館：《「館藏卑南族文物與卑南王傳說之相關
　　　研究分析暨故事採集計畫結案報告》，頁 111。口述歷史荷蘭人時期，報導人：
　　　男性，民 27，卑南。
〔註91〕宋龍生：《臺灣原住民史料彙編 6 卑南族神話傳說故事集》（南投：臺灣省文
　　　獻委員會，1998 年），頁 101。
〔註92〕宋龍生：《臺灣原住民史料彙編 4 卑南族的社會與文化》（南投：臺灣省文獻
　　　委員會，1997 年），頁 184～185。
〔註93〕宋龍生：《臺灣原住民史・卑南族史篇》，頁 46～54。

出來到各地去收貢的人中，有一組定居在 Sekung 組成聚落，後來這一族人又
分成兩組遷出去，一組往北後來定居在初鹿，就是現在初鹿部落
muLybeLybek。另一組往山上，後來定居在現泰安部落 ta mala kaw。後來又有
alypay（上賓朗）和 Ly Ka bung（利嘉），賓朗社（Pynasky）則是因收貢關係
改變定居的部落，建和社（ka sa ba kan）則與知本社是姐弟關係。知本社群極
盛時代，各社皆向其納貢，後因故改變了納貢關係，改由卑南社收貢，但八社
之間仍維持平和關係。甚至還以「一家人」自稱，同稱為 Puyuma。〔註 94〕

　　卑南社群之間領導家系之間，或者與區域內的領導家系之間，以聯姻維
持彼此關係。宋龍生甚至認為，卑南社南半部領導家系 Raʔraʔ 可能以嫁娶婚
的方式來鞏固其家系的力量。〔註 95〕日據時期移川子之藏等人蒐集的口碑傳
說，也提到由於知本社最大領導家系 mavaliw 的男子婚入卑南社，遂轉移其
權力到卑南社。〔註 96〕由此可推知卑南社群彼此之間，以共同祖源地，或以
嫁娶婚都讓彼此之間關係緊密。

　　「卑南八社」關係密切，但「八社」之間的「紛紛擾擾」卻從未間斷過。

　　知本社曾是勢力最強之社，附近的部落都得向其繳租繳納獲獵物稅。傳說
其穀倉常堆積如山：

> 昔知本的番社勢力最隆盛，為附近各番社之統領，附近番社每年向
> 其納貢，因此其穀倉常有堆積如崖的穀物，故名。〔註 97〕

　　當荷蘭人剛到東部時，kazekaLan（或稱「知本人」）擁有相當大的勢力，
鄰近部落仍定期向他們納貢。〔註 98〕然而由於 kazekaLan 人並未向荷蘭人歸
順，加上後者受到卑南社人的善待，荷蘭人遂與卑南社建立良好關係，也因
為如此，卑南社人對於繳納獵物貢品給 kazekaLan 人的做法漸感不服，於是
設下圈套大敗 kazekaLan 人，這就是所謂的「竹林戰役」。此役之後，
kazekaLan 人的元氣大傷，沿著中央山脈東麓向北發展，逐建立建和（即射
馬干社）、利嘉（即呂家社）、泰安（Tamalakaw 大巴六九）。卑南社也從此擺脫
了年年向前者納貢的義務，成為卑南平原上最強勢的部落。〔註 99〕曾經勢力最

〔註 94〕臺灣省文獻會採集組主編：《臺東縣鄉土史料》，頁 283。
〔註 95〕宋龍生：《臺灣原住民史・卑南族史篇》，頁 184～220。
〔註 96〕曾建次（編譯）：《祖靈的腳步—卑南族石生支系口傳史料》（臺北市：晨星出
　　　　版，1998 年），頁 144。
〔註 97〕安倍名義：《臺灣地名研究》，頁 228。
〔註 98〕宋龍生：《臺灣原住民史・卑南族史篇》，頁 20～21。
〔註 99〕宋龍生：《臺灣原住民史・卑南族史篇》，頁 161～162。

強盛的知本社，勢力衰退，轉移到卑南社，知本社曾建次主教則認為是因「乾隆53年（1788），卑南社頭目進京。此後，卑南社不再受知本統治」。〔註100〕

　　對於卑南社不再受知本統治的原因，也有另一種說法：係因 pinaray 取得知本社內祭司之靈力。相傳 taruLivak 宗氏之祖其巫術甚靈，taruLivak 宗氏之祖為了知本一位美女，不惜將自己在族內祭司的地位移轉到知本。之後其子孫 inviL 成為祭司，祭司長 inviL，因為行為舉止弄得族人怨聲載到，祭司長 inviL 本人則不甚在乎，逕自往臺東的鯉魚山住下：

> ……而他的祭司地位仍被附近各部落的外族人如阿美族、排灣族、布農族、魯凱族及南王部落等所公認。由於當時南王部落尚在一 maedatar（該地位於臺東新火車站附近），而鯉魚山離南王部落很近，因此他與南王首長 pinaray 之一子結成了好友。有一天，他被這位南王的朋友 kaptain 邀請至部落觀賞女孩子們在村內的舂米大會，這位地主朋友玩笑地探問 invil 喜歡哪一位女孩，結果 inviL 很正經地指著其中一位額高鼻挺的女孩子。很不巧這位名叫 rengangan 女孩子一正是這位南王朋友的愛人，於是他趕緊跑回去請示父親 pinaray 該如何是好？首長父親 pinaray 大力慫恿孩子把愛人讓給 inviL，因為只要用美人計就可利用他祭司的權術來駕馭別的民族，這對南王來說可是千載難逢的好機會。至於女友方面，男子漢大丈夫，何懼天下無芳草。就這樣 kaptain 把心愛的女人讓給了 inviL。invL 與 rengangan 成親之後，他以為仍可憑其祭司地位駕馭南王人隨他支配，但事過一夜之後，南王便在 pinaray 首長的指揮和安排之下，全體宣告獨立，不再受知本支配，納貢給知本的義務到此為止。inviL 知道這件事，心中不甘願地另做盤算。首先他連年生子，並將其撫育成人。把五子二女分別安置在六個不同的部落，此一作法乃為防止南王向各民族索取貢品。……invL 為了保存自己的地位耗費了不少心思，無奈大勢已去。當時（西元1787年）中國清朝朱一貴叛亂，餘黨王忠、邱金宣逃至卑南地帶，「恆春通事王章以衣、帽、鞋等物籠絡南王部落的首長 pinaray。首長遂命令壯丁搜索叛黨，抓到後將首級獻給清軍。亂平，清朝賜予王衣、王冠，封其為卑南王。就這樣順水推舟，南王從此即獨立不再受知本統治。一向被稱為東部盟

〔註100〕 曾建次《祖靈的腳步—卑南族石生支系口傳史料》，頁144～145。

主的知本，不再和南王有婚姻關係；南王武力擴展，加上清朝賜封

卑南王，支配權逐由知本轉到了南王。〔註101〕

此則傳說凸顯：（1）南王部落的首長 pinaray 為要獲得知本祭司的權術，駕馭別的民族，不惜讓兒子放棄心愛的女友。（2）獲得知本祭司的權術後，卑南社（南王）宣告獨立。（3）從此知本不在和南王有婚姻關係。（4）支配權因而由知本轉到南王。

傳說知本社也曾想取回失去的支配權，後卻與卑南社聯姻，再度將勢力轉出，從此由卑南支配收貢權。

在知本人居住在 Kazekalan 時，因卑南人沒有交付獵物，而跑去卑南協商，但卻引起凶烈的爭吵，知本人只好離開，遽料卑南人放竹棒埋伏使知本人跌倒，並砍下他們的頭，雖然沒當場殺酋長，卻帶他到卑南一刀刀的砍他的肉，當割下胸肉，首長就死了。此時知本的戰士 Paroxrox（Pangorian 和 Pazok 的兒子），亦商討著對策，決定去卑南復仇。到卑南時，當時田裡有四個女孩在工作，他們先看到一堆糞便，覺得糞便很美，心想留下糞便之人應該更美，Paroxrox 便一人獨自去探看，看到了一群人，其中有一絕色佳人 Loxawan；於是 Paroxrox 摘下了 qepeng 草，走過去送給他們，他們使用草將牙齒塗黑。那群戰士見 Paroxrox 去那麼久，也過去探看，發現了那群女孩。那群女孩說：「我們將牙齒塗黑，則我們們無罪。」於是他們們就沒有殺那群工作的女孩，而 Paroxrox 則娶了 Loxawan，入了 Sapajan 家。（王永馨）〔註102〕

知本社對於認為 Paroxrox 會因看到「糞便而被迷惑」，是因卑南社的巫術，與卑南社聯姻，再度將勢力轉出，從此由卑南支配收貢權。〔註103〕兩社的關係分分合合，分分合合的原因傳說還有很多。

1641 年 9 月，荷蘭東印度公司尋金期間，有個士兵從卑南帶消息來說，Wesselingh 和兩個士兵，以及一個公司的翻譯員，已被卑南北邊兩哩處的村社

〔註101〕曾建次：《祖靈的腳步—卑南族石生支系口傳史料》，頁143～145。

〔註102〕Altonack 編；洪淑玲譯：《老人的話知本卑南族發展史中的傳說（上）》。轉引自尹建中：《臺灣山胞各族傳統神話故事與傳說文獻編纂研究》（臺北市：國立臺灣大學文學院人類學系，1994年），頁258～259。

〔註103〕曾建次：《祖靈的腳步—卑南族石生支系口傳史料》，頁132。

大巴六九（Tammalacouw）與呂家望（Nicabon）的居民殺死。〔註104〕1642 年 1 月 11 日特勞牛斯率領 353 個人（225 個荷蘭人，110 中國人，18 個爪哇人與廣南人），分乘大的領港船與小的領港船，公司的戎克船 Goude 號與兩艘中國人的戎克船，航往瑯嶠與福爾摩沙的東岸，要去懲罰大巴六九社的謀殺者，並繼續探查金礦。他們從卑南人得悉，大巴六九人是在該下席商務員喝醉時殺死的。於是決定迅速備戰進行報復行動，並命令卑南的戰士出來報名助戰。軍隊在前往該敵社途中，遭遇很多埋伏的大巴六九人，遭遇猛烈的抵抗，最終還是奪取該社。並下令大巴六九要臣屬卑南。〔註105〕

　　1870～1880 年之間，卑南社勢力最盛時期於 bangLan 建立的部落發生霍亂〔註106〕，死者眾多，族人因懼怕四處逃亡避難，後來分為三個地點居住，會所制度也逐漸廢弛。1887 年英國人泰勒（George Taylor）造訪卑南社時，曾寫到這個昔日王國逐漸凋零的情景〔註107〕。泰勒從鵝鑾鼻燈塔一路北上，至知本時獲悉呂家望（Nickabong）是很久以前，一些知本家族到那兒居住。這座村子在居住人數與大小當時都已超過知本。呂家望人因厭倦對祖先、頭目的忠誠儀式，三年前，他們拋棄對知本的效忠宣稱獨立。於是，兩邊開始有流血殺人的事件，正處於戰爭。他們抵達時，兩邊把時間與地點都談妥，以一種騎士精神的方法，打了一場戰爭。結果呂家望人死傷慘重，149 人陣亡田野，知本只損失 8 人，愈加激化兩邊對立，一有機會，呂家望人會攜火槍與刀進入知本。〔註108〕

　　當知本老頭目遇見泰勒，詢問其是否就是紅髮人？

　　　　老頭目帶著一塊刻著簡陋圖案的舊木板，告訴我，很久以前，一些紅髮的朋友在此住了好幾個世代，但有一天，一艘船到來，他們全部上去，離開了。他們答應回來，木板上的圖案被假想是他們建立的田野與房子，仍然清晰可見。如果他們一回來，這些將重新建立。

〔註104〕《巴達維亞城日誌》1640～1641，263～268〔8〕，長官 P. Traudenius 於 1641 年 3 月 17 日在大員寫給總督 A. van Diemen 的書信。江樹生譯註：《熱蘭遮城日誌／II-A／1641-04-19～1643-02-25／補充資料》。

〔註105〕《巴達維亞城日誌》1640～1641，263～268〔8〕，長官 P. Traudenius 於 1641 年 3 月 17 日在大員寫給總督 A. van Diemen 的書信。

〔註106〕據宋龍生調查，也有一說是天花。

〔註107〕劉克襄（譯）：《後山探險——十九世紀外國人在臺灣東海岸的旅行》（臺北市：自立晚報，1992 年），頁 120～121。

〔註108〕劉克襄（譯）：《後山探險——十九世紀外國人在臺灣東海岸的旅行》，頁 109。

我被詢問，是否是這個種族的人，在我回答之前，潘文杰搶著說我

是，……〔註109〕

這樣的回答讓知本首領更加暢談了，甚至還不斷向其稱讚其女兒。當時漢人嚴
厲限制他們的軍需品買賣，知本社想藉由外力增強實力，以應對呂家望社。劉
銘傳記：「埤南解圍後，臣飭諸統將查明，分別勸撫，各番社爭先歸命，莫敢
抗違。獨呂家望恣睢不服，逼脅鄰社幫同拒守。該社竹圍累匝，圍外長濠列塹，
窖布竹籤，石牆高砌丈餘，路徑往來，遍置荊榛地窟。」〔註110〕

可見清末卑南社早已不是八社的中心。呂家望崛起，它使得已經有很大裂
痕的勢力均衡，產生了更大的裂痕，也產生了原住民部落間彼此的猜忌，最後
的形勢則是，從北方縱谷內引發的戰火，一直燒向南方的卑南平原，讓日月無
光風雲變色。其原因是錯綜複雜的。過往八社的兩大中心，知本社與卑南社在
此次戰役都未見其參與的記載。〔註111〕

「大庄事件」劉銘傳命北洋水師總兵丁汝昌率帶致遠、靖遠兩兵輪，施
放巨礮，各軍分路奪碉急登呂家望社，最終軍民死傷慘眾。一場驚天動地的
戰役，雙方都使用「砲」，不管是洋砲或土砲來轟擊對方，顯然在卑南平原
上屬首次，留下「傷亡慘重，血流成河」的印象。對於多數的呂家望的人來
說，他們對這場戰爭的原因是不瞭解的。原因也許是受到當時在幕後主導臺
東縱谷部落叛亂者的利用；也許是真有外來的勢力滲入於部落之中；也許是
極欲擺脫自古以來知本社、卑南社等對他們的控制壓迫的力量；也或許是卑
南社的當權派，如當時擔任總通事陳安生或張新才，想藉諸清軍方的力量，
以壓制日益壯大而漸不受統轄的呂家望社。〔註112〕

三、「卑南八社」與「卑南王」

卑南八社過往就是一個強勢的社群，最早先是知本社稱霸，後轉由卑南
社崛起，取得臺東平原上的控制權，周遭皆向其納貢，儼如一個小「王國」般
的獨霸後山。從荷蘭東印度公司離開臺灣後，明鄭的軍事力量並未對卑南社

〔註109〕劉克襄（譯）：《後山探險—十九世紀外國人在臺灣東海岸的旅行》，頁
112。
〔註110〕劉銘傳：《劉壯肅公奏議》（臺北市：臺灣銀行經濟研究室，1958年），頁
226。
〔註111〕宋龍生：《臺灣原住民史·卑南族史篇》，頁276。
〔註112〕宋龍生：《臺灣原住民史·卑南族史篇》，頁276。

的控制權帶來多大的威脅。〔註113〕清代支配臺東一帶的是八社中的卑南社。
其管轄的諸村，必須定期向其繳納貢租，或於祭祀時進行儀式性的訪問。如：
初鹿收穫祭當天的賽跑活動確實相傳是為配合該目的而舉行的。初鹿社領導
者所帶的獸肉，必須經由卑南社頭目的手獻供奉在卑南社的 karumaHan。頭
目給初鹿的回禮則是 kitaramaw，當其返回初鹿時，必須將 kitaramaw 供奉在
karumaHan。全村至此才能享受盪鞦韆的樂趣。倘若卑南社的頭目沒有接受貢
物，那活動就得延期。〔註114〕

　　臺灣原住民族本來沒有「頭目」這稱號；如明末《東番志》記臺灣番人
「無酋長」〔註115〕，《諸羅縣志》記載：「土官之設，始自荷蘭，鄭氏因之。」
〔註116〕「頭目」稱號的產生是荷蘭東印度公司來臺灣後，對當地族人領導者的
尊稱，因此才有頭目的稱號。〔註117〕荷蘭文獻記錄交涉對象，通常稱為「頭人
（hooft）」、「頭目（princippal，overste，capitain）」，康培德認為也有「長老
（outsten）」、「首領（bevelhebbers）」等不同譯名，將其譯成「村落頭人（village
principals）」，鄭惟中譯成「村落首領（overhooffd）」，又稱為「長老」（outsten）」
或「首長（bevelhebbers）」，鄭氏和清朝皆稱「土官」，劉銘傳時改稱「頭目」。
卑南語稱為「ayawan」即為荷蘭時期的領導者—頭目。

　　荷治時期原住民部落係以個別村社為政治實體，有一群約定成俗的長老，
或是精於作戰、狩獵的人物，作為村社對外交涉的代表。《熱蘭遮城日誌》記
載卑南社的領袖有多種稱呼，有稱：卑南大人物（grooten van Pimaba）、卑南
社攝政武士、卑南社統治者（oranckay）、卑南社首長（opperhoofden）、攝政
者（Readout）、卑南社長老（outsten）、卑南社首長（Redut、Toboe），其記載
之意，皆是指稱最重要的領袖人物。康培德〈卑南人與荷蘭東印度公司的後
山統治〉所指的攝政王（regent van Pimaba）名為 Magol（malugana 和
maluwana），〔註118〕對應卑南社口碑傳說記載可能是指 maluwana。

〔註113〕宋龍生：《臺灣原住民史・卑南族史篇》，頁 224。

〔註114〕笠原政治原著，黃淑芬譯：〈臺灣卑南族的兩個祭祀〉，《東臺灣研究》第 13
　　　　期（2009 年 7 月），頁 95～138。原文〈臺灣プユマの二つの祭祀〉刊於黑潮
　　　　文化の會編：《黑潮の民族、文化、語言》（東京：角川書店，1980 年），頁
　　　　150～182。

〔註115〕沈有容：《閩海贈言》（臺北市：臺灣銀行經濟研究室，1959 年），頁 24。

〔註116〕周鍾瑄：《諸羅縣志》（臺北市：臺灣銀行經濟研究室，1962 年），頁 168。

〔註117〕臺灣省文獻會採集組主編：《臺東縣鄉土史料》，頁 258。

〔註118〕康培德：〈卑南人與荷蘭東印度公司的後山統治〉，頁 4。

興：歐吉桑，荷蘭人來的時候，我們這邊接待他的頭目，我們知道
　　名字嗎？〔註119〕

榮：malugana，荷蘭人非常欣賞的頭一個祭司。

興：叫什麼名字？

榮：malugana

興：maluganga

榮：aiwa，是 rara 家的。本來荷蘭人第一個去見面的是 patapang 的
　　祭司長，叫做 abelengan。他接荷蘭人獸皮書的時候，右手抓刀
　　柄，左手接獸皮。荷蘭人看的很奇怪，很敏感，覺得非常不友
　　善。不曉得他們怎麼聯絡，不曉得怎麼翻譯，就再問還有沒有
　　像他一樣的領導人。那時南王（即卑南社）沒有 suresyus，古
　　話，白話叫做 yawan〔註120〕。沒有 yawan，領導部落的都是祭
　　司。他〔註121〕說：「有，南邊的」。去的時候，那個 maluwana
　　〔註122〕正好在修繕他們的屋頂。一看到那個荷蘭人就從簸屋
　　頂下來。馬上端水叫他們洗臉洗手，端水叫他們喝水。荷蘭人欣
　　賞他，以後就談論，他們統治臺灣，他們才找這個東部的，將來
　　可以和他們和那個荷蘭人密切合作的，他一直到大武和長濱，找
　　不到和南王一樣的組織，有那個斯巴達，那個聚會所。以後，
　　maluwana 被選為第一個頭目，sulusiu，那個時候老人沒有說
　　yawan，sulusiu 這樣，那個是古話。就是頭目的意思〔註123〕。
　　　就是這樣產生 maleganan，一直到那個 pinadray。〔註124〕

推測荷蘭文獻所指的名為 Magol 的攝政王，即是卑南社被荷蘭選為第一
個頭目，記音雖與口碑相傳 malugana 有差別，但似有關聯，Magol 若簡化其

〔註119〕興是筆者之田野報導人林志興，榮是受訪問的卑南社陳光榮長老，時間 2019
　　　　年 3 月 3 日 18：00，地點：臺東高山舞集。

〔註120〕yawan，頭目，指宗教事務以外的行政領導人。

〔註121〕這個「他」不知是指誰？或指當時 pimaba 的人，或指隨荷蘭人來，但知曉
　　　　pimaba 部落社結構的人。依照荷蘭的記錄來看，有可能是以下的三種人，荷
　　　　蘭人帶來的通譯（可能是知道卑南情形的漢人），可能是隨來的琅橋人（有 50
　　　　人），可能是 lowaan（知本，有 150 人隨隊）的人。

〔註122〕陳長老唸名字的時候有兩種唸法，malugana 和 maluwana。

〔註123〕sulusiu，卑南古語，就是今之 yawan。兩者均有可能是外來語。

〔註124〕筆者之田野報導人林志興訪問卑南社陳光榮長老，時間 2019 年 3 月 3 日 18：
　　　　00，地點：臺東高山舞集。

音，接近 Malu-gana 或 Malu-wana。音有差別可能是因漢人有省音節的習慣，或漢人的音變，加上荷蘭人的記音之變而有所差別。

　　荷蘭文獻記載的「頭目」會有如此多樣，可能與卑南社的會所制有關。卑南社始祖的設有六個集會所，社民分屬各集會所，由六名領導人統率，Raʔraʔꞁꞁ家的 maluwana 被荷蘭選為第一個頭目，Raʔraʔ氏族因而逐漸在卑南社具有領導能力與認同。卑南社的社會組織及制度很完整，部落構成的基層組織是母系氏族及宗族，部落領導系統則是各母系氏族或宗族的宗家，部落頭目由大宗家的長子擔任，社群內的公共事務的推行都要經過會議。分別有：

（1）部落會議為全部落長老為主體的會議，大都在會所內舉行，凡
　　　關於戰爭、集體出獵都要舉行部落會議；但祭祀與農耕問題，
　　　在大頭目家舉行，由女性家長參加討論、決定。

（2）會所會議：關於戰爭、防衛、青年訓練、漁獵等集體性之事務，
　　　先由部落會議開會決定之後，各會所再招開會議，討論如何付
　　　諸實行。

（3）亞部落會議為卑南族所特有的會議組織，關於農事祭儀、犯罪、
　　　道路修築等問題，皆分為南北兩個部落各別舉行。

（4）宗族會議凡是親族內部的問題，例如婚姻、財產繼承、族人子
　　　弟犯罪等，都可在宗族會議上解決。〔註125〕

　　可見卑南社對外的領導人，僅是代表卑南社，事務決議須由部落會議決議。不僅「頭目」一詞是由荷蘭時代流傳下來，傳說荷蘭人還教給了卑南社Raʔraʔ家族許多平原戰的軍事策略，並且給予了他們許多殺傷力強大的武器，如火繩槍等等。〔註126〕

　　學者認為能促使卑南社人在進入國家時期之前，已活躍於東臺灣的原因：1. 較大的部落人口數〔註127〕。2. 嚴密的會所組織〔註128〕。3. 具靈力

〔註125〕衛惠林、余錦泉、林衡立（原修）：《臺灣省通志稿》卷八同冑志第七冊魯凱
　　　　族排灣族卑南族篇，頁380。
〔註126〕宋龍生：《臺灣原住民史・卑南族史篇》，頁128～129。
〔註127〕卑南一社之平均人口稍次於阿美族，但遠較排灣多出近一倍之多。參考衛惠
　　　　林：〈臺灣土著的部落組織與權威制度〉，收錄於黃應貴編：《臺灣土著社會文
　　　　化研究論文集》（臺北市：聯經出版社，1986年），頁112。
〔註128〕陳奇祿著，王嵩山譯：〈臺灣土著的年齡組織和會所制度〉，收錄於黃應貴主
　　　　編：《臺灣土著社會文化論文集》（臺北市：聯經出版事業公司，1986年），
　　　　頁141～162。

祭儀〔註 129〕。4. 對外順應的態度與累積與外界交涉的經驗與能力〔註 130〕。
5. 環境空間〔註 131〕。說明如下：

1. 較大的部落人口數

依據荷蘭時代三次東部地區之戶口統計中，卑南社（pimaba，pima）戶口數約為 160 戶左右，與其他各社如 Marenos（60 戶），Nickabon（26 戶），Sabecan（15 戶），Tipol（25 戶）等差距甚大，馬淵東一認為，或可能是知本、呂家等村包含了許多小聚落亦未可知；但卑南社人口眾多且集中則應無疑問。〔註 132〕

2. 嚴密的會所年齡組織

以男子為中心的政治軍事組織，形成卑南社的多會所制度，最上級為年齡50 歲以上的老年級，稱之為「maʔiDang」，構成一個老人會議，是部落事務在部落領袖 ayawan 正式發號司令前，真正的討論協商機構，所以部落的領袖不是獨裁專制的。在這種經過長老會議一再反覆討論所得知結論下，一旦有所決定，則全體支持到底，以維護領導中心。在過去的歷史中，每當族人面臨強勢文化、強大外族勢力時，所表現出的「柔而富彈性地」處事應變能力，所展現的選擇性接受的態度，莫不與他們會議深切地討論分析外在情勢有關，作出的最後決定，皆以卑南族生存發展最高利益為指導原則。〔註 133〕

卑南社以男性為中心的會所制度，主要有社會、經濟和軍事攻能，其中軍事的功能是會所中的訓練，一切軍事化，負責保衛部落的權益及財產。平時，六個會所雖各行其政，但在戰時，六個會所則一致的聯合，由部落的領袖專事的行動。軍事的組織是相當嚴密的，每一個會所為一個最基礎的單元，南北二部落各有三個會所，又各成一集團，此二集團，在部落領袖的領導下，成為了一個整體，充分地發揮了其軍事上的功能。卑南社分南、北兩部，這兩個半部各有一個少年會所，呈現出類似「二部組織」（dual organization）的對立。部落的二部組織曾普遍存在各地的土著社會中，世界各地的二部組織的結構形

〔註 129〕宋龍生：〈南王卑南族的會所〉，《考古人類學刊》25、26 期合刊（1965 年），頁 112～144。

〔註 130〕康培德：〈卑南人與荷蘭東印度公司的後山統治〉，頁 3～36。

〔註 131〕林志興：〈重探「卑南王」在花東歷史中的角色：從乾隆皇帝與「卑南王」的邂逅談起〉，頁 63～76。

〔註 132〕馬淵東一著，楊南郡譯註：《臺灣原住民的移動與分佈》（新北市：原住民族委員會，2014 年），頁 253～256。

〔註 133〕宋龍生：《卑南公學校與卑南族發展》，頁 2～3。

態與內容，是極其不一致的。衛惠林認為二部組織的共同特質為：

1. 他必須在一個自治的社會單位內，包含著兩個次級組織單位，但不能有第三個；即兩個大級單位必須包括其全體之人口與地域的全部。

2. 兩個半部單位必須是互相匹敵、互相競爭的地位；而不能有互相隸屬或附屬關係。

3. 兩部社會必須有互相補充、互相扶助、互相競爭、互相合作的功能關係。

4. 兩部社會的構成要素雖然可以有地域的、政治的、經濟的、儀式的單位，但其基礎組織要素，應該是親族團體。〔註134〕

卑南社部落的二部組織，是臺灣諸部落組織最突出之一例；因為時代的劃分、部落的遷移、會所的變遷，以及氏族領導權的轉移，使其在各時代面有不同內容的表現。但無論任何時期，始終保持者南北的政治、祭儀的區劃和對抗。卑南社的會所與氏族的分立，便是在此二部組織的觀念下，發揮其功能並保持它所有的部落敏活能力。〔註135〕

3. 極具靈力的祭儀

也是卑南社強盛的原因之一。卑南族的傳統巫術在民間傳聞甚多，據說非常靈驗，讓其他族的人都畏懼三分。祭儀的靈力更是讓鄰近阿美、排灣和布農時常提及他們之所以畏懼卑南族的重要原因。田代安定曾經記錄卑南王「得一天書」，天書具特殊力量。《臺灣蕃族慣習研究》也曾紀錄卑南族的一支「斯卡羅」族，之所以能夠征服排灣族的領域主要的原因，是利用排灣族畏懼妖術的習性而成。甚至在都蘭部落的歷史記憶中，婚入都蘭的卑南人成為都蘭的頭目，這些具有卑南血統的家族成員，也會被都蘭人認為具有某種「特殊」的能力。〔註136〕

4. 對外應變力與累積外界交涉的經驗與能力

卑南社曾先後與荷蘭東印度公司、清朝、日本政府等外來勢力者有著密切

〔註134〕衛惠林：〈臺灣土著的社會的二部組織〉《民族學研究所集刊》第2期（1956年），頁1〜22。

〔註135〕宋龍生：〈南王村卑南族的會所制度〉，頁138〜139。

〔註136〕蔡政良：〈卑南族民族誌閱讀報告〉，搜尋網址 http://www.oz.nthu.edu.tw/～d929802/anthropology/austronesian/a-11.htm。

的關係。在每一次的政權更替上，卑南社都恰如其分的作出選擇。首先在荷蘭三次探金征伐活動，改變了原有的地緣政治，擴張出跨族群的政治版圖。〔註137〕明鄭時期上淡水通事李滄向鄭克塽獻策「取金裕國」，鄭氏乃派員前往卑南地方取金；卑南覓社讓鄭軍無奈引還。清初命卑南覓協助平定民亂冊封酋長文結，之後還為拉籠後山番社昭見傀儡社頭目，特御前賜酒並賞頂帶蟒袍，其中文獻記載代表東臺灣者便是 Raʔraʔ家族的加六賽。日軍登陸臺東，卑南社頭目姑拉老，率卑南族人與馬蘭社，阻清軍殘部劉德杓回攻臺東。

　　學者認為東臺灣族群歷史的發展，就國家的角度而言，無論是荷蘭時期尋金政策下與荷蘭人接觸的卑南族與阿美族，清代時期封山與開山撫番政策下入墾的平埔族群與漢人，日治時期移民政策下的漢人，以及「理蕃」政策下的高山族群，都曾被編入國家的統治秩序下，賦予不同的身分與國家角色。國家勢力的介入，不僅改變族群之間的關係、影響族群內部社會關係網絡，也主導產業的發展，造成社會生活的變化。〔註138〕回顧卑南族人對外來政權的歷史上，似乎都沒有發生過激烈的抗拒活動；換言之，傳稱在後山建立過「王國」的卑南社，使用的策略是接待荷蘭人，納入清廷，迎接日本軍。從歷史的文獻紀錄來看，種種順應國家政權及合作的態度，讓族人從中獲利、獲政權有力的支持。

5. 環境空間

　　卑南社的所在位置增加接觸外界的機會；學者認為卑南社位於臺東平原北端卑南大溪出縱谷及近海口一帶，正好位在迎南通北的交通管道上，很可能是荷蘭人考量選擇設置東部落區議會所在的重要因素之一。〔註139〕1638 年荷蘭初到臺灣東部時即認為「卑南北邊一小浬處的一個海灣，發現該海灣可使戎克船進來停泊，並適合登陸，而且除了會背風的東風與東北風之外，其他所有強風均可躲避」〔註140〕可見其地理位置早已被荷蘭人看好。因此不論是外客來訪，或則是赴外經驗學習，在交流的過程中，卑南社處於更優於其他部落的位置，因而容易獲得新物質（如槍械）新知識（新農作方式），更增強了卑南

〔註137〕康培德：〈卑南人與荷蘭東印度公司的後山統治〉，頁 3～36。

〔註138〕孟祥瀚：〈東臺灣國家與族群之歷史研究的回顧〉，《東臺灣研究》第 21 期（2014 年），頁 55～74。

〔註139〕林志興：〈重探「卑南王」在花東歷史中的角色：從乾隆皇帝與「卑南王」的邂逅談起〉，頁 75。

〔註140〕江樹生譯註：〈熱蘭遮城日誌／I-K／1638-03-10〉。

社軍事及經濟力量。

　　歷經百年，在族人心中「卑南王」是位：「政治家、軍事家、普悠瑪頭目。」〔註 141〕在「天時、地利、人和」的種種因緣下，卑南社造就了一個「卑南王」的盛世。除上述的原因外，頭目家系的聯姻及選任，也影響卑南社勢力的擴大。關於卑南社頭目的資格，移川子之藏有相關探討：

> 頭目之職，並不限於頭目家直系子孫，即使出自分家的頭目系統諸家，若有適當男子，亦可被選為頭目。頭目的地位不一定世襲，乃是因為婚姻關係通常在頭目系統之間行之，頭目的選舉自然而然以頭目家為中心，而限於以此為本家的一定親族間。……同一祖屋所屬的其他平民，相信也是出自頭目家的分家，被認為是比頭目系統諸家更遙遠的親族。……縱然為頭目系統，若與平民成婚，生下的子孫就沒有做頭目的資格。〔註 142〕

卑南社頭目亦可用推選產生，而頭目家族間的聯姻，對於卑南族領導家系的重要性，除了能夠壯大彼此的聲望與地位，也能夠使統領權在一定的親緣範圍內傳承延續，無論對平民本身或頭目家族而言，都具有正面的助益。

　　卑南平原上的兩大族群卑南和阿美，學者認為馬蘭社阿美族人在面對外來文化與維繫舊有習慣上，可能較為「保守」不輕易改變；卑南族則顯得較具「坦率與活力」。同樣地，在婚姻態度上卑南族男子不論行招贅婚或嫁娶婚，都處於主動的地位，求婚者永遠是男子，聘禮也是由男家送到女家，與阿美族在婚姻態度上呈現顯著差異，女性在家庭中的地位遠不如阿美族。〔註 143〕清末胡傳記載卑南族和阿美族的婚嫁方式：

> 番俗婚配由男女自擇，父母不能為之主。南路埤南等社，皆男自擇女，悅之，則時至女家，饋女以菸、以檳榔；女亦悅之，乃告父母挽親戚說合，以布及米粿、檳榔等物為禮，而贅於女家。阿眉等社，皆女自擇男，時至鄰裡親戚家助其婦女執炊、汲水，與其少年子弟相悅，乃歸告父母招贅之。中路各社，則皆男女幼自擇配，私相盟約。長而不背盟，乃約聘訂期，牽手歌唱於社長、頭人之門前，歸

〔註 141〕 臺灣省文獻委員會採集組主編：《臺東縣鄉土史料》，頁 280。

〔註 142〕 移川子之藏、宮本延人，黃文新譯：《臺灣高砂族系統所屬的研究》（臺北市：中央研究院民族學研究所，未刊本），頁 661～662。

〔註 143〕 衛惠林：〈卑南族的母系氏族與世系制度〉，《考古人類學刊》第 19／20 合刊（1962 年），頁 66。

而成婚；亦居女家。〔註144〕

　　換言之，卑南的婚制全為贅婿法，沒有娶婦法，完全憑己意結婚，自己去尋找喜愛的配偶，男子進入女子家為婿。結婚儀式為男子扛著劈材一捆，與親族一同去女方家。〔註145〕有時頭目家係的聯姻會因而改變財產擁有權，如：卑南社沙巴彥 Sapayan 氏族的特鬧 tonao，與拉拉 Ra'ra? 氏族的巴希阿兒 Pasial 聯姻後，該氏族盡失卑南平原南部之領地。〔註146〕

　　卑南社與排灣、魯凱族群的透過聯姻，融入卑南族的頭目家系，成為卑南人口中的美好佳話。這與長久以來與排灣、魯凱族群在臺東地區累積的聲望及勢力息息相關，尤其是排灣與魯凱部落中的貴族，更是屬於部族中的佼佼者，在社內擁有尊貴的名聲、地位、資產以及勢力。過往宋龍生在整理卑南社的系譜中，就曾出現第十七代領袖庫拉賽 Kurasai 以「進入婚」的方式進入住在太麻里 Tavoali 社的西洛姑 Sirogo 處，不久為了繼承領袖之職將西洛姑 Sirogo 帶回卑南社，生下比那賴和其弟文吉，兩兄弟成年後都分別以進入婚的方式，進入屏東西拉亞族所屬一支馬卡道族之大木連部落，和牡丹灣排灣族部落。阿美族人過去在卑南部落中的地位並不高，甚至曾經有主／從的關係，少有能夠與卑南族的頭目階級通婚，僅能婚贅於卑南部落的平民家庭。〔註147〕

第三節　「卑南王」與周遭的族群關係

一、馬蘭阿美與「卑南王」的關係

　　卑南社成為支配後山七十二社的總社，領地範圍自臺東平原起，向北臺東縱谷可達玉里以南的大庄、新開園；東海岸平原可達掃叭。向南則達到大武及其附近的部落。主要以拉拉 Ra'ra? 和巴沙拉阿特 Pasara'at，南北兩大氏族為主要權力掌控者。拉拉 Ra'ra? 氏族控制臺東平原以南的地方，巴沙拉阿特 Pasara'at 氏族的勢力則深入到臺東縱谷內玉里以南的地區。拉拉氏族因在歷史上有卑南王的出現，將拉拉氏族之領地往更南方的大武擴張。到了清代，

〔註144〕胡傳：《臺東州采訪冊》，頁 50。
〔註145〕伊能嘉矩、粟野傳之丞著，傅琪貽（藤井志津枝）譯：《臺灣蕃人事情》（臺北市：原住民族委員會，2017 年），頁 159。
〔註146〕宋龍生：《臺灣原住民史・卑南族史篇》，頁 245。
〔註147〕宋龍生：《臺灣原住民史・卑南族史篇》，頁 220。

沙巴彥氏族領土的範圍已大為縮小，僅包括卑南社附近的四處地方。對於卑南平原東北方之海岸線平原的管理權，則分屬於沙巴彥 Sapayan，巴拉那都 Palangato、阿拉西斯 Arasis 和魯哪丹 Lungatan 四個氏族所共管。〔註148〕

卑南社擁有領土的主權，每年向居住在領土範圍內的部落徵收貢賦或貢租（harisin），可分為三種：

1. 土地上農作物之貢租，就是土地之地租（Sata）。
2. 對使用獵場（halup），要徵收獵租（pinakaadok），包括屠宰牛、豬及獵獲物，必需要將動物的一隻前腿送到卑南社來。
3. 漁租（harisin lu vulau），即對在區域內河流、海岸，漁獲物的課徵。〔註149〕

卑南社除向周遭徵收貢租，周遭若有紛爭，也會擔當斡旋鎮服之任。收貢時，若有怠慢的納貢者，會被認定為對卑南社有反抗之心，周遭各社恐懼遭到討伐，所以從來沒有疏忽納貢之事。就卑南社而言，在納貢之際，會在社內設台，將貢物排列放置其上，從酋長開始分配到一般眾人。〔註150〕「應納租的各社，由頭目自費妥備酒、粘糕，迎接出差來的長老、壯丁等一行，招待饗應。一方面告知本地之農況並協定各戶負擔租穀後，再由該社頭目通知各戶送來集會所，或相偕到各戶徵收。徵收的租穀由則同來的壯丁搬運到卑南社。到鄰近徵租地時要攜帶糧食，但是到遠方徵租地時，被徵部落要預先碾製白米，提供一切食物。」〔註151〕

清代常會稱將性質大致相當於族群以內的地區群，多以地名為其名，如卑南平原上的「卑南番」、「阿眉番」。〔註152〕為了納貢兩族群常相鬥，《臺東誌》記載：

阿眉常與埤南相鬥，阿眉屢敗，屢被埤南綑縛，殺傷甚多。阿眉因

〔註148〕 宋龍生依照河野喜六：《蕃族調查報告書》，頁454～455。所記錄的部落名稱，並參照胡傳所編著的《臺東州采訪冊》，頁21～28。及《臺東州採訪修志冊》，頁17～24。將當時（約在1892～1894年間）的中文社地名及人口數整理，其中仍有若干河野喜六所記錄的社名，雖經其與在南王幾位卑南族長老（李成加、陸秀蘭、周喜熟、林仁誠等）查證，仍不能確定其中文社名。宋龍生：《臺灣原住民史卑南族史篇》，頁237～245。
〔註149〕 宋龍生：《臺灣原住民史卑南族史篇》，頁238。
〔註150〕 幣原坦〈卑南大王〉，頁1～10。
〔註151〕 河野喜六（1913年）：《蕃族調查報告書》（臺北市：中央研究院，1996年），頁456。
〔註152〕 胡傳：《臺東州采訪冊》，頁41～42。

之生畏，甘心歸順為奴，居住卑南側後；其地名曰窩碗，狹小之至。
凡埤南耕田種土，阿眉代為出力，如奴僕一般。由是盡力日久，爭
心兩化，漸有相親之意。阿眉因窩碗地隘，求埤南王借住海邊一
帶。〔註153〕

「阿眉番」即是與卑南相鄰的馬蘭阿美。阿美族的發祥地傳說有三種，
其中「海岸平地發祥說」就與卑南族的起源傳說十分相近。相傳 Panapanayan
（或是稱之 ruvuaHan）處不僅是卑南社群起源地，也是馬蘭阿美祖先最早登
陸的地點。〔註154〕

太古時代，Panapanayan 之石生阿美族，呂家社，射馬幹社，知本社
之祖先。卑南社祖先也是同一地點的神竹所生……，留在
Panapanayan 的知本、射馬幹、呂家望三社之祖先移至 Kahadawayan
（Adawayan）創社，於是三社分立。（移川子之藏，1935：347）

馬蘭阿美族人認同 Arapanai 為祖先發祥地，正好跟卑南族口碑傳說所
指之故地 Panapanayan 是同一處地方，二者的不少神話傳說中都有涉及彼此
的互動印象。馬蘭阿美族人在 Panapanayan 也立有一石碑，碑文記錄先祖遷
徙過程：

此地阿美族稱 Arapanay 阿拉巴耐—失落的祭台（倒竹遺蹟），為遠
古各氏族後裔，向北遷移暫息之地。大地燥熱，夜裡遍地火光，住
屋耕地相繼煅壞。祖靈托夢族長答富達夫與達魯拿佟夫婦，為氏族
將來須北遷。經祭祖竹占（Miedaw）斷日後，即將氏族由恆春向北
尋找沃土。途經沿海踏浪，翻山越嶺，由滿州—旭海—香蘭—太麻
裡，終於來到阿拉巴耐暫歇，族長遣女婿馬納吒、福豆日，分別找
尋沃土……。〔註155〕

傳說在遠古時代族人由恆春向北尋找沃土，遷居至太麻里。有趣的是經學者調
查，知本社群的語言和部份傳統祭儀文化都和阿美族較為雷同。這與知本社群

〔註153〕 胡傳：《臺東州采訪冊》，頁 82。

〔註154〕 黃宣衛、羅素玫：《臺東縣史—阿美族篇》（臺東：臺東縣政府，2001 年 10
月），頁 29、32。

〔註155〕 卑南始祖起源地另有一塊石碑〈回首千年北望夢土〉，刻印口述耆老：Sawmah
羅傳成，Dataw 羅昌美，Banay 王聖富，DiPong 孫芳昇撰文：Hokira 羅福慶，
Takiciyang 王如志，Fotor 王福來作者：Ciwciyang 黃忠，E-Day 王信一，日期
為 2004 年 5 月。

起源說法，先祖具有阿美血緣關係不謀而合。〔註156〕甚至相傳原本普悠瑪社的地點有許多的阿美族人：

> 有一次兩族人要一起獵鹿，回來之後將瘦肉平分，阿美族人得到心臟，卑南族人得到肺。阿美族人要求和卑南族交換，卑南族人也同意了。後來阿美族人又要求將煮熟的心臟與肺放入水中，並約定沉下去的那一邊可以得到當地的土地，結果心臟沉下，阿美族人的肺浮在水面上，卑南族人於是得到土地，並建立普悠瑪社。〔註157〕

換言之，馬蘭阿美族人可能早於卑南社來到東部平原，可能由於遷徙的因素，再加上卑南社的強盛，讓其處在較不平等的族群關係地位上。口碑中最常提到，自清代皇帝賜予朝服冊封為卑南王，鄰近的阿美族、排灣族都要向其納貢、賦稅。

　　過往卑南社即被認為勢力最強、且勢力涵蓋整個卑南平原。阿美族人雖居住在同一平原，但因被卑南社征服，發誓永遠服勞役才獲允居住在平原的一隅。卑南平原上的阿美族的主社是今位於卑南海岸的馬蘭社。〔註158〕學者研究馬蘭社生活空間的形成與變遷，也指出過往時常和卑南發生摩擦：

> 在 Liyafo 時，因為卑南族越來越多，時常和我們發生摩擦，因為關係不好，卑南族好幾次叫我們阿美族搬走。ada-ada 不會抓海裡的東西，知道阿美族會抓，所以會堵路搶奪我們去海邊抓的貝類和魚類；也會在 Liyafo 南測山頭的山凹，架設武器，觀望我們阿美族。……〔註159〕

兩社的爭鬥在陳英記載更為鮮明，彼此為爭奪生存空間，卑南王還以「必屠戮慘殺而不止」作為征服手段，最終使其臣服於下：

> 阿眉蕃一族，上傲慢不下，屢屢侵害邊境，卑南王大恚，乃欲驅逐彼等於他處，每見其族，必屠戮慘殺而不止，阿眉蕃終大懼，一族相率表規順卑南王之誠意，謹請從其役。王容之，使彼等居於窩碗

〔註156〕兩則關於知本的發祥傳說述及始祖發祥經過雖繁簡不一，但其最早的始祖起源皆呈現出與阿美族群的關聯性。移川子之藏、宮本延人，黃文新譯：《臺灣高砂族系統所屬的研究》（中央研究院民族學研究所，頁 650～651。

〔註157〕臺灣大百科卑南族 Puyuma 普悠瑪社傳說，撰稿者王培欣 2009 年 9 月 9 日。

〔註158〕伊能嘉矩、粟野傳之丞著：《臺灣蕃人事情》，頁 342。

〔註159〕李玉芬〈消失中的都市部落？臺東市馬蘭社阿美族生活空間的形成與轉變〉，夏黎明主編：《邊陲社會及其主體性論文集》（臺東：東臺灣研究會，2005 年），頁 151～152。

之地。爾來卑南之地，耕種季節一至，阿眉蕃常輪流交替，專服其
使役，其狀與奴隸無異。於是乎，見博得卑南王之歡心。彼等苦於
窩碗之地狹隘不堪居，往而向王哀求之，王立刻許之，使其移至海
邊一帶之地，阿眉蕃餘卑南王成為主從關係。〔註160〕

　　歷史上的馬蘭阿美族長久以來都受到卑南族的控制，兩族群不僅如上述
是不對等的主從關係，馬蘭阿美族還要定期向卑南繳納地租貢賦，且時常受
到卑南、布農等族群「出草」的侵擾，因此阿美人不得不抗擊、離散與遷徙，
讓渡出舊有的生存空間。諸如此類的歷史記憶至今仍在馬蘭阿美族人所流
傳。

　　卑南族有人會在加路蘭半路攔截我們阿美族，或到 Nalaculang 偷
鹽」，「Fukid（貓山）東側有貝殼塚，以前 Puyuma（卑南族）的人，
都等在這哩，我們阿美族去加路蘭海邊採集貝類回來，他們就在這
裡等，好的東西他們就先拿，那時候，每天清晨三、四點，Puyama
的人就已經在這兒燒好開水等候，我們阿美族的人採集結束，上岸
回家，一定要經過 Fukid（因為由此涉卑南大溪，是比較容易的），
Puyuma 的人就擋住阿美族，把一些較好的、大的，像蝶螺、海螺等
貝類挑走，阿美族的人憨厚老實，大的、好的給 Puyuma 拿去，剩下
一些小的帶回來。有時也有一些交易，但也有沒換東西就被取走的
情形，所以這裡也有 Puyuma 和阿美族的小戰爭」。〔註161〕

兩族因納貢因素導致關係緊張，但也有因應情勢並兼作戰。日本政府欲統治
東部時，曾藉助屏東「下番社」（或稱瑯嶠十八社 Sugarogaro）總頭目潘文
傑以及卑南平原上的卑南社和馬蘭社（阿美族）的幫助，順利進入屏東和臺
東地區。顯見兩人群因生活空間密切，互動交流頻繁，在面臨生活領域的競
爭時，強勢的卑南社將其納入僕役系統供其使喚，而在面離共同外敵時，兩
族結成盟友的形勢共禦外敵。

二、排灣社群與「卑南王」的關係

　　從語言學者的分類觀察，卑南族語屬於南島語系下（Austroneisan）的排

〔註160〕林玉茹：《殖民地的邊區東臺灣的政治經濟發展》（臺北市：遠流出版社，2007
　　　　年），頁 264。
〔註161〕李玉芬〈消失中的都市部落？臺東市馬蘭社阿美族生活空間的形成與轉變〉，
　　　　頁 151～152。

灣語群下的卑南語群。知本社群因緊鄰排灣、魯凱聚落，文化上之表現與語言上的濁重音，均明顯地受其影響。〔註162〕

> 近年來，因政府及部落族人努力推廣族語教學，在官方版本上，卑南語分為四套教材，分別為南王、知本、建和及初鹿，其中初鹿版本提供除南王、知本、建和外的五個村共同使用，從語言的角度而言，這八個村落所說的卑南語以南王方言最為不同，語音也較為存古，因此有語言學家（如李壬癸1991）將卑南語分為兩個方言，南王自成一方言，而其他七村歸為另一方言，以知本方言為統稱。其實歸為知本方言的七個卑南村落，雖彼此間可互相溝通，然其語音及辭彙仍存有差異，根據鄧芳青2009及2011，其句法亦不盡相同，因此有全面性調查的必要。〔註163〕

從語言學者的分析，卑南社（南王）方言最為不同，這也與卑南社相傳自海外移入之說不謀而合。卑南社的語言鄰近阿美族的南王系統，語音之輕巧亦與阿美族相近。〔註164〕可見卑南社的人不斷和周遭的社群頻繁接觸。

由神話故事來看，排灣族、魯凱族和卑南社群有很深的接觸，這也是致使社會文化各面都具有很高相似性的原因。〔註165〕《臺灣高砂族系統所屬の研究》有兩則關於知本的發祥傳說：

（1）太古時，Rnvoahan（發祥地）有潮泡，然後生出如塵芥的東西，再變成石頭，此石破裂而有人形者出來。兩膝上有眼，前後有顴臉，共有六隻眼睛，右足脛部有妊，遂生男女二人。男的叫Sokasokau，女的叫TavaTav，兩人結婚在Rnvoahan生石頭，後到大武山去又生石頭。而Rnvoahan（發祥地）之石頭生出一女叫Rarihin，大武山之石頭生一男叫Vasakaran。從此時起，始成為真正的人類。Vasakaran入贅於Rarihin，生一男Arongatai及一女Vayayon，此二人結婚而生Ruviruvi和Ta?ta二姊妹，為姐的Ruviruvi招阿美族男子Sihasihan為夫

〔註162〕李壬癸：《臺灣平埔族的歷史與互動》（臺北市：常民文化出版社，1997年）。
〔註163〕未著撰人：〈卑南語〉，《原住民族語言線上詞典》（臺北市：原住民族委員會，2015年），https://m-dictionary.apc.gov.tw/pyu/Intro_1_2.htm。
〔註164〕李壬癸：《臺灣平埔族的歷史與互動》（臺北市：常民文化出版社，1997年）。
〔註165〕曾建次：《祖靈的腳步——卑南族石生支系口傳史料》，頁138～146。

婿。這就是知本社之祖先。〔註166〕

（2）有夫婦自北方沿著海岸來到 panapanayan（發祥地）。這對夫
婦是阿美族。在其地生石頭，後到大武山去再生石頭。後返
回 panapanayan（發祥地），遂死其地。由大武山之石頭所生
者成為排灣族之祖先。而 panapanayan（發祥地）之石頭起初
生塵芥，後生潮泡，兩膝長眼，顏臉在前後，共長出六隻眼
睛，稱 Vais。然後在腓部有妊，生出一女，女近招大南社男
子為夫婿。生有子女 Toko、Sihasihau 姊弟兩人，姐 Toko 則
到大武山去，與排灣族 Padain 社的男子 Muras 結婚。這對夫
婦即成為射馬幹社祖先。其弟 Sihasihau 遷移到上方的
Hadawayan（阿達哇彥）去。後代又遷到知本社西北之山地
karukalan（卡砮卡蘭）去。於第十一代 Patokal 之時，從山地
下來到現在的知本社定居。在此以前家號稱謂 polidan（布利
丹），自第十一代起改稱家號為 Mavariu（馬法溜）。〔註167〕

兩則傳說都提到了阿美族為先祖，第二則更近一步提到大南社、排灣族，第
三則傳說來自知本人 Varikai（汪美妹）講述，上述之先祖外，還再加上「西
部的人」、「日本人」、「中國人」和「卑南社」。幾乎將 panapanayan 周遭之社
群全部涵蓋。

　　1912 年森丑之助認定無論在體質、傳說、習俗或語言等方面，排灣、澤
利先（魯凱）、卑南這三者幾乎是一致，因此在《日本百科大辭典》的〈臺灣
蕃族〉中將三者合併稱為 Paiwan。〔註168〕有些學者則認為大麻里至大武一
帶之排灣族（屬於貴族階級的統治者）應歸入卑南族範圍，並認為那些排灣
人是「排灣化的卑南人」。可見卑南與排灣兩人群關係匪淺，因此文化上的表
現常相互影響。兩群體因地緣關係與各族群往來密切，卑南社群始祖傳說多

〔註166〕卑南族知本社神話傳說中常出現「兩膝有眼，顏臉在前後，長出六隻眼睛，
足脛部有妊的變形人」情節。卑南語稱其為「瓦歷斯」、「伐里斯」，語意為常
常變化之意，因拼音系統不同產生差異，Vais、Va`ris 皆為其指稱，後文論述
統一以「變形人」稱之。移川子之藏、宮本延人，黃文新譯：《臺灣高砂族系
統所屬の研究》（中央研究院民族學研究所，未刊本），頁 650。
〔註167〕移川子之藏、宮本延人，黃文新譯：《臺灣高砂族系統所屬の研究》，頁 650
～651。
〔註168〕潘英：《臺灣原住民族的歷史源流》（臺北市：臺原出版社，1998 年），頁 80。

次提及排灣族，語言和文化和排灣、魯凱也有趨近之處。除極有可能意味著卑南社群是由海上移民而來，因依照居住區域不同而受到鄰近不同原住民族文化的影響，各聚落進而發展出細微的文化差異。

　　安倍明義如此記載：大約 300 多年前，一群知本社族人南遷進入瑯嶠，並與當地的排灣族武裝衝突。由於擁有強大的組織與武力且又善於使用咒語，當地的排灣族與別族墾民皆紛紛臣服，並以「斯卡羅（乘轎者）」稱呼這一支外族。這一支卑南族稱霸恆春半島後，逐漸成為擁有原始土地權的統治階層，形成卑南族當頭目統治排灣族庶民的貴族社會。這一支卑南族後來與當地人口多數的排灣族人通婚，漸漸融入並排灣化。〔註169〕因此太麻里、恒春一帶仍有被稱為「排灣化的卑南族」，以及一些「卑南族化」的聚落，這些都與歷史上的遷移等互動息息相關。日治時期，魯凱族的大南聚落還曾經被歸類為「卑南蕃」。〔註170〕

　　蔣斌認為就排灣族而言，綜合語言、文化特徵和地理區位等因素，與卑南族互動較多的排灣族分支主要是東排灣巴卡羅群（Pakarokaro）。「巴卡羅 Pakarokaro」指稱的就是區域內曾受到卑南人統治、影響的排灣人群。〔註171〕從知本社的地名記憶也可發現其與排灣人群的遷移關係；卑南語稱「teporu」，由 mutepoteporu 轉化而成，「知本」為近音譯字。mutepoteporu 是指「一群人回來了」之意。〔註172〕傳說從前美和卑南族的某一部分人，移住 karukaran，後來這些人的一小部分又移住大武山附近，但因沒發現適當的開拓土地，又回到 karukaran，但不被准許入社，故轉到附近居住（即知本），成為附屬蕃社，mutepoteporu 即於此時出現作為蕃社名：意即移住大武山附近又歸來的一群人。

　　「知本」也有「分離後又合而為一」之意，傳說「知本社的頭目「西凱西高」有一位頗具姿色的姊姊，她朝三暮四，頭目甚不悅，兩姊弟大吵而鬧翻，

〔註169〕安倍明義，〈彪馬往何處去？—迷樣的斯卡羅族顯影〉，收錄於移川子之藏等著，楊南郡譯著：《臺灣百年曙光》（臺北市：南天書局，2005 年），頁131～132。

〔註170〕陳文德：〈人群互動與族群的構成：卑南族 karuma（H）an 研究的意義〉，《族群、歷史與地域社會：施添福教授榮退論文集》（臺北市：中央研究院臺灣史研究所，2001 年），頁309。

〔註171〕蔣斌：《排灣族貴族制度的再探討：以大社為例》，收錄於《中央研究院民族學研究所集刊》第 55 期 1883 年春季），頁1～48。

〔註172〕林玉茹等纂修：《臺東縣史地理篇》（臺東：臺東縣政府，1999 年），頁94。

姊姊一氣之下，帶著身邊親信沿知本山谷到達太麻裡山後中 SaLyyaLyyang Tem buTebul 的地方定居下來。後來頭目的姊姊嫁給一排灣族青年，其他族人回到本部落投靠頭目「西凱西高」，這種「分離後又合而為一」的情形，老人說叫 KurTePel，因此意，後來知本老人自稱我們都是 kaTyPul，因而取名 kaTyPul，據說閩南人對 TyPul 的發音不準，念成 TyPun（知本），日治時代沿用知本之名至今。〔註173〕」

　　從知本的地名傳說可知排灣族與知本社，因部落遷移而關係密切；移川子之藏等人曾記載南部排灣族諸部落屬卑南社的勢力，並且付蕃租給該社南半部最大的領導家系 RaʔraʔΧ的集會所，〔註174〕除因卑南社的強大武力，恐懼該部落祭儀的也是一個重要的因素。〔註175〕伊能嘉矩則認為分佈在知本溪以南的排灣族，與恆春地方的蕃人是同一種族，語言、風俗習慣等相同，與魯凱族及卑南族蕃人也有關係，並與卑南社同樣進步。〔註176〕

三、其他族群與「卑南王」的互動關係

　　分佈在臺東平原上的四個原住民族，卑南、阿美、魯凱、排灣四族群，卑南族是最具勢力的，亦是該地區中漢化最深，文化關係最為複雜的。〔註177〕在漢人進入東臺灣地區以前，東臺灣的居民仍以原住民各族群為主，卑南平原上主要的居民是卑南族人，多環繞著卑南近山腳處建立部落居住。卑南平原上的河川北起有卑南溪、太平溪（大巴六九溪）、利嘉溪（大南溪）、知本溪等。陸路上無論是南來北往，臺東市和卑南鄉都是必經之路。卑南族不僅有同族系，或是異聚落的氏族群落相合併，也有不同生活文化的他族加入，這或許和卑南族正好位於往卑南溪出口及入北部縱谷腹地的要道上有關，〔註178〕而各族群往來要比想像中來得更是頻密。

　　試著從彼此的稱呼，觀察自古卑南社群與各原住民族之間的互動關係。

〔註173〕陳光榮、林豪勳：《卑南族神話故事集錦》，頁42～43。
〔註174〕陳文德〈民族誌與歷史研究的對話：以「卑南族」形成與發展的探討為例〉，《臺大文史哲學報》59期（2003年），頁162～163。
〔註175〕移川子之藏、宮本延人、馬淵東一：《臺灣高砂族系統所屬の研究》（臺北市：臺北帝國大學土俗人類學研究室調查，1935年），頁341。
〔註176〕伊能嘉矩：《臺灣蕃人事情》，頁343。
〔註177〕衛惠林：〈卑南族的母系氏族與世系制度〉，《考古人類學刊》19／20（1962年），頁65～82。
〔註178〕林志興：〈重探「卑南王」在花東歷史中的角色：從乾隆皇帝與「卑南王」的邂逅談起〉，頁75。

如：卑南族將它的南方鄰居排灣族，把他叫做「蘇卡羅卡羅」（SU-KAROKARO），東魯凱族大南社把他們叫做「索阿裡多可哇」（SOA-SIDOKOA），也就是「平地人」的意思，因為卑南人住的地區比大南社的魯凱人更接近海岸，且文化上被「平地人」同化的非常「平地化」，只是語言與風俗仍保留自己的種族語系和風俗習慣。〔註179〕

說明如下：〔註180〕

（一）阿美族過去稱卑南族為 HalaHala，含有「客人」和「敵人」的二種意思，「客人」是傳說卑南人較阿美族人晚到臺灣島上，與臺灣的河洛漢人把來自廣東省地區的中原移居漢人叫成「客家人」的意思很相近。「敵人」是因為往昔的出草祭（就是今天的狩獵祭）會以阿美族為對象。

（二）布農族過去稱卑南族 livalivak，意思是「先下手者」，livaku 在卑南語中即為先下手為強的意思。傳說日據時期各有一對布農人和初鹿部落的卑南人在山上打獵時，相遇許於山崖狹路上。據說當時，在第一對人馬交叉通過時，先行的初鹿人就對後者喊 livaku，後面的人因而開槍射殺布農先行的人，在後的人見狀飛奔派出所報案，日警問他何人所為，他說不知道是誰，只聽他們叫 livakul-ivaku。布農人稱呼卑南族的名，就因著和初鹿人的遭遇而產生。

（三）原先大南的魯凱人稱卑南族人為 swa-ridikoa，意為在「平地者」，但在大南人不稱這個名字，而用 Talibeka，是源於泰安部落的關係。卑南的泰安和建和兩部落人，原先是合住在深山中叫 Tusal-iyaliyan 的地方，因人口增加，土地不敷使用，初鹿和泰安的祖先乃往北走，建和的祖先繼續往南走，往北走的人，經過了大南魯凱的舊部落 Kintupul 時，初鹿的祖先繼續往北走，泰安的祖先留下，但因言語不通，最後決定往平地遷移，往下走的魯凱語叫Talibeka，卑南族乃因著泰安部落與魯凱族的關係而得到「往下走的人」的稱呼。

（四）排灣族過去稱卑南族為 Su-Halu 或 Alu，意為「被抬者」。這是對知本而言，過去知本和南王常會為權利而爭，知本的勢力範圍在南方，影響力直到今屏東的滿吒為止，很多部落臣服於知本的納貢，所以有任何會議，或需要裁判衝突時，就會派人用轎子來抬知本的人前往仲裁，排灣族對卑南族的名

〔註179〕洪英聖：《臺灣先住民腳印》（臺北市：時報出版，1993 年），頁 200。
〔註180〕以下為筆者田野報導人林志興先生訪問曾建次神父之田野記錄。

稱，就是因知本社和他們的這層關係，和這種動作而得名。

（五）至於其他並非鄰近的族群如蘭嶼、泰雅等，都是到很晚近才接觸，所以，他們都是稱已約定俗成的「卑南」。

從對彼此的稱呼，可相呼應彼此因空間的關係而發展出之關係，愈是相鄰的社群，其關係愈是「緊張」，如阿美與卑南的主從關係。有一則講述關於知本社群起源、遷徙、繁衍等事蹟，也反應出相同的關係：

> 洪水餘生的五兄弟姊妹乘在打穀臼裡，漂流至 Revoaqan（發祥地）登陸，其中兩位升上天做太陽、月亮，另三人 Tavatav、Paroaq 及 Sokasokao 開始尋找人類卻找不到。Tavatav 和 Paroaq 便回到 Revoaqan（發祥地）定居，成為一對，生出了蝦、蟹和魚，又生出一隻小鳥。太陽指示他們在居處隔一道牆，牆上挖個小洞進行，不久生下了白色、紅色、綠色、黃色及黑色的石頭，黑色石頭裂開出現 Tinaqi 及 Pudek，紅、綠、黃的石頭，就出現西部的人，白色的石頭則出現日本人、中國人。Pudek 生了七名子女，其中 Arongatai 及 Vajajong 定居於 Revoaqan（發祥地），另外三名遷移至南王（即卑南社），有兩名則遷移至大南（魯凱族部落）；Paroaq 也常到 Kavorongan（大武山）去探望 Sokasokao，與她同床，生下的子女為排灣族。較年長的 Tinaqi 也有一個孩子，那孩子被懷在小腿肚裡自足趾中出生，眼睛長在膝蓋上、擁有兩個顏面，因而無法行走，於是便消除了背後的那張臉，被叫作 Va´ris（變形人），之後繁衍至孫子，有兩名從 Revoaqan（發祥地）至馬蘭，後前往都利克，在那邊繁殖了阿美族。另兩名遷移至山上去成為布農族。我們知本人就待在 Revoaqan（發祥地），Arongatai 及 Vajajong 生下小孩 Tata……〔註181〕

發祥傳說中多族群形象的呈現，顯示出臺東縱谷平原區域族群的多元、複雜的情境，南王人（卑南族卑南社）、大南社人（魯凱族）、阿美族人、排灣族人、布農族人，長久在這片土地上遷徙、耕獵、繁衍，社群間相互影響與交流，共同面對各種天災及疫疾，某種程度上也共同擁有自然賜予的山川資源，彼此之間卻又明確存在著「我族」、「他族」區分，部落界線分明，各有各的

〔註181〕知本人 Varikai（汪美妹）講述，山道明、費道宏與當地口譯員初步整理、轉譯德文，Anton Quack 等編校出版、洪淑玲中譯。Anton Quack 編、洪淑玲譯：《老人的話－知本卑南族發展史中的傳說》（中央研究院民族學研究所未刊本），頁58～66。

地盤，同時也存在著對有限資源競爭的緊繃關係，在這樣資源分享同時競爭的情境中，醞釀出始祖同源說。〔註182〕但，人們對於族群起源的敘述，呈現出的並不一定為真實歷史，往往經過選擇、重組與詮釋，過往記憶的淡忘或者強化、留存或者遺忘，會與當下人群認同、區分或互動交流的社會情境相銜接，並且使之能夠鞏固或取得優勢地位以及資源利益。〔註183〕

清廷「封山」政策目的在避免漢人，入山作亂及與原住民產生衝突，但仍無法阻斷漢人推逼原住民的生存空間；因而引發原住民的遷移。如：伊能嘉矩記載：

> 道光九年（1829）間，在下淡水溪流域之鳳山所屬三社番（自稱Maka
> tattso之一群），不堪漢民之凌辱，三十餘家之老幼相扶，男婦相攜，
> 離故土退至南方，至枋寮，終越中央山脈抵臺東南部之巴望衛，更
> 北進寶桑，惟當時此地已有占優勢之原住生番卑南族居住，乃贈予
> 所攜酒、肉、煙、布之類，雖會結約嘆得一些埔地，但彼等不願他
> 族永久居住，常探抗敵姿態，乃復學族溯卑南溪北上，終於發現適
> 於移殖之一曠埔。〔註184〕

〈大莊沿革手寫文獻解說與摘譯〉一文也記載臺南有原住民族人移入卑南：

> 嘉慶年間，由臺南市附近移至旗山郡楠仔仙莊的部分族人，約三百
> 人組成一團，經恆春來到巴望衛定居，約五、六年後，進而向卑南
> 社附付近移居，然卑南番兇悍橫暴且在該社頭目統治下，得諮意徵
> 收租稅、課刑，要定居實感困難，當時公埔莊附近，也都是卑南番
> 的勢力範圍，因此逃往舊莊。〔註185〕

〔註182〕 蔡可欣：《卑南族起源敘事研究》，頁19。

〔註183〕 王紀潮：〈有選擇的社會記憶〉，《博覽群書》第5期（2006年），頁47。

〔註184〕 伊能嘉矩（中譯本）：《臺灣文化志（下）》（南投：臺灣省文獻會，1991年），頁348。

〔註185〕 經由南路程居東部地區的平埔族包括，四社熟番（Taivoan族）、西拉雅族及其支族之Makata族；其在東部之移住地，縱谷平原方面：四社熟番以大莊、觀音山、馬加祿、行、裡瓏、番人埔為主；西拉雅族多居新開園、環石閣及螺子溪，並有四社熟番住；Makatao支族多在公埔、三笠（迪階）、大坡等。在海岸平原方面，Makat＝支族多在加走灣、掃別、微沙鹿、石雨傘，四社熟番多居彭仔存、石寧埔；竹湖沙汝灣則兩族皆有。林燈炎譯：〈大莊沿革手寫文獻解說與摘譯〉，《臺灣風物》第37期4卷（1987年），頁111。

不論源自何處的移民，包含大港口至成廣澳間（海岸）與媽汝莊至里壠社（縱谷）間的平埔族、下淡水溪流域之鳳山所屬三社番（自稱 Maka tattso 之一群）、臺南市附近移至旗山郡楠仔仙莊的部分族人，來到卑南社後最終都會離開，都未在臺東平原上長期定住，多數記載受到卑南社勢力的威脅。後來真正定住於臺東平原上的移民，一般均認為是由枋寮鄭尚開其端，時間約在道光、咸豐年間，先以從事「番」產物交換為業，然後在近海處建立據點，即寶桑莊：

> 咸豐年間，有一鄭尚隨番頭進山，觀看風土情形。鄭尚見遍地無禾、麻、菽、麥，即回家帶禾、麥、芝麻各種，復進埤南，教番子播種，回家傳諸眾人。斯時，即有人隨番頭出入兌換者，亦有隨番頭進山於寶藏與成廣澳住家者。中路璞石閣之番子有鹿茸等物，往嘉義齊集街兌換；稅歸鹿港廳。久之，亦有人隨番頭進山，於璞石閣住家者。〔註186〕

相較各人群進入臺東平原的原因，大多為尋找適合居住地，但漢人鄭尚卻是由「卑南王」的引進，也因鄭尚協助卑南社農業發展，不僅得以成功進駐臺東平原，後來還進而在臺東平原發展出第一個漢人聚落—寶桑莊。

小　結

臺灣原住民族並沒有的「王」的概念。清代以來臺灣原住民族的聚落〔註187〕通稱為「社」，漢人聚落則稱為「庄」。〔註188〕原住民各社都有領導人，領導人的稱謂各自不同，最常見的名稱是「頭目」、「酋長」。17 世紀以後，外來統治者常會在歸順的原住民社群中選拔領導人，如荷蘭時代任命某

〔註186〕胡傳：《臺東州采訪冊》，頁 81。
〔註187〕「部落」多用於原住民，有家鄉、地區的意思。族群內的公共事務，皆以部落為單位。部落並非單一，也可以包含幾個子部落。依據原住民族基本法第二條的部落定義：「係指原住民於原住民族地區一定區域內，依其傳統規範共同生活結合而成之團體，經中央原住民族主管機關核定者。」一般部落有頭目等社會組織，近來又增加了一個原住民部落會議。「聚落」由居民、住屋、道路、生產場所組成。是人們共同居住、生活與工作的地方。參考姜祝山、孫民英、林娜鈴撰文：《臺東南王社區發展史》（臺東：臺東縣臺東市南王社區發展協會，2016 年），頁 22。
〔註188〕古野清人（葉婉奇譯）：《臺灣原住民的祭儀生活》（臺北市：原民文化，2000 年）。

些人為「頭目」，賜與荷蘭東印度公司的權杖，象徵統治者的權力；清官方也會任命「土目」、「土官」，一直到日治時期亦然，臺灣總督府在各社群設立頭目、副頭目等職稱，每月還有津貼可領。「頭目」、「酋長」一辭，常被想像成獨裁的統治者，擁有很大的權威，但事實上，臺灣各地原住民領導人的權威大小，不同族群或社群之間相差甚多。陳第〈東番記〉記載社中若無「酋長」，則最大領導人為眾人推之，「無酋長，子女多者眾雄之，聽其號令。」〔註189〕這位領導人常被形容「性好勇，喜鬥」；郁永河的《裨海紀遊》亦謂原住民社群、人口大小不同，但「皆推一二人為土官。其居室、飲食、力作，皆與眾等，無一毫加於眾番。」〔註190〕而被官方認命的「酋長」有時也與一般人無異。雖有「正、副酋長，號為土官，實不過一社之頭目，仍一番民而已〔註191〕。」換言之，有些地方的領導人權力不大，甚至還要自己耕作。領導人的產生有的視個人力量，有的由眾人推舉，有的世襲。

臺灣東部出現著名的領導人，不只以「頭目」、「酋長」稱之，還被稱為「卑南王」。從口碑傳說中其一統七十二社，可見卑南王擁有領土的主權，每年向居住在領土，範圍內的部落徵收貢賦或貢租（harisin），卑南王與周遭的族群所呈現的關係，應屬臣屬關係，「王」為維持領導地位，除以武力統治，還會以婚姻方式維持周遭社群納貢臣屬關係。

1976年起卑南社 Puyuma 被稱為「南王」社，隸屬於臺東鎮，「南王」成為臺東鎮的一個「里」名，臺東縣卑南鄉之南王村行政區域。「南王」就是卑南族人所稱的「SakupanPrvuma」，在1929年未遷村前。他們原分三個地區居住在「卑南」地方，也就是在日據時期，被稱為卑南社「Hinan Puyuma」，或簡稱為「Puyuma」的地方。至今老一輩臺東人的記憶，南王村地名的來源，直指是因此地誕生「卑南番王」，因而命名。〔註192〕

> 南王：原為卑南族 piyuma（或 puyuma）的大社「卑南社」。piyuma 是「尊稱之意。以前卑南族有一位優秀的大頭目，統禦附近的蕃社，而且向各山地原住民徵收粟或肉類、向海岸原住民徵收具類。piyuma 就是「獲得貢物的最高位原住民的意思，遂成其尊號。

〔註189〕沈有容：《閩海贈言》（臺北市：臺灣銀行經濟研究室，1959年），頁24。
〔註190〕沈有容：《閩海贈言》，頁24～25。
〔註191〕雍正8年5月24日（1730，署理福建水師提督印務南澳總兵官臣許良彬謹奏：為請設立巡檢，以約束番民事。
〔註192〕臺灣省文獻會採集組主編：《臺東縣鄉土史料》，頁82。

piyuma 就是卑南社，而 piyuma 族就是指卑南社大頭目直屬的卑南
八社，包括卑南（今南王）、檳榔樹格（今下檳榔）、呂家（今利嘉）、
射馬幹（今建和）、知本、斑鳩（今東成，或名舊班嶋）、阿裡擺（即
上賓朗）、北絲圖（今初鹿）八社。一說謂「卑南」是自其開祖 pinarai
之名而來；以前此地稱「卑南覓」，省略覓字變成卑南。荷蘭時代的
pimala 即指 piyuma。以前 piyuma 族有叫 pinarai 的頭目，勢力強
大，成為統轄臺東一帶的大頭目。社名「卑南覓」後來就成為臺東
蕃地慣用的總名，但當時，僅限於南半部的名稱。pinarai 聰明無
比，不但卑南族敬服，附近的異族也敬服，全都聽命納租，眾推而
稱為卑南王。〔註193〕

「南王」的地名傳說中的卑南王，不僅是反映卑南社與周邊族群與人際關係，
眾推為「王」的力量，應也是推動卑南社群聯合的力量之一。荷治時期以來，
卑南社即與外來者有密切接觸，曾經是東部區域的一個強盛社群，有著輝煌
的歷史。另一方面，卑南八社又與鄰近族群互動密切，日治時期的學者甚至
曾將該社群與排灣族、魯凱族合併為「排灣族」，並以「排灣族卑南蕃」稱
之〔註194〕，又被稱「小國寡民」。多社群組合而成的「卑南族」為什麼如此
強大？

　　謝世忠認為族群研究領域裡，對族群構成的界定，基本上有二個主要派
別：「文化派」與「認同派」。前者以地理的相鄰及文化的均質性做為劃分區
辨人群的依據，後者則是由研究對象自身的認同性質來界定。認同派由於對認
同性質主張的差異，又再區分為情境或環境論（situationalism circumstantialism）
與根本賦與論（primodialism）。關於「文化派」主張的內容要旨，謝世忠如
此表達：

　　以 Naroll 為主，主張以特質的分佈、地域的接鄰、政治組織、語言、
　　生態適應及地方社區的結構等六項，來做為界定族裔實體（enthic
　　entity）的一般標準。他強調族裔實體應為一」文化的承載單位（culture-
　　bearing unit）……換句話說，一個族裔實體應是住在同一地區的居民，

〔註193〕林玉茹等纂修：《臺東縣史・地理篇》（臺東：臺東縣政府，1999 年），頁 85
　　　　　～86。
〔註194〕陳文德：〈人群互動與族群的構成：卑南族 karuma（H）an 研究的意義〉《族
　　　　　群、歷史與地域社會：施添福教授榮退論文集》（臺北市：中央研究院臺灣史
　　　　　研究所，2001 年），頁 305。

　　擁有相同的生活形式、同屬一政治體、操用同一語言、對環境有相似的調適模式、以及同為生活空間結構的一環。他們也就是共用齊一文化（包括外顯文化面貌、政治文化、語言文化、文化生態的表現及社區生活）的一群人。對民族誌田野愈求精緻的人類學者，多數認定 Naroll 的假設基本上完全不符民族誌上的事實。〔註195〕

　　現今的卑南族正是如此，在語言中有著明顯差異，祖源的認同也有差異。根據史料與口碑，卡大地布（知本）、建和、利嘉與普悠瑪（南王）幾個主要卑南族部落的來源都與「Panapanayan / Ruvuwa an」這個發祥地有關，其他部落再從上述四個部落分出，並且包括部分其他的異系份子。但，提及過往的「卑南王」，仍是津津樂道的事蹟。Keyes 曾指出，「依社會互動網絡而作認同的選擇，顯示出族群意識唯有在它可導引成員們去追求共同利益時，才格外地明顯……」同時，「族群會因有效地追求到某些利益而維持下來；此外，從一外人的觀點來看，有一個正式的組織或許會更加有效地得到利益。」〔註196〕卑南社群追求共同利益，要維持族群意識，只有聯合起來，因著各社利害共同，這是唯一可能有效追求到利益之途。卑南社在表面開放、趨新的同時，內部似乎仍存在一股強大的保守力量，使她在激烈變動的時代裡，始終保有彈性與再生的活力。之所以能夠如此，主要是因為此一保守的力量，乃是建立在一個既分化又統合、既對抗又團結的文化邏輯上，並淋漓盡致地表現在氏族家系和會所制度的運作中。〔註197〕

〔註195〕謝世忠：〈兩個「祖裔共同體」界定傳統的再思考：北東南亞與西南中國的跨國境新議題〉，《考古人類學刊》51 期（1996 年），頁 25～26。

〔註196〕Keyes, Charles F. "The Dialectics of Ethnic Change, in Charles F". Keyes edEthnic Change, pp. 4～30. Seattle: University of Washington. p10.

〔註197〕宋龍生：《臺灣原住民史料彙編 4 卑南族的社會與文化》，頁 182～185。

第三章　當代族群意識形塑下的
　　　　「卑南族」與「卑南王」

　　介紹卑南族常會問你「聽過卑南（大）王嗎？」，〔註1〕卑南族曾經「統治」過大他二十倍人口的阿美族，還傳說曾建立類似奴隸制度的「王國」，統治附近及其他被征服的各族。在日據時期曾被編入「排灣族」，人口也僅一萬餘人的「小國寡民」，為何能創造歷史傳稱為「王」的輝煌奇蹟呢？〔註2〕「卑南族」形成有其歷史的動態過程，本章擬從時間之縱軸、空間之橫軸，人群政治經濟的動態脈絡下，觀察「卑南王」如何在「卑南族」形成歷史過程中被認同與建構，將依序由歷史進程，和由內至外的擴張，逐一分析。

第一節　近代「卑南族」的形成

一、卑南族與「Puyuma」

　　族群是指一群人，他們認為彼此共享了相同的祖先、血緣、外貌、歷史、文化、習俗、語言、地域、宗教、生活習慣與國家體驗等，因此形成一個共同的群體。為區分我族及「他者」的分類方式之一。〔註3〕近代「卑南族」是 1945 年以後，官方參照日據學者伊能嘉矩、鳥居龍藏等人的分類，視為

〔註1〕陳文德：《卑南族》（臺北市：三民書局，2010 年），封底引言。
〔註2〕洪英聖：《臺灣先住民腳印》（臺北市：時報文化出版，1993 年），頁 196。
〔註3〕王昌甫：《當代臺灣社會的族群想像》（臺北市：群學出版，2003 年），頁 10。

獨立的一個族群，共同構成臺灣原住民族中的一支。〔註4〕從族群分類的歷史來看，卑南族最早曾和排灣與魯凱合併，被日本學者劃分成共同的一族「排灣族」。臺灣總督府出版的調查報告書中則將南王社，與阿美族放在一起為「阿美族」，將知本社等其他卑南部落與排灣族並列為「排灣族」，後來才被區分識別為「卑南族」。關於卑南族的分佈及族屬，有不少學者加以討論，不同的學者往往有不同的看法。大致可分成二種說法：

1. 卑南族是屬於排灣族群的一個亞支

森丑之助、鹿野忠雄認為排灣、魯凱、卑南物質現象的互滲與相似性，其實是可以看成一族的。〔註5〕近代學者蔣斌在探討「什麼是『排灣族』？」，還特別指出有些學者認為太麻里至大武一帶之排灣族（屬於貴族階級的統治者）歸入卑南族範圍，並認為那些排灣人是「排灣化的卑南人」。〔註6〕

2. 卑南族是獨立的一個族群

學者從神話系統（移川子之藏、宮本延人、馬淵東一）、語言（小川尚義、淺井惠倫）和社會制度（衛惠林）認為卑南族的名氏與服飾等與排灣，魯凱兩族同屬於一個範疇；但另外一些文化特質如母系繼嗣法則，年齡組織與會所制度，部落組織等更接近於阿美族；因與其他文化面相的差異，將卑南族另立為一族。〔註7〕

關於族名的命名，移川子之藏等人在《臺灣高砂族系統所屬の研究》，主張以卑南族發祥地「Panapanayan」作為介紹該族的族名，以解決族名與社

〔註4〕 洪敏麟整修：《臺灣省通志卷八同冑志魯凱族排灣族卑南族篇》（臺中：臺灣省文獻委員會，1972 年）。

〔註5〕 學者認為排灣、魯凱、卑南物質現象的互滲與相似性，其實是可以看成一族的。森丑之助著，楊南郡譯註：《生番行腳》（臺北市：遠流出版，2000 年），頁 572。鹿野忠雄：《臺灣考古學民族學概觀》（臺中：臺灣省文獻委員會，1955 年）。

〔註6〕 參見鹿野忠雄著，宋文薰翻譯：《臺灣考古學民族學概論》（臺北市：臺灣省文獻委員會，1955 年）。移川子之藏、馬淵東一、宮本延人：《臺灣高砂族系統所屬之研究》（臺北市：臺北帝國大學土俗人類學研究室調查，1935 年），頁 333～334。

〔註7〕 參閱：移川子之藏、宮本延人、馬淵東一：《臺灣高砂族系統所屬研究》，小川尚義、淺井惠倫，余萬居譯：《臺灣高砂族傳說集》（臺北市：中央研究院民族學研究所，1935 年）。衛惠林、余錦泉、林衡立（原修）：《臺灣省通志稿》卷八同冑志第七冊魯凱族排灣族卑南族篇（臺中：臺灣省文獻委員會，1972 年）。

名混淆的問題。〔註8〕然而這樣的代稱仍具有爭議性，因為其他族人對於起源地的稱呼並不一致，如知本部落稱起源地為 ruvahan，卑南社（南王部落）稱為 panapanayan。這或許顯示出，卑南族早已經開始出現與其他族群文化融合的現象，因此學者才會難以區分定義。〔註9〕從上述可知「卑南族」的人群組成複雜，今日對卑南族地理範疇與人群的界定，是以卑南溪與知本溪流域間的臺東平原上卑南族人的十個聚落為主。以臺東市、卑南鄉一帶為核心，少數居住成功鎮與太麻里鄉，主要部落有臺東市的知本（知本里）、建和（又稱射馬干，位建和里）、南王（卑南社，南王里）、寶桑（寶桑里），卑南鄉的利嘉（古稱為呂家望，位利嘉村）、泰安（古稱大巴六九，位泰安、太平村）、上賓朗（又稱為阿里擺，位賓朗村）、下賓朗（又稱為檳榔樹格，位賓朗村）、初鹿（又稱為北絲鬮，位初鹿村）、龍過脈（又稱為明峰村）、班鳩（已遷併入初鹿）等。

表2　卑南族現今的 10 個主要聚落〔註10〕

聚　落	卑南語	今屬行政區劃	舊社名	備　注
南王	Puyuma	卑南社	卑南社	1929 年因日本殖民政府施行集團移住政策，該部落由卑南里遷至南王里。
寶桑	Papalu	臺東市寶桑里	（無）	約於 1929 年從卑南舊社遷出，曾一度與阿美人共組北町新社。
下賓朗	Pinaski	卑南鄉賓朗村	檳榔樹格社	賓朗村屬於行政村，上、下賓朗兩個社區屬於自然村。
上賓朗	Alripay	卑南鄉賓朗村	阿裡擺社	下賓朗之於上賓朗而言，所處的海拔較低，故有此區分。
知本	Katratripulr	臺東市建業里、知本里	知本社	卑南族最大的聚落，與南王平分秋色；毗鄰排灣族，與之互動頻繁，勢力範圍曾擴張到恒春半島一帶；天主教傳入卑南族的最早據點。

〔註8〕移川子之藏、宮本延人、馬淵東一：《臺灣高砂族系統所屬研究》。
〔註9〕衛惠林、陳奇祿、何廷瑞：〈臺東縣卑南鄉南王村民族學調查簡報〉，《考古人類學刊》第 3 期（1954 年），頁 14～26。
〔註10〕資料來源參考陳文德：《臺東縣史·卑南族篇》之附錄介紹卑南族各聚落，臺東縣政府文化局出版，2001 年 10 月。卑南語的發音標示以陳光榮，林豪勳：《卑南族神話故事集錦》，頁 37～44。

建和	Kasavakan	臺東市建和里	射馬干社	與知本關係密切，歷史上因為通婚、遷徙等原因與排灣族互動較多。
利嘉	Likavung	卑南鄉利嘉村	呂家社	卑南族第三大聚落，清治時期實力強盛，曾和大巴六九社一起參與清末的東部番民變亂事件。
泰安	Tamalakaw	卑南鄉泰安村	大巴六九社	傳說故大巴六九社是一個卑南化的魯凱族部落，推知二者關係密切
初鹿	Mulivelivek	卑南鄉初鹿村	北絲鬮社	初鹿社所處的環境歷來是一個多源人群互動的場所；曾抵擋布農族東進的不可小覷的力量；初鹿部落內部族群的構成相對較為混雜，是一個多源型的原住民部落。
龍過脈	Danadanaw	卑南鄉明峰村	（無）	日治時期，與初鹿等部落合併為北絲鬮社，約在 1980 年從初鹿脫離，成為一個新的部落。

　　「卑南族」，原來並沒有一個統稱性的名詞來稱呼，是以部落名稱來各自區別。今日大部分各部落的名稱，在荷蘭時期的文獻中即可見。〔註11〕現今稱卑南族 Puyuma，歷史上有「彪馬」、「漂馬」、「普悠馬」、「普悠馬」等音譯寫法，源自臺東卑南鄉南王部落（Puyuma）的名稱。〔註12〕

　　族人常有這樣的困惑和質疑：「卑南族」為什麼不叫為「pinaski」、「katipul」、「kasavakan」或是其他部落的名稱，而一定要叫「Puyuma」？因此各社族人常有異議。〔註13〕如：2001 年，中央研究院民族學研究所編譯臺灣總督府臨時臺灣舊慣調查會原著《番族慣習調查報告書第二卷阿美族卑南族》，編輯室表示收到卑南族人的一封信，表示南王社之傳統部族名應為 Puyuma，中譯「普悠瑪」，而若要統稱八個部落的族群則應稱之為 Pinuyumayan，中譯「普努悠瑪樣」。〔註14〕

〔註11〕康培德著：《臺灣原住民史政策篇（一）荷西明鄭時期》（南投：國史館臺灣文獻館，1995 年），頁 180～183。

〔註12〕姜柷山、孫民英、林娜鈴：《臺東南王社區發展史》，頁 7。

〔註13〕明立國認為卑南族是以部落為單位來區別自稱的。例如北部阿美族人稱自己為 pangcah（邦扎）；南部阿美族人稱自己為 amis（阿美斯）；賽夏族人稱自己為 saisiat（賽夏）等等，但是「卑南族」沒有這類自稱的族群名詞。明立國：〈卑南族的歲時祭儀〉，收錄潘英海主編：《原住民族歲時祭儀論文集》（臺北市：行政院原住民族委員會文化園區管理局，2012 年），頁 98。

〔註14〕陳光榮：〈普悠瑪族的沿革〉，臺灣總督府臨時臺灣舊慣調查會原著：《番族慣習調查報告書第二卷阿美族卑南族》（臺北市：中央研究院民族學研究所編譯，2001 年），頁 17。

　　2016 年 11 月，中華郵政在臺東縣卑南鄉設立的卑南族文化特色郵筒，名稱使用 Puyuma 而非卑南族民族議會主張的 Pinuyumayan，造成部分族人不滿。

　　　　一名出身於臺東建和部落的卑南族人受訪時指出，以往的卑南族並沒有一個對於族人的通稱，過去族人均是使用部落名稱自稱，例如 Puyuma 就是南王部落族人的自稱，Pinuyumayan 這個字則是指「屬於卑南族的」。由於南王部落出身的族人在政界或娛樂圈較為活躍，因此久而久之 Puyuma 就被誤疑為是卑南族的通稱。〔註15〕

　　官方（行政院原住民委員會）與一般民眾使用羅馬拼音「Puyuma」代表卑南族。官方的說法是：「目前原住民族的官方正式名稱，均只使用中文，對於羅馬拼音則並未明確的限制。」〔註16〕族人則認為現今南王部落名稱也為「Puyuma」（普悠瑪），僅僅代表南王部落而已。〔註17〕

　　以上，這就是各社對此族稱常有不同意見的原因。「Puyuma」對族人而言，所指涉的意義並非卑南族整體。為避免卑南族與南王部落同語詞的混用情形，因此不斷有族人提倡以「Pinuyumayan」（比努優瑪樣）來作為卑南族族稱，以區別族與部落。〔註18〕卑南各社的質疑呈現出卑南社群文化的動態變化、族人對族群分類，和部落關係的傳統概念和想法。過往卑南族被稱為「八社番」，在此之前使用的 Puyuma 一辭，認為僅是卑南社的社名。〔註19〕

　　關於 Puyuma 來源有下列說法：

　　（1）卑南社長老們開會集中各家族集會的行動稱為 Puyuma，集中團結

〔註15〕為宣揚臺灣原住民特色與文化，中華郵政公司委託原住民藝術家拉夫拉斯·馬帝靈彩繪十六座「原住民族文化特色郵筒」，每座郵筒代表各族群文化與傳統，展出後分送各縣市原鄉實地設置，臺東縣配置卑南、布農、阿美及達悟族四座郵筒，分別置於卑南鄉公所、長濱鄉公所、海端郵局及蘭嶼郵局。吳柏緯：〈特色郵筒惹議族人：Puyuma 是南王部落非卑南族統稱〉，自由時報 2016 年 11 月 15 日，http://m.ltn.com.tw/news/life/breakingnews/1887785。

〔註16〕吳柏緯：〈特色郵筒惹議族人：Puyuma 是南王部落非卑南族統稱〉，自由時報 2016 年 11 月 15 日，http://m.ltn.com.tw/news/life/breakingnews/1887785。

〔註17〕吳柏緯：〈特色郵筒惹議族人：Puyuma 是南王部落非卑南族統稱〉，自由時報 2016 年 11 月 15 日，http://m.ltn.com.tw/news/life/breakingnews/1887785。

〔註18〕未著撰人：〈原住民族十六族簡介卑南族〉，（臺北市：行政院原住民委員會官網，2014 年）https://www.apc.gov.tw/portal/docList.html?CID=E6CD8B3830879023&type=D0BD0AE75F4158D0D0636733C6861689。

〔註19〕移川子之藏等人認為「八社番」是指部落數目。移川子之藏、宮本延人、馬淵東一，《臺灣高砂族系統所屬の研究第一冊（本篇）》，頁 4090。

的意思：

> 卑南社的祖先從聖山 apangan（今都蘭山）下山後，各自找適合的地
> 方分散居住，當時有 6 個家族設有集會所，6 個會所分散有很多不
> 便，經各家族長老商議，決定把集會所集中在 pasaraa（家族名）的
> 本家前面，長老們開會如此集中各家族集會的行動稱為 Puyuma，是
> 「集中、團結」之意。從此，卑南社自稱是 Puyuma。後來，因卑南
> 社不向知本社納貢，引起雙方衝突，直到有一知本社青年 paunyn 至
> 卑南社請求講和，卑南社長老 sapayan 被其誠意感動，欲收其為義
> 子，經知本社長老同意，卑南社長老 sapayan 便說：「既然你們同意
> 我收 paunyn 為義子，現在開始我們都是一族人了。」從此凡屬知本
> 系的 6 個部落與卑南社均同稱為 Puyuma。〔註20〕

（2）原為卑南族 Puyuma 的大社「卑南社」，Puyuma 是尊稱的意思：

> 以前卑南族有一位優秀的大頭目卑南王，統御附近的蕃社，而且向
> 各山地原住民徵收粟或肉類、向海岸原住民徵收貝類。Puyuma 就是
> 「獲得貢物的最高位原住民」的意思，遂成其尊號。Puyumaru 就是
> 卑南社，而 Puyuma 族就是指卑南社大頭目直屬的卑南八社。〔註21〕

（3）原「卑南社」所在，卑南語「Puyuma」，為「都城」之意：

> 原卑南族「卑南社」所在，卑南語「Puyuma」，為「都城」之意。該
> 社的祖先於何時移住此地，因無紀錄，故無法得知。但，此為昔日
> 有名之卑南王的所在地。〔註22〕

（4）獲得貢物的最高位原住民：

> 傳說有一位優秀的大頭目，統御了附近的蕃社，而且向各山地原住
> 民徵收粟或肉類、向海岸原住民徵收貝類。Puyuma 就是「獲得貢物
> 的最高位原住民」的意思，遂成其尊號。〔註23〕

四種說法大致認為 Puyuma 為一社之地，或是曾有一位優秀的「頭目」

〔註20〕臺灣省文獻會採集組主編：《臺東縣鄉土史料》，頁 258。

〔註21〕未著撰人〈南王部落〉，《維基百科》https://zh.wikipedia.org/wiki/%E5%8D%97%
E7%8E%8B%E9%83%A8%E8%90%BD。

〔註22〕未著撰人〈南王部落〉，《維基百科》https://zh.wikipedia.org/wiki/%E5%8D%97%
E7%8E%8B%E9%83%A8%E8%90%BD。

〔註23〕未著撰人：〈普悠瑪部落【Puyuma】〉，（臺北市：臺灣原住民族資訊資源網，2015
年），http://www.tipp.org.tw/tribe_detail4.asp?City_No=18&TA_No=5&T_ID=429。
搜尋日期 2019/12/2。

所在地，也驗證前述族人對以 Puyuma 代表卑南族的疑慮。Puyuma 過往僅是代表卑南社，可能是外地移民至此，共同構成一社，漸漸愈來愈強大，自稱或是被附近之社稱為「Puyuma」。現今南王部落大多認為 Puyuma 的由來是族人為紀念某一行動，以 Puyuma 一語來稱呼所居住的地方，日久而成了部落之名。〔註24〕

　　Puyuma 一詞被強調含有「集中力量，團結合作」的深意：

> 卑南族的祖先，是來自南方的島嶼。島民自稱是「irur」卑南族的古語是「魚」之意。有一年，因颱風沖毀了部落，大水久久不退。有一對夫妻，男的名叫「aduLumaw」女的叫「aduLusaw」，他們坐上竹筏，在海上漂流了好幾天之後，才被現今的蘭嶼島民救起。他們在該島上生活沒多久，因生活習慣不同且無法適應，夫妻商議要遷往他處，於是造了小船離開蘭嶼島，……族中的會所立至六所時，長老們認為，過多的會所易生事端，就此不再增設成年會所，而其他後來產生的家族都各容合併在六所組織裡。如此為的是整合全族對外的防禦力量。此一行為卑南古語中稱「punuyuma」為集中、團結之意。〔註25〕

從南王部落長老口述觀點認為，「自此『Puyuma』為卑南族之族名」，更印證其他族人認為「Puyuma」只是指「南王」部落而已。這也是移川子之藏認為「卑南社」叫做「Puyuma」，如果使用「Puyuma」一詞，則無疑地會把「部落」與「族群」之名稱混淆，建議以祖先發祥地「panapanyan」來代替「Puyuma」，以免「社名」和「族群」名稱混淆。〔註26〕

　　Puyuma（普悠瑪）部落為今日的南王部落，位在臺東縣臺東市南王里，約略範圍西北至卑南山、東至臺東線鐵道、南至太平溪左岸堤防，前身即是卑南社，為卑南八社之一。荷據時期記載臺灣東部以「pimaba」為中心，〔註27〕清領時期記載以「卑南覓」為中心〔註28〕，當時尚未有「族」的概念，逐漸

〔註24〕普悠瑪的由來南王部落陳光榮長老口陳光榮口述，林豪勳整理翻譯。臺灣省文獻會採集組主編：《臺東縣鄉土史料》（南投：省文獻會，1996 年），頁 283～288。

〔註25〕臺灣省文獻會採集組主編：《臺東縣鄉土史料》，頁 283。

〔註26〕移川子之藏、馬淵東一與宮本延人：《臺灣高砂族系統所屬研究》，頁 333。

〔註27〕江樹生譯註：〈熱蘭遮城日誌 / I-K / 1638-02-12〉。

〔註28〕請參考第二章第一節之討論。

以卑南社（南王）為首組成人群，也就是前章所指的「八社番」，這群人群成為今日的「卑南族」。過往族人對於自我族群的認定方式，就沒有一個統一的稱呼，僅是以起源神話上的關係來界定氏族或者部落之間的關係。因而Puyuma 這個族稱對族人而言，所指涉的意義並非指卑南族整體。「Puyuma」一如「卑南覓」他有時是一個地區的代稱，有時是指一群社群的中心。但，從「Puyuma」的由來也透露過往，曾經有一位很傑出的人物，與其緊緊相關。

二、普悠瑪（Puyuma）社與近代「卑南族」的形成

　　普悠瑪（Puyuma）清文獻以「卑南覓」記載，當時的漢文是閩南語發音。清初時文獻也記稱此地為「埤南」。清光緒 17 年（1891）〈新建埤南天后宮碑記〉記「埤南、臺東舊名」，後來轉為卑南（還是閩南語）。〔註29〕

　　Puyuma 社為何又稱為「卑南」社呢？對於此族人記憶分歧：

> 張有德先生：往昔我們時常聽聞人們稱乎我族，名為「卑馬南」或「卑南覓」，其實這兩種名稱，在我們族羣中，從沒聽說過，我們只知我們叫做「普由馬」。至於「卑南覓」，「卑馬南」兩種名一稱很可能是我卑南族中兩兄弟之姓名，或許是我族中兩社之社名。

> 陸森寶先生：古時誌書記載我族名為「卑馬南」、「卑南覓」，我認為「卑馬南」、「卑南覓」可能是我族南北地名之混的結果。

> 陳光榮先生：我認為「卑南覓」者，其意思是指我們是卑南人，「卑馬南」不知其所由來。在我族中沒有卑南兩字之語音。

> 陳永修先生：我自小到大沒聽說過「卑南覓」或「卑馬南」，我只知道自己是普由馬。

> 陳明功先生：「飆馬」是單獨性，其意是我是南王之意，而非卑南八族之總稱。〔註30〕

　　以上為臺灣文獻委員會於 1884 年 11 月 14 日為蒐集全省原住民族婚、喪

〔註29〕 許淑容：〈埤南天后宮相關碑記〉，《民俗文物小常識》（南投：國史館臺灣文獻館），搜尋網址：https://www.th.gov.tw/epaper/site/page/123/1756。

〔註30〕 臺灣文獻委員會於 1884 年 11 月 14 日為蒐集全省山原住民婚、喪傳統習俗資料，於臺東縣政府會議室召開「卑南族婚喪習俗」座談會。會議上分別有來自南王的耆紳，林德勝、陳善忠、陳光榮，知本陳明功，賓朗陳永修發表對「卑馬南」或「卑南覓」之看法。謝浩、莫光華：〈卑南族婚喪習俗座談紀實〉，《臺灣文獻》36 卷 1 期（1885 年 3 月），頁 164。

傳統習俗資料，於臺東縣政府會議室召開「卑南族婚喪習俗」座談會。會議上分別有來自各社耆老發表對「卑馬南」或「卑南覓」之看法。族人認為 Puyuma 應很早即存在，「卑南」一詞，應是外來者，聽其音而給之名稱。會中的官方紀錄：

> 吳敦善課長：卑南族之名稱眾多，如卑南覓、卑馬南等，我想卑南族本身沒文字，其名字之由來是由文明人為之記錄而得，故書本之記載地名，每每並不一致。

> 謝浩委員：以上各位看紳所提關於卑南族族名之論定，經綜合面一致認為現時卑南八族之總稱應稱之為普由馬。〔註31〕

族人對於「卑南」一詞之來由並不甚清楚，稱為「卑南族」，有如下說法：

> 在荷蘭人之後，從大陸（Lutyu）來了很多人，南王社頭目 PynaDay 因協助大陸來的人（清朝）捉拿犯人，因而得到清朝皇帝的封號，把 PynaDay 改為卑南王，也因此之故，所有屬 Puyuma 族的八個部落，因頭目 PynaDay 之封號卑南王而稱為卑南族。〔註32〕

這樣的說法無疑與前述 Puyuma 密切有關，與一位傑出的「頭目」有關。蒐集有關「卑南」的地名由來說法：

1. 為紀念卑南族大頭目「鼻那來」（Pinara）：

> 卑南地名源自卑南語 Puma，其意為「尊稱」，是為紀念一百八十多年前卑南族大頭目「鼻那來」（Pinara）。傳說中鼻那來聰明蓋世，有漢人血統，除了建立部落典章與納稅制度，又控制附近各大族，發展迅速統治臺東縱谷，使卑南成為近代奇。荷蘭人稱之為「卑媽拉」（Pimala），漢人則簡稱為「卑南」，沿用迄今。另外根據族中耆老的說法，當卑南社的會所增到六所時，長老們認為過多的會所易生事端，決定不再增加，其後產生的家族都合併在六個組統中，以整合全族的防禦力量，此行為在卑南語中稱為 Puyuma（集中、團結之意），自此 Puyuma 成為卑南族之族名。〔註33〕

2. 指當時臺東平原上勢力最強大之「卑南族（Puyuma）」有的口碑說是荷

〔註31〕謝浩、莫光華：〈卑南族婚喪習俗座談紀實〉，《臺灣文獻》36 卷 1 期（1885 年 3 月），頁 165。

〔註32〕陳光榮、林豪勳著：《卑南族神話故事集錦》（臺東：臺東縣立文化中心，1994 年），頁 44。

〔註33〕林玉茹等纂修：《臺東縣史地理篇》（臺東：臺東縣政府，1999 年），頁 85～86。

蘭人對卑南社的尊稱，意思是聰明勇敢。荷蘭人稱之為「卑媽拉」（Pimala），卑南族大頭目「鼻那來」（Pinara）。〔註34〕

3. 指「卑南的」，是為紀念十八世紀卑南社頭目 Puma：

> 因為本地為卑南族之卑南社的聚落，所以稱為「卑南」。一百八十多
> 年前卑南族大頭目「鼻那來」（Pinara）聰明蓋世，傳說有漢人血統，
> 建立典章與納稅制度，發展迅速統治臺東縱穀，又控制附近大族，
> 荷蘭人稱為「卑媽拉」（Pimala），漢人簡稱為「卑南」。〔註35〕

可發現各說法有分歧之處，大致可歸納為先有荷蘭人稱此地為 Pimala，後有卑南族大頭目「鼻那來」（Pinara）受封，其所屬社之社勢力強大，因而稱此地、此社群為「卑南」。屬「卑南」人群關鍵的時間點在荷據時期以後，清廷進入臺灣後。但當時的「卑南人群」並非現今「卑南族」。

「卑南」一詞的來源，南王族人認為：「卑南」（Pima）→「卑南覓」（Pimaba）→「卑南王」→「南王」。〔註36〕

「卑南」是臺東平原的古稱，也是一個族群的名稱。Pima（卑南聚落）從荷蘭時代被授權開始收租，即活躍於臺灣東部地區直至日治初期。文字紀錄中的「卑南」或「卑南覓」，都源出自於卑南聚落或卑南社。卑南社 1638年成為荷蘭人的盟友。後來的時空背景環境變化，出現了民間口傳的「卑南王」。「卑南」的地名文獻，有不少誤判其起源為卑南大頭目之鼻祖 Pinadray。但，Pinadray（比那賴）在清代 1788 年之後才出現的人物。根據晚近的資料，荷蘭人早於 1638 年，就已經紀錄了「卑南」這個地方。但稱作「卑南族」是日治時期，Puyuma 社位於「卑南」，出了一位優秀的大頭目 Pinadray「卑南王」，因而稱為「卑南族」。換言之，因為 Pinadray 這位優秀的大頭目，所以在族稱上稱「卑南族」。

然，為何過往除卑南社之外，其他卑南社群也會被稱之為「Puyuma」？

> 知本大社與南王社曾發生戰爭，知本大族打敗仗。因此南王的祭司
> 長 sapayan 家的長老前往部落宣布，從今開始知本和南王兩個部落

〔註34〕 未著撰人：〈卑南鄉地名由來〉，（臺東縣卑南鄉：卑南鄉公所官網，2016 年），
網址 https://www.beinan.gov.tw/%E5%B9%B8%E8%A4%94%E5%8D%91%E
5%8D%97%E6%B2%BF%E9%9D%A9/%E7%99%BC%E7%8F%BE%E5%8D
%91%E5%8D%97/。
〔註35〕 花松村：《臺灣鄉土全志（九）》（臺北市：中一出版社，1994 年），頁 564。
〔註36〕 姜柷山、孫民英、林娜鈴：《臺東南王社區發展史》，頁 3。

是 samaunan（一家人之意），由此知本開始稱為「Puyuma」。也因為
清朝末年，南王社頭目比那賴（pinaDay）奉大路皇帝之命統治臺東
縣時封為卑南王，而順其自然的，知本大族也被稱為卑南王。〔註37〕

　　原來知本社與卑南社（南王）有一家人的關係，因而也被稱之為
「Puyuma」。然，如第二章所述，口碑傳說兩社曾有爭戰，知本敗後勢力
逐漸被轉移。荷蘭人剛到東部時，kazekaLan（按：或稱「知本人」）擁有相
當大的勢力，鄰近部落仍定期向他們納貢。然，由於 kazekaLan 人並未向荷
蘭人歸順，加上曾受到卑南社人的善待，荷蘭人遂與卑南社建立良好關係，
「卑南社也因而建立了在東部卑南會議區內的名號與地名」。也因為如此，
卑南社對於繳納獵物貢品給 kazekaLan 人的做法漸感不服，為了卑南社不納
貢，知本社前往卑南社興師問罪，引起雙方的衝突，進而發生格鬥，這就是
所謂的「竹林戰役」。此役之後，kazekaLan 人的元氣大傷，卑南社也從此擺
脫了年年向其納貢的義務，成為卑南平原上最強勢的部落〔註38〕。知本社落
敗，從此雙方變成仇人互不往來，直到有一位知本青年 Paunyn 自告奮勇的
到卑南社請求講和，卑南社 SaPayan 長老被其勇氣與誠意所感動，欲收其為
義子前往知本社請求同意，經知本社長老同意後，卑南社的 SaPayan 長老說
了一句話，既然您們同意我收 Paunyn 為義子，現在開始我們都是一家人，
從此凡屬知本系的七個部落均與卑南社同稱為 Puyuma。〔註39〕之後再加上
清廷命大土官，Puyuma 逐漸掌握臺灣東部，Puyuma 成為卑南八社勢力最強
大的一社，日治時期因而有學者將其稱為「卑南族 Puyuma」。

三、共同起源的想像：關於起源地 Panapanayan 的建構

　　歷史遺跡最大的功能之一，便是透過建構集體記憶，讓不同社群的人產
生某種聯繫共識，進而形成某種集體認同。〔註40〕1960 年知本部落族人，
在祖先最早登陸的地點發祥地，臺東南迴公路三和村路邊斜坡上，豎立「臺

〔註37〕陳光榮：〈普悠瑪族的沿革〉，臺灣總督府臨時臺灣舊慣調查會原著：《番族慣
　　　　習調查報告書第二卷阿美族卑南族》（臺北市：中央研究院民族學研究所 2001
　　　　年），頁 15。
〔註38〕宋龍生：《臺灣原住民史料彙編 6 卑南族神話傳說故事集》，頁 161～162；另
　　　　見林豪勳、陳光榮《卑南族神話故事集錦》曾建次編譯：《祖靈的腳步—卑南
　　　　族石生支系口傳史料》，頁 126～130。
〔註39〕臺灣省文獻會採集組主編：《臺東縣鄉土史料》，頁 258。
〔註40〕邱貴芬：《後殖民及其外》（臺北市：麥田出版社，2003 年），頁 184～185。

灣山地人發祥地」紀念石碑，寫下卑南族始祖的起源說法：

> ……大致區分石生系統與竹生系統二種，石生系統的部落，由南至
> 北有知本、建和、利嘉、泰安、阿里擺、初鹿及龍過脈，以及下賓
> 朗部落部分族人。竹生系統的部落，有南王、寶桑，以及下賓朗部
> 落部分族人。石生系統向來堅持 ruvuaHan（陸發安）就是其先祖發
> 祥繁衍的源頭。卡地布（知本）部落族人為了感懷祖先開拓家園的
> 偉業，在民國 49 年 10 月於 ruvuaHan 發祥地豎立「臺灣山地人發祥
> 地」紀念石碑，並在其後搭蓋祭祀始祖的石板屋祭壇，最主要的目
> 的是在告誡後代子孫不要忘記自己的根源，並以身為 ruvuaHan 的後
> 代為榮。同樣的，今日設置陸發安紀念碑文的用意，也在告誡後代
> 子孫去認識自己豐富的文史內涵，並擷取祖先的智慧，不畏艱難、
> 積極進取，來創造族群更偉大的生命。

卑南族分別以「知本社」和「卑南社」為主的兩系統說，不但廣為學界
接受，也被卑南族人沿用。〔註41〕宋龍生依各社祖源傳說將「八社」分成兩
群，「石生」和「竹生」系統。〔註42〕（1）石生系統—以「知本社」為主，
從中再分出「射馬干社」、「呂家社」、「大巴六九社」、「北絲鬮社」和「阿里
擺社」；（2）竹生系統—以「卑南社」為主，另分出「檳榔樹格社」。

起源地另有一塊「天地初創」的石碑畫，石碑畫描述是卑南族口傳神話遠
古時代，居住的陸地沉入了海底，只剩下五位兄弟姊妹存活下來。

> 洪水餘生的五兄弟姊妹乘在打穀臼裡，漂流至 Revoaqan（發祥地）
> 登陸，其中兩位升上天做太陽、月亮，另三人 Tavatav、Paroaq 及
> Sokasokao 開始尋找人類卻找不到。Tavatav 和 Paroaq 便回到
> Revoaqan（發祥地）定居，成為一對，生出了蝦、蟹和魚，又生出一
> 隻小鳥。太陽指示他們在居處隔一道牆，牆上挖個小洞進行，不久
> 生下了白色、紅色、綠色、黃色及黑色的石頭，黑色石頭裂開出現
> Tinaqi 及 Pudek，紅、綠、黃的石頭，就出現西部的人，白色的石頭
> 則出現日本人、中國人。Pudek 生了七名子女，其中 Arongatai 及
> Vajajong 定居於 Revoaqan（發祥地），另外三名遷移至南王（即卑南
> 社），有兩名則遷移至大南（魯凱族部落）；Paroaq 也常到 Kavorongan

〔註41〕曾建次：《祖靈的腳步—卑南族石生支系口傳史料》。
〔註42〕宋龍生：〈南王卑南族的會所〉，頁 67。

（大武山）去探望 Sokasokao，與她同床，生下的子女為排灣族。較年長的 Tinaqi 也有一個孩子，那孩子被懷在小腿肚裡自足趾中出生，眼睛長在膝蓋上、擁有兩個顏面，因而無法行走，於是便消除了背後的那張臉，被叫作 Va´ris（變形人），之後繁衍至孫子，有兩名從 Revoaqan（發祥地）至馬蘭，後前往都利克，在那邊繁殖了阿美族。另兩名遷移至山上去成為布農族。我們知本人就待在 Revoaqan（發祥地），Arongatai 及 Vajajong 生下小孩 Tata、Revirvi 和 Lilamai 並扶養他們。〔註43〕

神話中其中一位男孩被推上天，成為太陽，一位女孩成為月亮，其他的一男二女，漂流到臺灣島登陸。登陸的地方石生系統稱為「陸發安 Ruvoahan」，竹生系統稱為「巴拿巴拿樣 Panapanayan」，在卑南族語裡都是發祥地的意思。竹生卑南社的起源傳說相傳祖先從 panapanayan 地裡生出來，然後將竹子插進土中因而沿續：

太古時候在 panapanayan（現知本社的東方海岸）有個叫做 nunur 的神人從地裡生出來，祂把一根竹子插進土中而從其上節生出 pagumalay（男）、次節生出 pagumusir（女），後來這二人成為夫妻，生下 paDungaw（長男）、raurauy（次男）、pakuskus（長女）、suwaLagaw（次女）等四個兒女。此四兄妹長大後，長男 paDungaw 與長女 pakuskus 結婚，次男 raurauy 則與次女 swaLagaw 結婚。兩對夫妻為了覓求居住地而從 panapanayan 向北出發，抵達現今卑南社之西北方 abaywan，而 raurauy 夫妻則再到 mayDatar 之地，並決定在該處建造茅屋居住下來。其兄 paDungaw 夫妻則砍伐竹子豎立在地上以防雨露，夜宿一晚之後，因不滿夢卜的結果，翌晨又從該處出發，途中因過度疲勞勞而在 DungDungan 休息，之後再前進到 babaTuran，他們又插竹在地上過了一夜，因為繫在竹上的鈴大聲作響，且又夢到枝頭高昇（此乃吉兆之夢），於是決定居住在該地，其後子孫繁衍很多。後來因其弟 raurauy 夫妻力勸他們移居其地，paDungaw 夫妻及子孫遂全合併到 mayDatar（現已廢絕，但遺址仍存）。此外居住在

〔註43〕知本人 Varikai（汪美妹）講述，山道明、費道宏與當地口譯員初步整理、轉譯德文，Anton Quack 等編校出版、洪淑玲中譯。Anton Quack 編、洪淑玲譯：《老人的話－知本卑南族發展史中的傳說》（臺北：中央研究院民族學研究所未刊本），頁 58～66。

bukid 山麓的 arasis 一族亦因故與 mayDatar 合併，形成卑南社的基
礎，現今卑南社部落則位舊址 mayDatar 之域外。〔註44〕

卑南社先祖離開 panapanayan 後，沿著海岸往北走，在遷移的過程中繁衍後
代，與其他社群合併建立卑南社基礎。另一則傳說祖先，是來自南方的島嶼：

> ……有一年，因颱風沖毀了部落，大水久久不退。有一對夫妻，男的
> 名叫「aduLumaw」女的叫「aduLusaw」，他們坐上竹筏，在海上漂流
> 了好幾天之後，才被現今的蘭嶼島民救起。他們在該島上生活沒多久，
> 因生活習慣不同且無法適應，夫妻商議要遷往他處，於是造了小船離
> 開蘭嶼島，往北航行了幾天後，看見遠處有個像倒放的黑鍋般的島嶼，
> 他們登岸查看的結果，他們很喜歡，取名為「aranum」，但是他們覺
> 得覆地太小，於是那男的「aduLumaw」先抓了一把泥土撒向西邊。
> 因男的所抓的泥土較多，就形成了如今的臺灣中央山脈，成了卑南族
> 男性的獵場。女的也抓了一把泥土撒向南邊，她抓的泥土較少，所以
> 形成了如今的臺東平原，成了卑南族女性的耕作地。過了幾代之後，
> 繁衍了很多的子孫，「aranum」的覆地已不夠用，就有一部份南遷到
> 平原（今臺東市的覆地）第一批南遷的是由「raurauy」帶頭其家族，
> 到達了現今南王里與鐵路新站之間，抓了泥土看看，覺得很滿意，就
> 落腳定居下來，其家族名稱「pasaraʔaD」。後來就成立了卑南族的第
> 一所成年會所「paLakwan」取名為「paTapang」。……〔註45〕

相較卑南社第一則起源傳說，此則傳說清楚描述卑南社先祖沿海岸發
展，建立六會所，因而命名 Puyuma 為社名。但對於起始點出現不同說法，
只說看到「黑鍋般的島嶼」登岸，登陸地點並沒有指出。林志興認為卑南社
（南王部落）的口傳神話，本身就有歧異性。一說法是由知本部落南方，在
海邊的 panapanayan 起源發展。另一說法是在都蘭山登陸。〔註46〕學者的研
究中也呈現南王社的卑南人，在 1990 年左右開始宣稱更改南王部落的發源
地，與知本系的卑南族人有所區別。學者認為這裡也凸顯出，卑南族各社之
間對於自我認同的差異性〔註47〕。

〔註44〕臺灣總督府臨時臺灣舊慣調查會：《番族慣習調查報告書第二卷—阿美族・卑
南族》（臺北：中央研究院民族學研究所，2000 年），頁 217。
〔註45〕陳光榮、林豪勳：《卑南族神話故事集錦》，頁 9～10。
〔註46〕陳光榮、林豪勳：《卑南族神話故事集錦》，頁 9～10。
〔註47〕陳文德：〈人群互動與族群的構成：卑南族 karuma（H）an 研究的意義〉，《族

　　觀察知本社、卑南社的始祖起源口傳，其中有相似也有不同之處，相同是皆是兩社人群皆由海外上岸至臺灣本島，起源地是否為 panapanayan，各有其看法與記憶。王明珂認為真實的「移民」常是歷史失憶與認同變遷的溫床，人群的發展與重組，往往借著「結構性健忘」以及強化新集體記憶不斷調整以適應現實變遷，結構性健忘的發生與認同的改變，以及與此有關的一些集體記憶的收、強化、重整、遺忘，隨時發生在我們左右。〔註48〕卑南族族群的形成與變遷也是遵循這個法則，族群是親族體系的延伸，族群的聯繫可比擬血緣、祭祀關係，族群利用「共同起源」的想像、模擬、強調，利用共同的儀式加強此集體記憶，或以建立永久性的實質紀念物來維持集體記憶，藉以喚起成員們的情感聯繫，以凝聚人群。

　　卑南族各部落發祥傳說的流傳、變異情形，呈現卑南族部落構成的異質性、歷史脈絡中族群關係的演變，對於多源組成、經歷了輾轉遷徙，及多族群互動環境中久居的卑南人而言，發祥傳說是族群最初的歷史，發祥傳說在部落間的講述與流傳，除了作為族群、部落、家系起源歷史的傳承，同時也是卑南族人在面對不同來源人群混居、多樣風俗文化並存的部落情境，面對不同族、社群間頻繁往來交流的情況時，所呈現出對於不同群體間，多層次而細膩的認同與區分。〔註49〕

　　Panapanayan 地標成為多源構成的卑南族重要且穩定性的文化象徵；從時空變遷的歷史脈絡中，被選擇、強化、描述，甚至進而成為卑南族、阿美族、太麻里排灣族間主要的起源敘事，這可能說明早在遠古時期，有一群人陸續從 Panapanayan 上岸後，各自尋找生活之地，從 Panapana 上岸的人群，我們先以「人群」稱呼，不以「族」來稱呼，因為族的稱呼不知能否包含當時這些人。當人群上岸後開始，為生活移居其他地點，他們離起源點愈來愈遠，敘說祖源的傳說也漸漸有所不同；移居各地的人漸漸和周遭生活的人有了交流，敘說的內容也不斷添加，透過與發祥海岸 Panapanayan 始祖血脈的親疏遠近傳說，建立同源脈絡下的聯繫及階序，並與非發祥海岸起源所屬群體呈現出區隔性及階序。以發祥海岸起源所屬群體，逐漸在臺東平原、丘陵

　　　　群、歷史與地域社會：施添福教授榮退論文集》（臺北市：中央研究院臺灣史研究所，2001 年），頁 305～352。
〔註48〕王明珂：《華夏邊緣—歷史記憶與族群認同》（臺北市：允晨文化公司，1997 年）。
〔註49〕蔡可欣：《卑南族起源敘事研究》（花蓮：國立東華大學民間文學研究所碩士論文，2009 年），頁 138。

場域中展開，呈現出階序分配、資源分享優勢情形。

　　之後，延續著學術上的分類架構，再加上國家力量的官定族稱，族人普遍的接受「卑南族」之稱呼，作為自我族群的認定方式。1989 年，卑南族人協議開始恢復以往被國民政府以防止集會結社的行為，如祭典和青年會所等等的社會文化制度，因此在 1989 年開始由卑南八社輪流舉行聯合年祭，當時族人便以「pinuyumayan」一詞來指涉全部的卑南族人。pinuyumayan 這個詞的意思是「屬於卑南族的」，因此在卑南語中，便以此與原指地名的 Puyuma 做了區分〔註50〕。不過，正如前述以往的卑南族並沒有一個對於族人的通稱，對於不同社之間的人群是以起源的關係來界定彼此的關係，因此「pinuyumayan」這個詞的稱呼，似乎在對於外界的宣導上並沒有造成影響，一般外界還是以「卑南族」作為該族群的通稱。

　　從文化的表現，學者認為卑南族與外部的異族和外來統治族群的頻繁接觸，文化呈現相當複雜的樣貌，「漢化」、「不具個別特色」、「混合性」的特質，都在其文化特色中，在文化上呈現與鄰近的阿美、達悟、排灣社群文化相近的特色。〔註51〕從學者對卑南族的討論中，大致可知歷史時間軸上，臺灣東部原各自獨立的「卑南社群」，在時間、空間、政治經濟的動態脈絡下，逐漸經過融合、遷移，從某種流動的狀態中逐漸成為固定、整合、與想像的共同體。卑南社群不僅有同族系，或是異聚落的氏族群落相併，也有不同生活文化的他族加入。有學者認為這或許和卑南社群正好位於往卑南溪出口，及入北部縱谷腹地的要津上有關，族群往來要比想像中來得更是頻密。〔註52〕原來各自獨立之「卑南社群」，在時間、空間、政治經濟的動態脈絡下，經過融合、遷移，透過「共同起源」記憶的想像建立起「卑南族」。

　　由「卑南覓」、「Puyuma」、「卑南」三個名稱的討論，可發現卑南社居一個關鍵中心的角色，其中與關鍵傑出的領導頭目—「卑南王」有關。

〔註50〕林志興：〈慶典中的文化再現：卑南族聯合年祭的回顧與省思〉，載於《第三屆本土文化國際學術研討會論文》（臺北市：國立臺灣師範大學舉辦，1997 年），頁 27。

〔註51〕衛惠林、陳奇祿、何廷瑞先生在 1954 年的研究中提到：「卑南族在分類學上的地位迄未決定；該族的文化特色懸案最多；該族所保持的若干重要文化證據迄無詳確報告…」衛惠林、陳奇祿、何廷瑞：〈臺東縣卑南鄉南王村民族學調查報告〉，《考古人類學刊》第 3 期（1954 年），頁 14。

〔註52〕林志興：〈重探「卑南王」在花東歷史中的角色：從乾隆皇帝與「卑南王」的邂逅談起〉，頁 74～75。

第二節　「卑南王」在近代的傳說：協助清廷平亂與獲贈龍袍

一、「卑南王」的出身與名號

　　卑南社的內部共同聯合建立 Puyuma，南北二部領導家系，過去曾因荷蘭改變了勢力結構，但透過社會組織及制度，維持全族對外的防禦力量。族人相傳因進京獲得皇帝的封號，把當時的頭目「pynaDay」稱為「卑南王」，因此，所有屬 Puyuma 族的「八社」，因頭目「pynaDay」之封號而稱為卑南族。當時沒有所謂的政府機關，如法院、縣政府、警察局等，有關各族各部落的雜難問題的解決或排解糾紛，均來到 Puyuma 部落解決問題。〔註53〕

　　陳英《臺東誌》記載：「埤南生番甚眾，有一番超乎眾之上，稱為卑南王」〔註54〕何謂「超乎眾之上」？是否「解決雜難問題」，就是陳英所指的「超乎眾之上」？還是另有其他呢？陳英僅說「有一番」，稱為卑南王，是何人卻未載明。民間歷史英雄人物傳說很多，大多起因於先民開拓時，所體驗的種種困難、威脅、恐懼，結合歷史、英雄事蹟，茶餘飯後口耳相傳而根植於人心。亦由於人們對英雄的功績崇拜，使其具備超凡之力量。甚至想像許多英雄出生前、後或出生時伴有各種異象，像滿室異香、夜吞北斗、日月入懷等，許多甚至還被寫入文獻中，使得英雄從一出生開始，就籠罩著神秘色彩。卑南族視為英雄的卑南王，傳說也是出生不凡，身上佈滿人像紋，族人一致認為那是帝王的象徵：

> 傳說他出生時，身上佈滿人像紋，族人都一致認為那是帝王的象徵。長大後的他，更是相貌堂堂、玉樹臨風，不但擁有健步如飛的腳力，還同時具備力拔山河的臂力，就算是遭五、六個人聯手圍攻，對付他們都稱得上輕而易舉，因此他的聲名早已在各部落間傳開。〔註55〕

　　知本社稱紋身為 tiktik，為花紋的意思，傳說昔日知本社有一男孩，他一生下來胸部就有人像紋，社人覺得奇異美麗，經過細心的研究後就發明了

〔註53〕陳光榮、林豪勳：《卑南族神話故事集錦》，頁44。

〔註54〕陳英《臺東誌》，收錄於胡傳（臺灣銀行經濟研究室編）：《臺東州采訪冊》，頁81。

〔註55〕未著撰人：〈清朝之卑南王傳奇〉，搜尋網址：https://blog.xuite.net/humira55/wretch/188705214/track。

紋身。何廷瑞曾調查卑南族紋身的意義，強調「唯有紋身，死後靈魂才能帶往靈界。」明顯地認為紋身與個人生命循環相關聯。傳說「卑南王」出生即有人像紋，與一般人炯異，凸顯其與眾不同，人像紋的意義還與「帝王天注定」之想法相連結。〔註56〕身上佈滿人像紋的人不只卑南王，傳說荷蘭人到達知本部落時也看到一位滿身紋身的人，叫 kaLukaL，他正躺在會所屋簷下休息，並以金磚塊當枕頭，金磚塊原來就是荷蘭人在海上以望遠鏡所看見的亮光物。荷蘭人因此頗懷疑紋身人的身份，因此把紋身人帶下山欲搭船離去。部落中有兩位紋身人的結拜兄弟 Helengu（別號叫 kalapiyaT）和 ngliw，他們想以一頭種豬，把紋身人贖回去。ngilhv 頭帶雲豹齒冠，裝扮得如同要面見貴賓，希望荷蘭人能看在他們的誠意上放過他們。但，紋身人仍被荷蘭人帶到臺南，kalapyaT 為了要救出紋身人，不怕任何困難，白天躲在山洞或叢林，時刻保持警覺，有一天他終於找到。一見紋身人，即立刻要求他一起逃離回部落。但，紋身人卻說：「我的指甲已長，不宜耕種且我已習慣這裡的生活，你還是自個兒回部落吧！」紋身人 kaLukaL 不願與 kalapiyaT 回部落，kalapiyaT 難過之餘，只好獨自返回部落。之後荷蘭人把紋身人帶到馬來西亞，後來又把 kaLukal 帶往荷蘭，最後在那兒去世。荷蘭人把他身上紋有圖案的皮剝下，發現居然連骨頭也有圖紋。〔註57〕

傳說蘊含荷蘭人帶走紋身人，改變了知本社的勢力；「紋身人」從骨子裡即註定應該是「王」，卻被荷蘭人帶走。這與後來知本社轉而得向卑南社納貢的歷史情境相同。除出生具有帝王象徵，有傳說卑南王誕生地在公埔遺址（今花蓮縣富里鄉），出生時也與眾不同：

> 傳說公埔遺址古代是卑南族人居住的地方，後來此地誕生了一名
> 嬰兒，一生下來就比別的小孩子大，哭聲宏亮足以震撼山古。嬰兒
> 長大以後，威武雄壯，他打敗了卑南地方所有的部族，後來離開了
> 此地到卑南作「卑南王」，統領著臺東到玉里一代族群的人。他走
> 後其所居之石屋就倒塌了，只留下幾片大牆。此地命名為「石牌」
> 即因此。〔註58〕

〔註56〕何廷瑞：〈臺灣土著諸族文身習俗之研究〉《考古人類學刊》15 期（1960 年 11月），頁 36。
〔註57〕曾建次：《祖靈的腳步──卑南族石生支系口傳史料》（臺北市：晨星初版社，1996 年），頁 113～125。
〔註58〕田哲益著：《臺灣的原住民卑南族》（臺北市：台原出版社，2002 年）。

公埔遺址，位於花東縱谷中段偏南、海岸山脈西側山麓最前緣的小山丘上，海拔約 263 公尺，1929 年為日籍學者鹿野忠雄所發現的遺址，年代距今約3500 年至 2000 年。〔註59〕「卑南王」與遺址相關聯，不禁令人聯想到卑南社始祖二兄弟的傳說。〔註60〕卑南社始祖傳說為報拉拉鄂斯（阿美族）人捉捕之仇，乃祈天發生地震，二兄弟下了大地震，一時之間，天搖地動，大火蔓燒，遺址上不斷有火災，不知道過了多少時候，拉拉鄂斯人居住的地方幾乎化為灰燼，只留下一座又一座神秘石柱，筆直豎立在天地之間，在現在卑南社北方的草原上，高約一丈寬五尺的石盤。英勇的兩兄弟成為卑南社始祖，至今還是卑南社盛行之口碑傳說。公埔遺址石壁遺跡位置，位於花東縱谷中段偏南，按卑南社曾統領七十二社之說法，公埔遺址也位於卑南社北方的草原上，傳說的「卑南王」誕生於此，兩則傳說故事同樣是主人公離開後，僅剩巨大的石壁遺跡，公埔遺址留下四塊豎在地表的板岩石壁；卑南始祖二兄弟傳說二兄弟離開後，卑南遺址就僅存神秘石柱。遺址留下的遺跡常為後人想像，公埔遺址最特殊處是四塊豎在地表的板岩石壁，巨大的石壁遺跡，傳說「卑南王」出生於此有關，襯托其不平凡的出身。

　　除有不平凡的出生傳說，相傳原是大竹篙（今臺東縣大武鄉大竹社）人，長大後曾到前山枋寮居住：

> Pinalai 原是大竹篙（今臺東縣大武鄉大竹社）人，他從小住在大竹
> 篙，長大後，到前山枋寮居住一段時間，後來又回到後山，在卑南
> 社成為卑南王。他的父親叫陳按，母親叫沈濫滿 Runuman」〔註61〕

〔註59〕文化內涵歸屬於新石器時代晚期「卑南文化」，考古學家推論住在公埔遺址的人群，可能與臺東「卑南遺址」之族群有著密切的往來關係，或是說卑南文化人的後代由花東縱谷往北遷徙定居的落腳處。遺址上聳立的「石壁」被推測為古老建築的遺跡，為目前臺灣已知最大的石壁遺跡。資料來源：花蓮縣文化局公埔考古遺址 https://www.hccc.gov.tw/zh-tw/CulturalHeritage/Detail/56。

〔註60〕這則二兄弟神話故事傳說，從日治時期起，即有學者佐山融吉、河野喜六、小川尚義、淺井惠倫、宋龍生、金榮華等等，前後於臺東卑南鄉採錄。宋龍生將 1912 年起至 1960 年，日本學者所記錄的神話傳說，與自身從 1960 至1997 年所累積之田野筆記，以「二兄弟」為主人公之卑南族神話與傳說之分成三階段，整理出多個版本有關於卑南社群起源神話，總稱之為「卑南二少年英雄的神話」。宋龍生：《臺灣原住民史料彙編第六輯》，（南投：臺灣省文獻委員會 1998 年）。

〔註61〕鳥居龍藏著，楊南郡譯註：《探險臺灣》（臺北市：遠流出版社，1996 年），頁 179。

　　「卑南王」誕生之地有公埔遺址（今花蓮縣富里鄉）、大竹篙（今臺東縣大武鄉大竹社），兩地相隔遙遠，範圍一如「卑南覓」非常遼闊，也一如卑南社收貢的範圍。除直指出生地，也有說其先祖具有平地人的血統：

> 卑南王的來源，南部落的 Raʔraʔ 家族，有一位男子的名字叫 pinatai，
> 他有平地人的血統，故也可說，他是平地人的子孫。〔註62〕

　　關於卑南王的先祖 Raʔraʔ 來歷有多種說法：

1. 卑南社有六個頭目家，半數在北部落，其餘在南部落，相傳南部落 Raʔraʔ 頭目家的祖先是從紅頭嶼駕著竹筏渡海過來的，且最早時期每個人都有尾巴。〔註63〕
2. 其祖先來自西部平原的 Tavolia，因此水牛和牛車都傳入卑南社。〔註64〕
3. Raʔraʔ 家的口述則說：「曾經有 Raʔraʔ 家的一個祖先，入贅於西部 Tavolia 社的一戶人家，當時 Raʔraʔ 家沒有其他子嗣，他帶著小孩返回卑南社。」Tavolia 似乎指的是大木連社另名上淡水社〔註65〕。

　　是否為「平地人」各有說法，三則傳說 Raʔraʔ 先祖的來歷皆顯示非現居地之族群。第三則除是平地人的子孫，還傳說先祖婚嫁水底寮之女，也有 Pinadray 自身婚嫁水底寮之女：

> Pinadray 年輕的時候即已接觸了當時的漢裔商人，聽說了許多西部的事情，便覺嚮往。在其第一任妻子去世後，他便至屏東水底寮，在那一帶生活了一段時間，學習各項新的農耕技術，並嫁給當地的平埔族女性。〔註66〕

傳說先祖係外來，使其具有其他血統，或說具有平地人的血統，或說 Pinadray 年輕時曾去水底寮、或其婚嫁水底寮之女，各種口碑傳說可推知 Raʔraʔ 家族在卑南社被認為是外來的家族，或是較晚進入卑南社。在進入卑南社後，Raʔraʔ 家族與外族婚嫁可能是常態，透過婚嫁或移動，以取得資源挹注，增強氏族勢力。

　　民間傳說大都認為卑南社中獲「卑南王」稱號，當推屬於拉拉（RaʔRaʔ）氏族的比那賴 Pinadray。據林建成（1998年）的田野採訪，Pinadray 年輕時曾

〔註62〕宋龍生：《臺灣原住民史料彙編第六輯》，頁103。
〔註63〕馬淵東一：《臺灣原住民族移動與分佈》，頁246。
〔註64〕宋龍生：《臺灣原住民史·卑南族史篇》，頁222。
〔註65〕馬淵東一：《臺灣原住民族移動與分布》，頁247。
〔註66〕姜祝山〈比那賴〉，王河盛等纂修：《臺東縣史·人物篇》，頁38。

去水底寮，但沒提及婚嫁：

> 他是一位頭腦聰穎、反應敏捷的天生領導者，年輕時正值清政府實
> 施「封山」政策，禁止漢人往來後山地區，他帶著後山狩獵的熊膽、
> 鹿茸、鹿皮翻山越嶺到屏東水底寮地區，設置交易站，與漢人交換
> 布匹或農作物種子，攜回故鄉種值。〔註67〕

其實在「比那賴」出現以前，其先祖「加六賽」、「文結」等人，事實上都
已經成為部落的領袖，各文獻也記載成為卑南首領的事蹟：

1. 西元615年卑南八社頭目「馬加特」征服其他各社，被推為酋長（卑
   南王）〔註68〕。

2. 1636年荷蘭傳教士至屏東拉索社（今屏東林邊）傳教時，記載卑南第
   八代的首領是「亞伯拉汗」。傳說當時恆春排灣族正在與臺東卑南覓部
   落作戰，作戰原因需往前追溯至1633年的部落衝突。〔註69〕

3. 荷蘭人在臺東地區開了五次的地方會議，第十代首領「卡比達彥」代
   表參加會議。〔註70〕

4. 1696年臺灣府令陳林、賴科等越山來卑南招撫原住民，冊封酋長「文
   結」。朱一貴起事反清，藍廷珍奉令平台，至東部即諭卑南覓社大土
   官「文結」，令其調遣崇爻七十二社壯番，遍處搜尋山後盜賊。〔註71〕

5. 《臺海使槎錄》記錄卑南覓社有個番長，番長名「文吉」。提及管轄卑南
   覓社大土官或是番長，其名「文結」。

6. 1786年林爽文事件事件，當時臺東地區卑南部落也被清兵委託，捉拿
   亂賊。林爽文亂平後，「古拉賽」應邀去北京受賞。〔註72〕

從各文獻的記載可推知林爽文事件以前，卑南覓地區首領名字曾出現
「馬加特」、「亞伯拉汗」、「卡比達彥」、「文結（文吉）」、「古拉賽」。文獻紀
錄與民間傳說，不論是稱「酋長」、「番長」、「頭目」或是「大土官」皆有其
名字。但，文獻若提及卑南王，僅有提及「卑南王」之稱，不會特別提及之

〔註67〕林建成：〈卑南王龍袍後裔見過〉，《聯合報》1998年2月5日。
〔註68〕黃拓榮：《臺東縣志：大事紀》（臺東：臺東縣文獻委員會，1963年）。
〔註69〕黃拓榮：《臺東縣志：大事紀》（臺東：臺東縣文獻委員會，1963年）。
〔註70〕江樹生譯註：〈熱蘭遮城日誌 / III-F / 1655-03-19〉。
〔註71〕藍鼎元：《東征集》，頁22。
〔註72〕臺灣史料集成編輯委員會編：《清代臺灣關係諭旨檔案彙編第二冊》（臺北市：
　　　　文建會，2004年），頁468～473。

名字，如：荷蘭東印度公司首次接觸時稱其 pima，即說是個尊稱之意，後續記載「亞伯拉汗」、「卡比達彥」名稱為首領。清領初期記載卑南社大土官「文結」、傀儡山總社番頭目「古拉賽」等，都未稱「卑南王」。一如，陳英記載「有一番超乎眾之上，稱為卑南王」，僅說「有一番」，是何人卻未載明。

推論「卑南王」可能是個稱號或敬稱，即是對此區最具影響力的領導人敬稱。《臺東縣鄉土史料》卑南族人即表示平時的稱呼使用綽號、職名、敬稱：

> Puyuma 部族之命名，一般說來是出生後一個月命名，給孩子起名的人是出生嬰兒的祖母，生母不敢命名。他們不在意名字之選擇，家人疏忽命名時，由親屬根據其想法選擇名字，再加以勸說。對人名不太在意是共同之風習。Puyuma 族與他族特別不同的習慣是儘可能不稱呼其本名，平時在尊親屬對卑親屬時才稱呼其本名。不僅在他人之間如此，即使是家屬、親屬之間，直呼其名，也等於藐視污辱其人。一般最常用的擇名法是沿用家祖之名。因為尊重本名，平時的稱呼使用綽號、職名、敬稱。〔註73〕

被視為 Puyuma 的卑南社，各家皆有一個稱呼，作為姓氏之用。自創家名會被他人嘲笑，且不能廣為通用，所以即使現在也不自創家名。對於名字之選擇不在意，平時的稱呼使用職名、敬稱。因此「卑南王」或許是個職稱或敬稱，換言之，一如稱其「酋長」、「番長」、「頭目」或是「大土官」為或是敬稱。

> Pinadray，著名的「卑南王」的稱號即是自他開始。他的父親是 Kelasay，Kelasay 在乾隆年間是卑南社的領袖，聯合了其他部社協助清政府平定林爽文事件，便有一位姓楊的太監帶領當時有參與平定事件的 72 社的領袖至北京面聖，以示嘉獎。因 Kelasay 年紀已大，無法進行長途旅程，於是叫他的兒子代替他去接受嘉獎。Pinadray 受封六品頂戴，接受了賞賜，除了錢外，還有衣物、瓷器、茶葉等等。Pinadray 年輕的時候即已接觸了當時的漢裔商人，聽說了許多西部的事情，便覺嚮往。在其第一任妻子去世後，他便至屏東水底寮，在那一帶生活了一段時間，學習各項新的農耕技術，並嫁給當地的平埔族女性。之後回卑南接任父親的位置時，也同時將

〔註73〕臺灣省文獻會採集組主編：《臺東縣鄉土史料》，頁 279。

許多農耕技術引入東部平原。〔註74〕

「卑南王」這個敬稱應是「卑南」＋「王」。字面上「王」有下列意義：

1. 古代稱統治天下的君主。如：「君王」、「帝王」、「國王」。《書經・洪範》：「天子作民父母，以為天下王。」

2. 封建社會中地位在公侯之上的爵位。秦漢以後，天子的伯叔兄弟及異姓藩王均稱為「王」。如：「淮南王」。《漢書・卷一九・百官公卿表上》：「諸侯王，高帝初置，金璽盭綬，掌治其國。」

3. 泛稱同類中的首領。如：「萬獸之王」。唐・杜甫〈前出塞〉詩九首之六：「射人先射馬，擒賊先擒王。」《西遊記》第一回：「那一個有本事的，鑽進去尋個源頭出來，不傷身體者，我等即拜他為王。」

4. 技藝超群的人。如：「歌王」、「拳王」。〔註75〕

「王」可是一個領袖的頭銜，君主的稱號，即「國王」。除了指君主之外，亦可是一些地方的首領，例如諸侯王、藩王。亦可以是沒有統治實權的爵位，即王爵，如親王、郡王等等。「王」也指一個地方的首領，因此常在一些場合都是指「最大、最重要」的象徵。

卑南社人大多認為，著名的「王」的稱號是從 Pinadray 開始，過往的領袖稱「酋長」、「番長」、「頭目」或是「大土官」皆有：

> 南王過去沒有頭目，據老人說自卑南山老人山 maiDang DungDungan 帶領部落居民的是 ragan 是負責祭禱的人，諸如決定日期、指揮團體等。大約在葡萄牙人、荷蘭人來臺灣時期，荷蘭人希望能有代表部落人與之溝通，才開始產生頭目之稱呼。一直延用至日據時代，改用保正之稱呼，光復以後改稱村長，南王納入臺東市以後改用里長。頭目系統 keLalaw 之後，沒有幾代就改用保正，在日據時代就中止，現在是以民主選舉方式當選者視為頭目了。他不單是政治的負責人也是部落中族群聚集時之民族負責人，因之，他必須扮演兩種角色。〔註76〕

過往是沒有「王」的稱號。那為何從 Pinadray 開始被稱「卑南王」？林

〔註74〕未出版。國立臺灣史前文化博物館：《「館藏卑南族文物與卑南王傳說之相關研究分析暨故事採集計畫結案報告》，頁109。口述歷史清政府時期，報導人：男性，民27，卑南。

〔註75〕中華民國教育部：《教育部重編國語辭典修訂本》2015，http://dict.revised.moe.edu.tw/cgi-bin/cbdic/gsweb.cgi?o=dcbdic&searchid=W00000011550。

〔註76〕臺灣省文獻會採集組主編：《臺東縣鄉土史料》，頁261。

爽文事件後，乾隆皇帝封賞的官位最高只達「六品頂帶」，距離口傳受封為王的官位還很遠。民間傳說中常會提及「Pinadray 一統卑南覓」，「Pinadray 代父至北京受封為王」，「卑南王」因而不脛而走。因此從傳說的說法推論 Pinadray 開始被稱卑南王，可能有下列原因：

（1）Pinadray 年輕時即已去西部，接觸了當時的漢裔商人，表示 Pinadray 可能已代表部落從事貿易活動。前後山的來往交易已顯著且頻繁，再加上相傳代父至北京受賞，很可能讓當時民眾之以訛傳訛，以為皇帝賞賜並封其王，讓傳說因而不脛而走。

（2）卑南社自荷蘭時期一直是東部區域勢力中心，雖所轄區域在清廷邊疆，且遲遲不肯承認為領土之地，但卑南社是「最大、最重要」的勢力，在民間卻是不可抹滅的事實，領袖因而被民間稱「卑南王」。

從「王」的意義來看：「卑南王」可能是一個領袖的頭銜，或是指「卑南」地方「最大、最重要」，卑南人「頭目」的角色，他是「卑南」政治的負責人，也是部落中族群聚集時之部落負責人，兩者綜合觀察，或許即可了解，從 Pinadray 開始為何被民間稱為「卑南王」。

二、協助平亂

民間傳說，由於比那賴 Pinadray 率領東部七十二社協助清朝政府平亂有功，故受封為卑南王。清朝統治臺灣期間，臺灣島上抗官民變迭起，其中民變較大規模的有「朱一貴事件」、「林爽文事件」及「戴潮春事件」。其中朱一貴、林爽文兩起民變事件與卑南覓有關，兩者相隔六十年，對於何者造就卑南王稱號，民間說法紛紜。

> pintai 為第一代之卑南王。年輕時曾去枋寮做生意，在該處學會農耕的技術，帶回卑南。當時因受清朝政府之託，捉拿朱一貴手下亂黨王有功，獲詔入北京，受封為卑南王。〔註77〕

協助清朝政府殲滅林爽文餘黨，大多是依據文獻記載的說法：

> 由於比那賴率領東部七十二社協助清朝政府殲滅林爽文餘黨，故受乾隆封為「卑南王」。然而，據史料紀載，當時的乾隆封賞之官位最高只達到「六品頂帶」，與民間口傳所言之「受封為王」出入甚大。〔註78〕

〔註77〕宋龍生：《臺灣原住民史料彙編・第六輯》，頁 41。

〔註78〕未著撰人：維基百科，自由的百科全書〈卑南族〉https://zh.wikipedia.org/wiki/%E5%8D%91%E5%8D%97%E6%97%8F

　　除了兩起民變事件，民間有的傳說甚至直接忽略民變事件，只說其協助捉盜匪有功因而被稱為「王」。

> 在清道光年間，臺灣盜匪橫行，搶奪番社姦淫婦女。當時幸有卑南王領導群眾，團結各社，將盜匪消滅。……〔註79〕

民間傳說其捉了土匪強盜送給官兵，所以獲稱為「卑南王」。

> 有一年，地方上有了土匪、強盜，由 pinatai 把這些土匪、強盜捉住，送給清朝政府，而清政府，則頒賜龍袍一件，是為卑南王。〔註80〕
> 在荷蘭人之後，從大陸（Lutyu）來了很多人，南王社頭目 PynaDay 因協助大陸來的人（清朝）捉拿犯人，因而得到清朝皇帝的封號，把 PynaDay 改為卑南王……，〔註81〕

多則傳說為典型的英雄協助官兵捉強盜，主人公「卑南王」協助抓盜匪，被視為英雄，從此稱為「卑南王」。除協助清廷抓盜匪，另有幾個較特別的說法：一、宋龍生在部落採訪所採錄，受訪人周喜熟先生。其所言「pasaraʔat 氏族首領的兒子，名字叫 siʔitan」：

> 從前，pasaraʔat 氏族首領的兒子，名字叫 siʔitan。這個 siʔitan，人品非常的壞，因常到部落的六所集會所 parakuan 去搗蛋，部落的人都很嫌惡他。這時清朝的皇帝正好要請頭目去北京 pasaraʔat 的頭目不能去，就藉著個機會，派自己的兒子 siʔitan 代表他去北京晉見皇帝，希望他去了以後，永遠不要再回來。於是 siʔitan 手持黃帝所下的聖旨，啟程趕赴大陸。〔註82〕

其二，救了皇帝獲龍袍，所以稱為卑南王。

> ……又一年順治皇帝落海，被風吹至此海岸，亦卑南頭人救他，後順治王賜一龍袍，做饗愈靈。后山各邑番人，皆聽使役，故稱為卑南王也。〔註83〕

其三，也有傳說因協助外國人，外國人奏請皇帝賜龍袍封卑南王。

> 一日一暹羅船在海上遇風，前來求救，卑南王令人去相救。……二

〔註79〕黃師樵：〈卑南王的故事〉《臺北文獻》第 25 期（1973 年 9 月），頁 1～4。
〔註80〕宋龍生：《臺灣原住民史料彙編 6 卑南族神話傳說故事集》，頁 103。
〔註81〕林豪勳：《卑南族神話故事集錦》（臺東：臺東市文化局），頁 44。
〔註82〕宋龍生《卑南族神話傳說事集：南王祖先的話》，頁 103。
〔註83〕田代安定：〈臺東要書級〉，《田代文庫》（臺北市：國立臺灣大學圖書館），參考網址 http://cdm.lib.ntu.edu.tw/cdm/ref/collection/Tashiro/id/30577。

年之後，英船欲往北京貿易，途中遇風飄流至卑南海域，透過翻譯，
英人得知卑南王屢立其功，實為一英雄，願為其代奏清帝。二月後
船已修茸，卑南王與英人一同進京。清帝建其相貌堂堂，封他為卑
南王，賜他黃龍馬褂、王冠。〔註84〕

民間傳說認為獲封「卑南王」的原因如下：

1. 協助平定「朱一貴事件」、「林爽文事件」。
2. 捉了土匪強盜送給官兵，獲賜龍袍。
3. 部落的人都很嫌惡他因而派他去北京。
4. 卑南地區的頭人，救了皇帝所以獲賜龍袍。
5. 因協助外國人，外國人奏清帝賜龍袍。

各傳說相同的觀點，「卑南王」稱號獲得，多因協助「他者」「平定民亂」，
協助平定「民亂」說法紛雜，有協助「朱一貴事件」、「林爽文事件」、「土匪強
盜」、「協助外國人」，但大多指稱是協助平定「朱一貴事件」，因而有功受封。
協助「他者」說法紛雜，或許正與臺灣島上動態情勢有關；自荷蘭時時期以來
即不斷有「外來者」進入，傳說中的主人公「卑南王」應不只有一位，每位卑
南王都如英雄般的「為民除害」。

「朱一貴事件」為清廷第一起大規模民變。〔註85〕民間傳說其為「鴨母
王」，福建漳州長泰人，是臺灣清治時期首位大型武裝起義舉事者。舉事期
間，定國號為「大明」，建元永和，並受眾人擁戴為「中興王」，自稱「義王」，
世人俗稱「鴨母王」、「鴨母皇帝」。民間傳說的朱一貴充滿神秘色彩，據說他
能使鴨群聽命排陣操兵；所飼養的母鴨每天下兩顆蛋；每當他宰鴨宴客後，
鴨寮內鴨子的數量都會自動填補，鴨隻未曾減少；有一回朱一貴在溪邊洗滌，
竟見水中人影頭戴皇冠、身穿龍袍，從此眾人皆認定朱一貴乃真命天子。傳
說鴨母王起兵之後，勢如破竹所戰皆捷，當他攻入臺南府城時曾奪取戲班戲
服，騎著水牛進入府城。當時全台各地義軍紛紛響應，刺殺當地貪官污吏，
僅數日之間即攻佔全台登基為王。〔註86〕

卑南王傳說常可見與鴨母王傳說有類似的情節。如：穿扮戲妝頭戴通天

〔註84〕黃師樵：〈卑南王的故事〉，《臺北文獻》第 25 期（1973 年 9 月），頁 1〜4。
〔註85〕許毓良：〈朱一貴事件〉，《臺灣大百科全書》（臺北市：文化部，2009 年），
　　　　http://nrch.culture.tw/twpedia.aspx?id=3555。
〔註86〕臺灣民俗文化工作室：〈傳統戲曲另類演出－評「明華園戲劇團」歌仔戲《鴨
　　　　母王》〉，網址 http://www.folktw.com.tw/drama_view.php?info=95。

冠、身著黃龍袍之情節：

> 清帝建其相貌堂堂，封他為卑南王，賜他黃龍馬褂、王冠。近半月
> 後，卑南王始離京返台。在其由福州坐船時，當地總督對其遭遇心
> 生不滿，特意戲弄趁其酒醉將黃龍馬褂換為戲服，但卑南王不知著
> 戲服回台。〔註87〕

民間耳孰能詳的鴨母王傳說，將主人公替代為「卑南王」，除因民眾對情節的
孰悉因而張冠李戴，或許也可窺知，民間其實深知卑南王並未成「王」，有如
朱一貴一般，僅是自稱「王」。兩位主人公的英雄事蹟，在民間被認定有如「王」
一般，是當時當地「最大、最重要」的勢力。

　　卑南社協助治理政府用兵協助平亂，不僅是清廷之民變，《新舊東印度
誌》記載，早在荷蘭時期即被認定勇武善戰：

> 卑南的居民勇武善戰，比福爾摩沙其他各族都更擅使用武器。身邊
> 永遠有侍衛，並不斷和鄰近部落衝突、戰鬥。他以前荷蘭人關係良
> 好，喜歡誇稱自己是公司的軍官。〔註88〕

荷蘭描述卑南居民勇武善戰，擅於使用武器，不斷和鄰近部落衝突，但與荷
蘭人關係良好。卑南社口碑也傳說祖先曾與荷蘭人接觸，稱荷蘭人 Palaga，
〔註89〕荷蘭受到 Raʔraʔ祖先的殷勤款待，獲得其贈送禮物，之後即共同在東
部尋金，擴展東部治轄領域。荷蘭東印度公司為何至卑南覓時，選擇卑南社
Raera 家族？有下列說法：

　　傳說①：其最初來到卑南覓時，先至北部落 Pasaraat 氏族的頭目處，跟其
談話時頭目手握著刀柄，荷蘭心生恐懼，轉至南部落 RaʔRaʔ氏族。因其熱情
邀約共用午餐，所有的事務都找 RaʔRaʔ氏族。〔註90〕RaʔRaʔ氏族就是當時
荷蘭東印度公司記載之「卑南政府」。〔註91〕

　　傳說②：荷蘭人有一天到了 Sipiteʔ先把手中拿著的帽子擲向邦蘭‧普優
瑪（即卑南社的方向），可是帽子又回到被擲出去的地方，於是荷蘭便認為帽
子再回到原處，是因為卑南社人施行了巫術，促使神靈 birua 出來阻擋的緣

〔註87〕黃師樵：〈卑南王的故事〉，頁1～4。
〔註88〕甘為霖，李雄揮譯：《荷蘭時代的福爾摩沙》（臺北市：前衛出版社，2017 年），
　　　　頁18。
〔註89〕宋龍生：《臺灣原住民史卑南族史篇》（南投：臺灣省文獻會，1998 年），頁173。
〔註90〕宋龍生：《臺灣原住民史卑南族史篇》，頁177。
〔註91〕5 則傳說整理自宋龍生：《臺灣原住民史卑南族史篇》，頁173～180。

故。所以荷蘭人就停在 Sipiteʔ附近，等候卑南社的人過來跟他們會面。荷蘭看完了布度爾 Butul 女人的織布，拿出一個杯子、一個銀牌、和一本書送給布度爾 Butul 氏族和 Kapitayan。這則口碑還說，其中一位荷蘭人甚至留下來，入贅到 Butul 家，傳說生下了一個女兒，但女兒至三、四歲時夭折，這個荷蘭人因而悄悄離開卑南社，從此沒再回來。〔註92〕

傳說③：荷蘭人糧食已盡，於是找北部的 Pasaraʔat 領導氏族，但 Pasaraʔat 氏族沒理，於是找了布度爾 Butul 氏族，布度爾氏族給了他們食物。和前則傳說相同，其中一位荷蘭人留下來入贅到 Butul 家。〔註93〕

傳說④：有一天 Raʔraʔ家族在蓋房子，荷蘭人剛好來，荷蘭人送「文件」來，陰錯陽差收起來，從此荷蘭人就認定是 Raʔraʔ家族即成為對外交涉之家族。〔註94〕

傳說⑤：荷蘭人剛來時，先找了當時的大頭目，頭目出來見他，由青年拔刀護衛，荷蘭人害怕退走，來到 Raʔraʔ氏族正在蓋房子，中午休息時間，就邀了荷蘭人一起吃飯。荷蘭人因而認為 Raʔraʔ的人，才有資格當全部落的大頭目。〔註95〕

傳說⑥：與傳說四類似，但正在修房子的人是 alialip 家族的人，後來 alialip 改名為 Raʔraʔ氏族。〔註96〕

荷蘭為何選擇卑南社 Raʔraʔ氏族，傳說中強調下列幾點：

1. Raʔraʔ與荷蘭相遇是偶然，並非 Raʔraʔ氏族主動去找荷蘭。

2. 荷蘭人看重 Raʔraʔ氏族，因而選擇與其合作。

3. 其中傳說②、③兩則還提及荷蘭留在部落娶妻生子。

可見荷蘭與卑南社 Raʔraʔ關係密切。Raʔraʔ成為荷蘭治理代理人，傳說中的「卑南王」也來自 Raʔraʔ氏族，這段與荷蘭相遇的偶然，卻影響之後東部的勢力發展，或許也是 Raʔraʔ氏族始料未及。

三、獲龍袍的傳說

林爽文事件後，福康安特別奏准將協助平亂有功「番」社頭目，帶往京

〔註92〕宋龍生：《臺灣原住民史卑南族史篇》，頁173。
〔註93〕宋龍生：《臺灣原住民史卑南族史篇》，頁175。
〔註94〕宋龍生：《臺灣原住民史卑南族史篇》，頁176。
〔註95〕宋龍生：《臺灣原住民史卑南族史篇》，頁176。
〔註96〕宋龍生：《臺灣原住民史卑南族史篇》，頁180。

中觀見以為寵榮。多數的卑南社人認為當時的頭目加六賽，年事已高體弱多病，因此派了正在枋寮做生意的兒子 Pinaray 代表受封：

> ……著名的「卑南王」的稱號即是自他開始。他的父親是 Kelasay，Kelasay 在乾隆年間是卑南社的領袖，聯合了其他部社協助清政府平定林爽文事件，便有一位姓楊的太監帶領當時有參與平定事件的 72 社的領袖至北京面聖，以示嘉獎。因 Kelasay 年紀已大，無法進行長途旅程，於是叫他的兒子代替他去接受嘉獎。Pinadray 受封六品頂戴，接受了賞賜，除了錢外，還有衣物、瓷器、茶葉等等。〔註 97〕

然，為何文獻記載加六賽呢（Kelasay）？〔註 98〕學者推測臺灣官方及通事應該都知此事，不過「總頭目」頭銜總比「總頭目的兒子」來得響亮，因此睜隻眼閉隻眼，遠遠看去祝賀的人，長相似乎都差不多，只要讓乾隆皇帝高興就好。〔註 99〕

十七世紀時，從臺灣東部要至北京受封，這段遙遠的路途，想必是不輕鬆。卑南王去北京受封，民間傳說想像豐富且神奇。文獻記載 1788 年 9 月 25 日（乾隆 53 年 8 月 13 日）是清高宗乾隆皇帝 78 大壽，福康安倡議，臺灣當局遴選了 30 名原住民大小頭目赴北京祝壽，原住民祝壽團成員於 9 月上旬陸續抵達臺灣府城集合，臺南府城人夾道觀賞，「郡城百姓人等見生番，往來街市上，俱夾道擁觀，傳為太平盛事。」〔註 100〕

祝壽團於鹿耳門登船，候風開駕，約在 1790 年 1 月抵北京。文獻記載卑南覓社加六賽一行抵北京西華門外，等候觀見乾隆皇帝，並依四川屯練降「番」到京例，授予總社頭目六品頂帶，各社「番」目七品頂帶，賞賜總社各頭目衣帽等物，開始一連串地賜宴和賞賜。這段遙遠的路途，民間傳說「卑南王」以弓箭射向臺灣海峽的水面，輕輕鬆鬆至北京受封：

> ……他的兒子走路到西部，但是不見人和船來接他，他便以弓箭射

〔註 97〕報導人：男性，民 27，卑南。
〔註 98〕宋龍生：《臺灣原住民史：卑南族史篇》，頁 233～234。
〔註 99〕陳政三：〈清代初期原住民大清國考察記─兼論清廷的原住民政策〉，《原住民族文獻》17 期（2014 年 10 月）。https://ihc.apc.gov.tw/Journals.php?pid=624&id=816。
〔註 100〕郝時遠：〈清代臺灣原住民赴大陸賀壽參訪的歷史意義〉，引中國歷史第一檔案館藏，《軍機處錄副奏折－乾隆朝》，徐嗣曾：〈生番等于八月二十八日啟程瞻觀〉，全宗號 3、卷 7944、號 36。www.tailian.org.cn/n1080/n1125/n682667/n682761/index.html。

> 向臺灣海峽的水面，說也奇怪，海水竟分出一條道路出來，於是他
> 變很輕易的走過去，到了大陸。〔註101〕

頭目派了他的兒子去北京，到海邊發現沒有船隻，因此以「箭」射向海洋，海水分出道路，可輕易走到大陸。「以箭射向某地，海水分出道路的情節」，在卑南社起源傳說中，也會出現「卑南先祖以箭尋找落腳地」類似的情節。甚至知本社視為傳奇人物 kalapyaT，曾到排灣部落順手拿走琉璃珠，主人召集全村的人去追捕 kalapyaT，在情急之下抽出自己的弓，上了箭，往湖中射去；箭一觸水，水立即分為兩半，中間闢開一條乾地道路，kalapiyaT 從中迅速通過。過了對岸，水又恢復原狀，村人見到這種怪現象，紛紛在岸邊咒罵，並視其為鬼魂妖魔。〔註102〕

被朝廷視為「生番」的山區原住民，在清代臺灣僅少數幾個社群被推舉到北京或熱河當作大清盛世的模範樣板，絕大多數被認為「化外之民」，並不與官方往來，更不願讓出勢力範圍供外來者開發。在清廷與漢人的觀點或許是無限榮寵，但對於當時的卑南社是否認為是榮寵，不可得知？

據記載除了也士烏踏、哈貴乃沐 2 人，其他人離臺前，已先在臺灣府剃髮。〔註103〕相較荷蘭在卑南舉行東部地方會議，是將其轄下東部之番社聚集於卑南覓，清廷卻是要當時是「傀儡山總社」「番頭目」「加六賽」至遙遠的北京受賞。或許卑南社最高領導人「加六賽」並不願前去，但礙於情勢或是通事遊說，不得不以「年事已高體弱多病」的推拖的說法，派兒子前去。另有幾個較特別的說法，如宋龍生在部落採訪所採錄，「pasaraʔat 氏族首領的兒子，名字叫 siʔitan 因部落的人都很嫌惡他，就藉著個機會，派他去北京」〔註104〕

此行去北京後，民間即相傳獲封為「卑南王」，統治臺東七十二社：

> ……當時因受清朝政府之託，捉拿朱一貴手下亂黨王有功，獲詔入北
> 京，受封為卑南王。統治臺東七十二社。向這些社收租稅，每年向北

〔註101〕 宋龍生：《卑南族神話傳說故事集：南王祖先的話》，頁103。
〔註102〕 曾建次：《祖靈的腳步》，頁123～124。
〔註103〕 郝時遠：〈清代臺灣原住民赴大陸賀壽參訪的歷史意義〉，引中國歷史第一檔案館藏，《軍機處錄副奏折─乾隆朝》，徐嗣曾：〈生番等于八月二十八日啟程瞻覲〉，全宗號3、卷7944、號36。www.tailian.org.cn/n1080/n1125/n682667/n682761/index.html。
〔註104〕 宋龍生：《卑南族神話傳說事集：南王祖先的話》，頁103。

京朝貢。他從北京返回臺南時，文武官員接下跪迎接，一直到臺東。

凡臺東之阿美族、布農族、魯凱族漢排灣族，皆向他納稅。〔註105〕

除獲得封號，從此「王」能為部落解決或排解糾紛：

> 在荷蘭人之後，從大陸（Lutyu）來了很多人，南王社頭目 PynaDay 因協助大陸來的人（清朝）捉拿犯人，因而得到清朝皇帝的封號，把 PynaDay 改為卑南王，也因此之故，所有屬 Puyuma 族的八個部落，因頭目 PynaDay 之封號卑南王而稱為卑南族。於乾隆 52 年 1767 間，當時沒有所謂的政府機關，如法院、縣政府、警察局等，有關各族各部落的雜難問題的解決或排解糾紛，均來到 Puyuma 部落解決問題，如此由各方部落集合的地方稱為 abay wan Du ngan，故南王社又稱為 abay wan Du ngan。〔註106〕

傳說因為清朝皇帝的封號，把 PynaDay 改為「卑南王」，因此所有屬 Puyuma 族的八個部落，因頭目 PynaDay 之封號為「卑南王」稱為卑南族。此則傳說為卑南社人所載，將為何稱之為「卑南族」的原因，也歸於清朝皇帝的封號「卑南王」。換言之，因為有「卑南王」的封號，而有「卑南族」之稱。除卑南王封號，卑南族人口碑津津樂道之事，莫過於皇帝賜龍袍。

《臺東縣志：人民志》記載，這件民間稱為龍袍的「王袍」，現存於後裔家中，似乎讓民間覺得真有「龍袍」。1788 年 9 月 25 日乾隆皇帝送給原住民總頭目的禮物：「六品騷鼠帽一頂、官用緞面灰鼠皮補掛一件、羊皮蟒袍一件、綢襖一件、緞靴一雙、布襪一雙、絲線帶手巾一份」；第一次賞宴每名賞給：「瓷器四件、紅布六疋（匹）」；第二次賞宴：「玻璃器二件、火鏈一把、茶葉四瓶、螺鈿匣二件、回子花布二疋」；第三次吃飯，每名總頭目「紅毡大掛一件、紅花氆氌一疋、彩色布六疋、印花布四疋。」小頭目無布襪、手巾、紅毡大掛，其他穿戴的七品騷鼠帽、緞面灰鼠皮補掛、羊皮蟒袍、綢襖、緞靴等都有，其他禮物數量稍減，如「瓷器二件、紅布四疋、玻璃器一件、茶葉二瓶、螺鈿匣一件、回子花布一疋、彩色布四疋、印花布二疋。」通事、社丁 12 人，每名各賞「金頂騷鼠帽一頂、官用緞面灰鼠補掛一件、羊皮蟒袍一件、緞靴一雙、袖襖一件。」〔註107〕

〔註105〕宋龍生：《臺灣原住民史料彙編・第六輯》，頁 41。
〔註106〕陳光榮、林豪勳：《卑南族神話故事集錦》，頁 44。
〔註107〕陳政三：〈清代初期原住民大清帝國考察記—兼論清廷的原住民政策〉，頁 57。

　　林林總總賞賜物件五花八門，就是不見「龍袍」。可發現幾乎每人都有的「羊皮蟒袍」，經過誇大轉說，卻變成皇帝家族才能穿的「龍袍」。清朝初期邀請原住民參訪，分別發生在康熙、雍正各 1 次，乾隆朝 2 次，再來並未延續。換句話說，並未能像其他邊疆民族、朝鮮、琉球及東南亞一帶，形成「朝貢貿易」體制。這可能是幅員廣大的清廷，並未將邊陲地帶的臺灣山區，真正視為領地的關係。〔註 108〕

　　除在卑南族擁有「龍袍」，南投縣信義鄉久美村鄒族頭目家，也有兩件清代衣物，衣物上繡有龍紋圖案，當地人也稱為「龍袍」。久美部落盛傳是清代的皇帝送的：〔註 109〕

> 過去我們有一位頭目名叫 Avai，他和弟弟一起出征，弟弟被敵人挾持，滯留未歸。他很生氣，於是再度出征去救弟弟。在渡海（Sumopihi Tupu）途中遇到了大風浪，一個大漩渦（t'maikuyungu ci cumu）將要吞沒船隻，正當危急時，他向天長嘯（puyabai），船頭突然轉向，順利擺脫險境。他抵達目的地，看見弟弟坐在 hongte〔註 110〕的身邊，頭戴著和敵人一樣的帽子。敵人看見他來勢洶洶，把他關進牢裡。弟弟卻對他們說：「你們別關他，他有神靈保佑，如果得罪他，後果不堪設想。」對方聞言趕緊放人，但他餘怒未消。對方極力安撫，並送他許多布匹，但他連看都不看一眼。他把手上的長矛插在地上，對方開始在長矛旁邊放衣物，一層一層往上疊，直到衣物超過長矛頂端，他才欣然接受。這兩件「龍袍」就是 Avai 那時候帶回來的。〔註 111〕

衣物持有人鄒族久美頭目遺孀巫阿寶（1984）稱說：「巫家保存的這兩件『龍袍』，是過去漢人的 hongte 送的。以往只有在舉行 mayasvi 祭典〔註 112〕時才由頭目的女兒穿著亮相，祭典結束後立即收藏，因此才能保存到今天。」2007

〔註 108〕 陳政三：〈清代初期原住民大清帝國考察記——兼論清廷的原住民政策〉，頁 57。

〔註 109〕 高明：〈鄒族頭目的龍袍——從久美鄒族的傳說談起〉，《原住民族文獻》13 期（2014 年 2 月）。https://ihc.apc.gov.tw/Journals.php?pid=620&id=767。

〔註 110〕 hongte 與「皇帝」同音，為鄒人對漢人首領的稱呼。

〔註 111〕 高明：〈鄒族頭目的龍袍——從久美鄒族的傳說談起〉，《原住民族文獻》13 期（2014 年 2 月）。https://ihc.apc.gov.tw/Journals.php?pid=620&id=767。

〔註 112〕 mayasvi 為鄒族重要的部落祭典儀式。鄒族人在出征（ozomu）、修築集會所（ekubi）、新建集會會所（moikuba）、豐收祭（homeyaya）、修整道路（sumocionu）時舉行這項儀式。久美的 mayasvi 祭典通常於 8 月舉行。1956 年起因老人凋零及宗教傳入等因素停辦至今。

年，這件龍袍還曾在博物館展出。〔註113〕展覽主題以〈大清帝國的臺灣：故宮典籍、兩采風圖及傳家之寶〉呈現這件「龍袍」。

　　林爽文事件後，當時臺灣當局遴選了30名原住民大小頭目赴北京祝壽，另有義民首葉培英等2人，通事及社丁12人，合共44人參與。包含四大總社之烏鰲總社、阿里山總社、大武壠總社及傀儡山總社等。〔註114〕久美鄒族人稱 Yahicuva 者為 Avai，文獻上登載進京朝覲之頭目亦記為「阿吧哩」，兩者名稱相仿。其後裔保存「龍袍」至今，在部落卻沒有產生「王」的傳說；臺灣被邀請30名原住民大小頭目，似乎只有卑南族將所獲的「龍袍」與歷史相結合，產生「卑南王」傳說，但今日其實龍袍早已散佚，後裔以親眼見過「龍袍」，證明其受封為「王」。

　　《清宮諭旨檔臺灣史料(二)》詳細陳述傀儡社頭目協助林爽文之亂受召入京，受以「六品頂帶」、「羊皮蟒袍」〔註115〕，既非封王也非賞龍袍。民間傳說由於比那賴協助清朝政府殲滅民變餘黨，所以受封為卑南王，一統東部七十二社。然，據史料記載，當時的乾隆封賞之頭目加六賽，官位最高只達到「六品頂帶」，與民間口傳所言之「受封為王」出入甚大。清廷對邊疆的番國態度並無封「王」制度，傳統原住民也沒有「王」的概念，口傳從何而來？難道在東臺灣也曾有過原住民自治的王國？事實是歷史文獻上並無所謂的「卑南王國」；但或許住在這裡的人們，在卑南社的收貢制度與當下社會文化的氛圍下，感受到有如「王」國般的村社制度。

第三節　卑南王傳說在近代的異化：龍袍被盜與帶來農業

一、象徵權力的龍袍

　　卑南王勢力龐大，幾乎涵蓋後山所有族群，是各部落尊敬的領袖人物。範

〔註113〕2007年國立臺灣史前文化博物館展出《百年觀點特展—史料中的臺灣・原住民及臺東》。史前館向故宮博物院在從圖書文獻處選出十九件原屬清宮、內府所藏皇帝御用珍藏的古籍、奏章、圖畫。展示所選出的展品物件，皆與臺灣原住民族或清代的臺東相關，對臺東地方來說意義深遠。

〔註114〕臺灣史料集成編輯委員會編，《清代臺灣關係諭旨檔案彙編》第二冊（臺北市：文建會，2004年），頁322。

〔註115〕洪安全編：《清高宗實錄選集，下》（臺北市：國立故宮博物館，1996年）。

圍北達水尾（今之瑞穗），南達巴朗衛（達仁）甚至於恆春一帶，〔註116〕可以
說遍及整個臺灣東南一帶。更因傳說皇帝賞賜龍袍，使其具有不同凡響之力
量，讓後山各邑番人皆聽使役：

> 卑南社頭人得一天書，作饗甚靈，又一年順治皇帝落海，被風吹至
> 此海岸，亦卑南頭人救他，後順治王賜一龍袍，做饗愈靈。后山各
> 邑番人，皆聽使役，故稱為卑南王也。〔註117〕

「龍袍」似乎象徵一種權力的獲得。傳說中主人公常藉獲得一種「寶物」，
以凸顯其身分與力量。1896年，田代安定至臺東殖民地調查之田野筆記，與
當地官署文件抄錄，記載當地聽聞的卑南王史。田代以「未知真否」，作為
對此則民間傳聞之看法。從其採錄得知：卑南頭人「得一天書」，會作饗甚
靈，救皇帝因而獲「龍袍」，眾人稱之「卑南王」，再加皇帝所賜龍袍作饗更
靈。換言之，人們認為「卑南王」力量來自於「作饗甚靈」。「做饗」應是漢
人所謂術者施行法術，與傳統部落裡存有的神秘「巫術」相似，民間認定「做
饗」具有特殊力量。如：胡傳就曾記載：「番俗疾病無醫藥，或宰牛、豬以
祈禱，或請『响婆』禳之。『响婆』，猶內地之女巫也。」〔註118〕

田代記錄「得一天書」的說法，應是民間形容卑南族的傳統巫術，也有傳
說以「幻術」稱之，其力量「眾蕃見之駭然畏懼」：

> 距今凡百年，當清嘉慶之末，道光之前，臺東之地，盡為生蕃，尤其
> 是卑南生蕃。眾蕃之中有一蕃即傑出，其性頗敏捷，品行亦甚方正，
> 而處事公平，且長幻術，若有頑強不可救藥者，狼藉徘恓，以惑眾蕃，
> 彼捕之，一旦一聲高叫死，此者必死，眾蕃見之駭然畏懼，相率拜趨
> 彼之下，亦無一人敢起而反抗，彼承此勢，遂風靡至三條崙，北至花
> 蓮間凡七十餘里。臺東之地殆歸彼之掌中。於是乎，聲望益揚，威望
> 愈加，當其出入，彼林八社之壯蕃，以儀仗扈從其前後左右，儼然有

〔註116〕鄭賢生述說祖先的故事。宋龍生：《臺灣原住民史料彙編·第六輯》（南投：
臺灣省文獻委員會，1998年），頁41。

〔註117〕田代安定：《臺東要書綴》。為田代安定1896年8月至12月臺東殖民地調查
途中於臺東花蓮一帶抄錄之官署檔案與民間文件，以及與當地者老筆談訪問
筆記。資料引自國立臺灣大學數位資料庫〈田代文庫〉。http://cdm.lib.ntu.edu.
tw/cdm/search/collection/Tashiro/searchterm/%E6%9C%AC%E4%BB%B6%E7
%82%BA%E7%94%B0%E4%BB%A3%E5%AE%89%E5%AE%9A1896%E5%
B9%B48%E6%9C%88%E8%87%B312%E6%9C%88%E8%87%BA%E6%9D%
B1%E6%AE%96。

〔註118〕胡傳（臺灣銀行經濟研究室編）：《臺東州采訪冊》，頁52。

人君之風，眾蕃推稱為卑南王，實總管七十二社。〔註119〕
「巫術」是卑南族文化中極具特色的現象，「巫者之術」、「行巫之術」，也是
卑南族原始宗教遺存中，溝通人與神靈之間的方法與過程，是神靈、巫者、
受巫者三者之間神秘經驗的總結。各部落不僅擁有為數不少的巫師，在宗教
信仰發達的現在，依然是部落族人或其他族群，在解決心靈撫慰需求，或對
超自然力量有所期待時的選項之一。〔註120〕卑南族人相信透過巫師的做法，
可以祈福轉運，甚至破解外來的惡意符咒。傳統執法的巫師在部落裡擁有崇
高的地位，過往臺灣原住民族部落中又以卑南族的巫術最為出名，據說非常
靈驗，讓其他族群的人都畏懼三分。笠原政治認為卑南族之所以強盛其中一
個原因，是因其極具靈力的祭儀。〔註121〕祭儀的靈力讓「眾蕃見之駭然畏
懼」，鄰近阿美、排灣和布農口碑中時常提及他們之所以畏懼卑南族的重要
原因之一（可見前章的討論）。〔註122〕

　　卑南族的「巫術」具神秘力量多有所聞。如：卑南社流傳甚廣的〈二兄
弟神話〉，傳說其先祖二兄弟，常常在夜間偷偷潛入拉拉鄂斯人的甘蔗園中偷
取甘蔗，後來被抓住後乘風箏逃走，離開後兩人心覺受辱，決定報仇雪恨，
就去問外祖母有何辦法。具有巫術的外祖母教二兄弟降下了大地震，一時之
間，天搖地動、大火蔓燒，不斷有火災。從此拉拉鄂斯人被完全消滅。

　　利嘉部落與荷蘭人相遇時，相傳法術也能讓槍彈停在空中，拿刀的人無
法揮刀，因而打贏勝仗：

> 過去青年住集會所內，輪流巡視，有一天，巡邏的青年回來報告說，
> 不知從何處來了很多紅頭髮在吃火的人要來攻擊我們，大家都很緊
> 張，集合全部落的。nyLiw（尼六），他自告奮勇的願意出去迎戰，
> 其餘的青年自備作戰的利器，過去沒有槍砲，用其自製的木棒等，
> 由尼六領頭出去迎戰，果然看見紅頭髮在吃火的人都武裝待發（因

〔註119〕林玉茹：《殖民地的邊區東臺灣的政治經濟發展》（臺北市：遠流出版社，2007
　　　　　年），頁263。
〔註120〕林二郎：《以大巴六九部落的實踐經驗芻建卑南族巫術的理論》（臺南市：國
　　　　　立臺南大學臺灣文化研究所碩士論文，2005年）。
〔註121〕笠原政治：〈臺灣高砂族の歷史と文化〉，刊於黑潮文化の會編：《新海上の道
　　　　　—黑潮の古代史探訪》（東京：角川書店，1979年），頁129～151。
〔註122〕陳文德：〈巫與力：南王卑南人的例子〉，收錄於：胡台麗、劉璧榛主編：《臺
　　　　　灣原住民巫師與儀式展演》（臺北市：中央研究院民族學研究所，2010年），
　　　　　頁138。

語言不通對方比手劃腳也許對方要我們投降或之類的），當時有六
個集會所，人多又個個勇猛，想利用此機會好好表現其英勇，在尼
六一聲令下，雙方開始正面衝突，對方有槍彈，有大刀，當對方衝
過來時，尼六使用法術，使對方的槍彈停在空中，拿刀的無法揮刀，
正好跟在後面的青年趕上，殺的對方全軍覆沒，剩下一人跪地求饒，
比手說：他可以教部落民種植煙草的技術，也可以做牛車及農具做
為條件，……〔註 123〕

由此可知卑南族的巫術極具神秘靈力，周遭人群對這股神祕的力量驚若寒蟬。
民間傳說將巫術的神秘靈力與受封卑南王的情節相結合，周遭之人皆服從使
役。龍袍除賞賜說法，也有說卑南王原來就擁有特殊力量的衣服，並非皇帝賞
賜，民間以「寶衣」稱之：

有一天，部落裏的一個青年人上山，無意間在山洞裏覓獲了一件金光
閃爍的衣服，他好奇地穿在身上，回到部落裏，同族的人們看到他身
著寶衣，便擁戴他為王，族裏的大小事都由他來處理，結果一切非常
順利，大家更加信服他。老人們還說：當時這位番王不但有才幹，他
說的話又非常靈驗，好像俗稱為「皇帝嘴」的朱元璋那樣既靈又準。

他的這種神秘性，更使他具備了做為一個強有力的領袖條件。〔註 124〕

寶衣原來就擁有的說法，可能與卑南族男性長老的長背心稱為「longpaw」有
關；卑南族男性長老的長背心「longpaw」有「龍袍」的諧音，但也有可能是
清廷賜給卑南人作為朝貢之用朝服，因取形式與其相類似，取「龍袍」的諧
音，之後族人模仿朝服的型制創新出現今所見之長背心。〔註 125〕傳說只要穿

〔註 123〕 高德儀先生自述手稿：紅頭髮和吃火的人。轉引自林宜茂：《學校教育與社區
營造—以臺東縣利嘉國小課程為例》（國立臺東大學社會教育學系碩士論文，
2010 年），頁 72。

〔註 124〕 施翠峰：《臺灣鄉土的神話與傳說》，（彰化：彰化縣文化中心，1995 年），頁
34～37。

〔註 125〕 其型制上是較晚近的發明，約為四、五十年前所創，為男性年齡階級中成年
人「maidan」與老年人「mayidanla」的穿著。一般所見的形式是以黑色十字
格布上繡十字繡花紋，早期可能整件是以織的布所製，代表對年長者的尊敬。
衣服是四、五十年前發展出來的，屬方衣系統，不過領口及袖口都已稍加裁
剪。前襟有一對白綁帶；衣服下擺施有各色流蘇的裝飾。國立自然科學博物
館典藏標本 1993003002 長衣，卑南（Puyuma）。簡介網址 http://digimuse.nmns.
edu.tw/Demo_2011/showMetadata.aspx?ObjectId=0b00000180034905&TypeKin
d=kuUK&Type=nation&Part=&Domain=ha&Field=et。

著「寶衣」能處裡大小事情，且能幹說話靈驗，如朱元璋般既靈又準，因而擁戴他為王。這與前述龍袍具靈力的情節相類似。

　　清治時期相傳皇帝贈送「龍袍」，荷蘭時期卑南社協議歸順後，治理政權荷蘭也贈送灰色帽子、一塊紅色天鵝絨與卑南領主；民間也傳說這一塊紅色天鵝絨如「寶衣」般具神秘力量：

> ……如此平靜地過了好多年，有一天，突然紅毛蕃（可能指荷蘭人）坐船從臺東海邊上陸，想要佔據臺東縣下的平野地帶，於是，番王率領阿美族人起而抵抗，經過一場激烈的戰鬥後，紅毛蕃大敗，終於逐出海外。後來，紅毛蕃改變方法，帶來許多珍珠、瑪瑙珠來呈獻番王以示求和。番王接受進貢之後，便和他們講和了，而且他們以後還時常送來瑪瑙珠等物，與阿美族交換牛隻、鹿皮等物。荷蘭人與臺東鯉魚山下的阿美族開始有交易之後，他們很羨慕番王所有的這一件豪華而美麗的衣服，於是，他們也利用他們的材料縫製了一件漂亮的衣服，要與番王的那一件交換。……（施翠峰，1995：34～37）

紅毛蕃很羨慕番王所擁有的，這一件豪華美麗的衣服，「寶衣」具有不同凡響之力量，「身著寶衣」能處理大小事情，荷蘭因而以假寶衣換去寶衣。這則傳說同樣出現，與「鴨母王」傳說類似的情節。

　　除「寶衣」外，荷蘭當時對臣服番社會給與象徵主權的「親王旗」，及發給結盟部落領袖作為行使權力依據的「藤杖」。「藤杖」稱為「權杖」是通用翻譯名稱，實際上只是一支與人同高的藤杖，藤條上方標誌有劣等銀包覆製成的荷蘭東印度公司的圖徽而已。〔註126〕根據 Thomas Pedel 中尉的記錄，原住民族群主要是因為害怕荷蘭人對他們發怒，才去領親王旗，以避免兵災，並不見得是真的心悅誠服。「藤杖」，雖然荷蘭統治者再三告誡，藤杖不屬於私人所有，也不可利用藤杖侵擾他社，但是對於領有藤杖的部落領袖而言，他們往往視藤杖為私人所有，利用藤杖藉機擴張己社勢力，或甚至不願按規定將藤杖交還者，也多有所聞。〔註127〕民間對這些賞賜之物特具想像力，傳說一暹羅船在海上遇風，前來求救：

〔註126〕中村孝志著，吳密察、許賢瑤譯，〈荷蘭時代的臺灣番社戶口表〉，《臺灣風物》，44 卷 1 期（1994 年 3 月），頁 233。

〔註127〕康培德：《殖民想像與地方流變》（臺北市：聯經出版社，2016 年），頁 152～159。

　　……，卑南王令人去相救，為感念其恩德，暹羅人教其巫術並贈一錫
　　杖，據說只要卑南王手持，在社外唸唸有詞，可使該設在三日之內癌
　　疾流行，眾人為怕降禍，紛紛獻上禮物臣服，不敢有二心。〔註128〕
藤杖換成「錫杖」與卑南巫術結合，民間也盛傳錫杖有特殊力量，因害怕卑南
王對其降禍紛紛獻貢。卑南社協助治理者平亂，所獲賞賜之物不論是「龍袍」、
「寶衣」、「錫杖」，傳說都具有神奇魔力，可治病、令人敬畏、勢力愈來愈強
大。也因為力量強大，「龍袍」、「寶衣」、「錫杖」皆會被人偷天換日，讓其失
去力量。各傳說的情節幾乎與清廷賞賜「龍袍」相同，只是「寶衣」、「錫杖」
換成「龍袍」，「紅毛番」換成「清朝皇帝」。傳說的「寶衣」、「錫杖」與卑南
王獲賜之「龍袍」，在傳說中的功能角色幾乎相同。

　　民間傳說中出現寶衣、錫杖、天書等等，透露早在民間傳說「卑南王」
受封之前，卑南社可能已是一方霸主。換言之，荷蘭來東尋金時，卑南社已
隱約打下「卑南王」一統七十二社的實力，傳說中「寶物」獲得的情節，隨
著歷史不斷被更換寶物，也讓「卑南王」傳說更容易打入民心。

二、龍袍被盜與勢力沒落

　　1896 年，田代安定至臺東殖民地調查之田野筆記，除記載當地聽聞的卑
南王，「作饗甚靈」使其一統七十二社，開山撫番後，龍袍被以戲袍換去，因
而勢力漸衰：
　　……光緒元年開闢后山褒？府至卑南，見卑南王身穿龍袍以戲袍假
　　龍袍換去真龍袍，其天書又失落，故作饗不靈，不復為強番矣。伐
　　聞卑南王之事如此，今為大人述之。但未知真否。〔註129〕
力量無窮的「龍袍」不知何因，散佚失去蹤跡；《臺東縣志：人民志》記載：
　　卑南王家族迄 1963 年，尚存朝珠一串，銅質寶鼎一座……。入朝象
　　笏則在盟機轟擊時防空洞遺失。〔註130〕
尚存之物僅剩「朝珠一串，銅質寶鼎一座……」等，這些可能是清朝命福康
安為將軍率軍討伐林爽文之亂、和牡丹社事件派遣沈葆楨來臺期間，卑南王
家族陸續受贈於朝廷、督府與地方鎮道等。民間所謂的賞賜「龍袍」或「黃

〔註128〕黃師樵：〈卑南王的故事〉，《臺北文獻》第 25 卷（1973 年），頁 1～4。
〔註129〕田代安定：《臺東要書級》（臺北：國立臺灣大學圖書館數位典藏館）。
〔註130〕黃拓榮編：《臺東縣志：人民志》（臺東：臺東縣文獻會，1963 年），頁 90
　　　　～91。

馬褂」早已不在，許多賞賜之物也早已遺失。

　　民間傳說皇帝賞賜「三爪龍袍」，有別於大清皇帝的「五爪龍袍」，卑那來十分高興，帶著皇帝的賞賜回到臺灣，從淡水碼頭上岸，卑那來的行頭頗為引起宵小側目在上岸不久後，即被人盯梢，搶走行李，「三爪龍袍」無緣回到回後山故鄉。〔註131〕「龍袍」被偷盜民間還有多種說法：

1. 當地總督心生不滿，將其龍袍換為戲服

　　「卑南王」一夕風光的遭遇，讓當地總督心生不滿，將其龍袍換為戲服，因而失去龍袍：

> ……近半月後，卑南王始離京返台。在其由福州坐船時，當地總督對其遭遇心生不滿，特意戲弄趁其酒醉將黃龍馬褂換為戲服，但卑南王不知著戲服回台。因此一行，卑南王聲勢更為大增，對人亦十分嚴厲，動輒斬首。不過其到五十歲即死，而其子性情仁弱，改以猴頭祭祀，自此卑南王的名聲以不足服眾社了。〔註132〕

「總督」是明、清兩代地方行政區域中實際或名義上的最高行政長官的一種官職。在清代，總督多被尊稱為督憲、制軍或制臺。總督一職最初僅是朝廷派往地方進行軍事巡查的虛職，到清代變成常駐地方的封疆大吏。閩浙總督的官職全稱是總督福建、浙江二處地方提督軍務、糧餉、管理河道兼巡撫事，其駐地在福州，統轄的範圍大致相當於今天的福建、浙江兩省。順治 2 年（1645），開始設置福建總督，兼管浙江的政務。光緒 11 年（1885），清廷於臺灣建省，設立巡撫，福建巡撫改為臺灣巡撫，閩浙總督把福建巡撫的職責收入囊中，至此，閩浙總督除了管理福建、浙江之外，臺灣也歸其統轄。如左宗棠、鄧廷楨、端方、周馥都曾任閩浙總督。然民間為何傳說是「總督」換走龍袍？推測「總督」為當時臺灣最高階層之地方父母官，對於地方還有一個「卑南王」，民間或許認為「一山不容二虎」，「總督」因而換走龍袍。總督以戲袍換走卑南王的龍袍，與田代安定田野所記載之「府至卑南，見卑南王身穿龍袍，以戲袍假龍袍換去真龍袍」相似，著龍袍戲服的情節，也見於鴨母王朱一貴的傳說：

> 朱一貴起事後，軍隊要進入臺南府行至西城（大埔），見右邊廣場上有一座戲臺，戲子們躲避戰禍跑光了，只留下演戲用的冠、袍、帶、

〔註131〕林建成：〈卑南王龍袍後裔見過〉，《聯合報》1998 年 2 月 5 日。
〔註132〕黃師樵：〈卑南王的故事〉，頁 1～4。

履以及刀、槍，散亂臺上。朱一貴看到臺上的黃龍袍及皇冠，喜形
於色，跳到臺上穿戴起來，部下跪倒三呼萬歲。朱一貴又讓部下把
其他的戲服也拿來穿，於是大家蜂擁而上把戲服搶得精光，人人都
成了大臣將軍。〔註133〕

　　傳說中福建總督設計換走龍袍，卑南王因而五十歲即逝。由敘事觀點推
測，故事可能為漢族移民所創可能性較高。清廷開發後山，實施開山撫番之政
策，移民逐漸進入臺東平原，明治41～42年（1908～1909）日本政府取消各
部落對卑南族繳納貢，卑南社經濟優勢逐漸失去，在陸續失去優勢下，卑南王
走入歷史。民間傳說也似乎因應此歷史動態，有異曲同工之妙。

2. 因眾人不服而將龍袍收起

　　民間傳說是因眾人不服而將龍袍收起來，卑南王因而當不成皇帝：

……皇帝看了很高興，就把自己身上穿的衣服脫下給他穿，於是他
穿了皇帝衣服，竟做起皇帝來，因為他沒有知識，眾人不服，所以
眾人在他換衣服的時候，就把皇帝的衣服收起來，他就當不成皇帝
了。他就回來臺灣，皇帝也與他成為好朋友。後來皇帝也到臺灣來，
並帶來許多的黃金和好東西送人。〔註134〕

這篇口碑是宋龍生在部落採錄，受訪人周喜熟先生所言「pasaraʔat 氏族首領
的兒子，名字叫 siʔitan」。前已提及周喜熟先生的卑南王 Pinadray，其父親「加
六賽」有差異，其屬南部落的 Raʔraʔ氏族，差異甚大。其後又述，因為眾人
不服，龍袍被收走，沒成為皇帝。沒當成皇帝因而成為皇帝好朋友。失去某
種物件或是周遭環境遭破壞因而當不成皇帝，在民間常有所聞。從古至今，
卑南社歷經知本社、荷蘭、清廷、日本不同治權、不同時期進駐臺灣東部，
在政權交替之時勢力更迭，常讓民眾有不同聯想。傳說常會將各段歷史混淆，
如：「龍袍」常與荷蘭與卑南社共同尋金時，荷蘭贈送卑南覓社「寶衣」之物
混淆，隨政權交替時「龍袍」、「寶衣」也會因某一原因消失。

3. 被紅毛蕃偷偷交換寶衣

　　傳說得到部落的「寶衣」擁戴他為王，紅毛番坐船從臺東海邊上陸：

〔註133〕　朱鋒：〈鴨母王〉，收錄於《臺灣民間文學集》（臺灣文藝協會，1936年）。資
　　　　　料來源《數位典藏與數位學習聯合目錄》網址 http://catalog.digitalarchives.tw/
　　　　　item/00/66/9d/40.html（2019/03/06 瀏覽）。
〔註134〕　宋龍生：《卑南族神話傳說事集：南王祖先的話》，頁103。

有一天，部落裏的一個青年人上山，無意間在山洞裏覓獲了一件金光閃爍的衣服，他好奇地穿在身上，回到部落裏，同族的人們看到他身著寶衣，便擁戴他為王，族裏的大小事都由他來處理，結果一切非常順利，大家更加信服他。老人們還說：當時這位番王不但有才幹，他說的話又非常靈驗，好像俗稱番「皇帝嘴」的朱元璋那樣既靈又準。他的這種神秘性，更使他具備了做為一個強有力的領袖條件。如此平靜地過了好多年，有一天，突然紅毛番坐船從臺東海邊上陸，想要佔據臺東縣下的平野地帶，於是，番王率領阿美族人起而抵抗，經過一場激烈的戰鬥後，紅毛番大敗，終於逐出海外。後來，紅毛番改變方法，帶來許多珍珠、瑪瑙珠來呈獻番王以示求和。番王接受進貢之後，便和他們講和了，而且他們以後還時常送來瑪瑙珠等物，與阿美族交換牛隻、鹿皮等物。荷蘭人與臺東鯉魚山下的阿美族開始有交易之後，他們很羨慕番王所有的這一件豪華而美麗的衣服，於是，他們也利用他們的材料縫製了一件漂亮的衣服，要與番王的那一件交換。番王不知情，以為同樣的盛裝穿久了也膩了，換穿另外一件，必定更神氣，於是滿口答應。說也奇怪，自從那件衣服被換走之後，番王所說的話既不準，也不靈了，接著，部落裏的族人也開始不信服他，不擁戴他。……（施翠峰，1995：34～37）

傳說中「番王」應是民間口傳的卑南王。一如前節，部落的「寶衣」也是一種權力的形式，「寶衣」被稱為「紅毛番」利用材料縫製了一件漂亮的衣服，與番王的「寶衣」交換，隨而部落裏的族人開始不信服他。「番王」被換走寶衣的情節，與龍袍換為戲袍情節相近，只是換走寶衣的是荷蘭人，換走寶衣讓「王」失去力量，進而失去強有力的領袖條件，人們開始不信服他，不擁戴他。然，「龍袍」是否真的存在？1998 年有記者採訪卑那來的後裔第八代陳欽寶說：「看過龍袍，龍袍的樣子還依稀記得。」

> 「卑那來」的後裔第八頭代陳欽寶說，看過龍袍，印象中失依稀是黑色底，胸前一直到腳繡上一條金黃色的大龍，他不記得龍有幾爪。只聽說當年曾經拿出來來外面曝曬，清廷官員無意間見到還當場下跪。日據時期，陳欽寶母親聽到別人談論該件龍袍像戲服一樣，也聽說像曾經被人掉包過，詳情如何不得而知，不過卑南族人也將它稱作「龍寶」，有別於傳統服飾上長老所穿的達谷隆背心禮袍。陳欽

實說，龍袍在一九六五年因為颱風弄濕了，家人將其處理掉，從此
就不曾出現。〔註135〕

歷史上沒有的「龍袍」，傳說卻還增添了偷盜或換置「掉包」的情節，讓卑南
王從此失去龍袍；沒了龍袍的卑南王，從此上演勢力沒落的傳說。可見傳說透
露民間對歷史的出現、衝突、盼望、不平，在傳說中都提出了「詮釋」和「解
決」。

受封後的卑南王風光回臺，受民眾兩岸夾道歡迎，一統七十二社。阿美
族、布農族、魯凱族、排灣族等，皆向他納稅。〔註136〕然好景不常，龍袍
被偷盜，傳說隨而附會「卑南王」從此勢力逐漸趨落。失去龍袍的卑南王，
還影響其子，其子繼承性情仁弱，不再獵人頭，改以猴頭祭祀，因此卑南王
勢力大減。

因此一行，卑南王聲勢更為大增，對人亦十分嚴厲，動輒斬首。不
過其到五十歲即死，而其子性情仁弱，改以猴頭祭祀，自此卑南王
的名聲以不足服眾社了。〔註137〕

改變祭典活動的原因也來自失去卑南王「龍袍」。卑南族傳統祭典活動，有兩
大類：一是農業相關的歲時祭儀，像是小米收割祭、婦女除草完工慶等；另
一是按照個人生命歷程進行的生命禮俗，像是「年祭」等。「年祭」的卑南族
語，除了建和部落稱 amiyan、初鹿和龍過脈稱 kasangalan 之外，各部落多以
mangayaw 一詞稱之。〔註138〕此外，除了使用「年祭」一詞的翻譯之外，普
遍也以「大獵祭」來譯稱；孫大川就「mangayaw」一詞之語言結構特性認為
「很可能是一項宣示主權的祭儀」。《番族慣習調查報告》卑南族獵人頭是為
了報仇。社內若有人遭到他族砍首，不是全社成員全數出動，就是由受害人
子孫或親戚為其報仇。〔註139〕一如孫大川所言「mangayaw」（大獵祭）「很
可能是一項宣示主權的祭儀」，卑南族對年度祭儀的看重非同小可。〔註140〕

關於「獵首」蔣毓英《臺灣府志》云：「好殺人，取頭而去，漆頂骨貯于

〔註135〕林建成：〈卑南王龍袍後裔見過〉，《聯合報》1998 年 2 月 5 日。
〔註136〕宋龍生：《臺灣原住民史料彙編・第六輯》，頁 41。
〔註137〕黃師樵：〈卑南王的故事〉，《臺北文獻》第 25 卷（1973 年），頁 1～4。
〔註138〕陳文德：《卑南族》（臺北市：三民書局，2010 年），頁 69～70。
〔註139〕佐山融吉編纂，黃宣衛／陳文德主編：《番族調查報告書》，頁 252。
〔註140〕未著撰人：《卑南巡禮特刊：由獵祭出發》（臺北市：順益臺灣原住博物館，
　　　　1995 年）。

家，多者稱雄。」〔註141〕這是一般人看待出草行為。但也有比較超然角度的
看法：黃叔璥《蕃俗雜記》云：

> 內山生番野性難馴，焚盧殺人視為故常，其實啟釁多由漢人，如業
> 主管事輩在開墾，不論生番‧熟番，越界侵佔，不奪不饜，復勾引
> 夥黨，入山搭寮，見番弋取鹿，往往竊為己有，以故多遘殺戮，又
> 或小民深入內山抽藤‧鋸板為其所害者亦之。〔註142〕

然無論在番人之間或漢番之間，獵人頭時有所聞，也令一般人聞風失色。當
時人們認為在山中遇到鬼、怪，也都比遇到出草的臺灣原住民好多了。卑南
族「改以猴頭祭祀」應是日治時期，日本總督禁止原住民族的出草行為，企
圖消滅他們的祖靈信仰，以實施皇民化政策、同化政策。民間傳說卑南王勢
力大減，與不再獵首相關聯，「獵首」制度的改變卻與日本政府治理相關。

　　失去龍袍以後賞賜之物四分五散，但卑南王的功績並不因龍袍的失落，
影響族人心中的地位。2010 年 8 月 22 日南王部落頭目長老參訪團一行，踏
著祖先的足跡來到紫禁城。參訪團一行人說：過去在部落聽過長輩說，祖先
到京朝謁之事，今天親自踏進皇宮，全身顫抖，有一種非常神聖的感覺，彷
彿祖靈附體，彷彿在與祖靈對話：

> 據卑南族世代口傳記載，在 220 多年前，臺灣卑南族人的祖先因有
> 功于朝廷屢受賞封並兩次得到清朝乾隆皇帝的召見，先人們乘船跨
> 海、騎馬賓士數月來到紫禁城覲見皇上，並被允許帶刀上殿還被授
> 於皇袍馬褂。〔註143〕

　　族人對這段傳說，再度增添新情節，以凸顯祖先的有功受封。可見卑南
王傳說仍是受族人津津樂道。「兩次得到清朝乾隆皇帝的召見」可能是指林
爽文事件、朱一貴事件或是陳安生時開山撫番時協助所賞賜，也可能是在卑
南族人記憶中，卑南王即是不斷受到治理政權的青睞，賞賜不斷，深深引以
為豪。「騎馬賓士數月來到紫禁城覲見皇上，並被允許帶刀上殿」，族人以更
貼近當代人的生活譬喻，形容當時的卑南王的豐功偉業，不僅是對其津津樂
道，更是想凸顯卑南族人過往在歷史上之重要性。

〔註141〕蔣毓英：《臺灣府志》，頁 102。
〔註142〕黃叔璥：《臺海使槎錄》，頁 167。
〔註143〕中華全國臺灣同胞聯誼會：〈踏尋祖先足跡再續歷史新篇—臺灣卑南族南王
　　　　部落頭目長老參訪團在北京故宮〉，http://tailian.taiwan.cn/n1080/n1110/n1429/
　　　　868465.html。

相較於卑南社有「卑南王」的傳說，知本社卻相傳為何沒有「王」的傳說。第一則，荷蘭人帶走知本社的紋身人，不僅讓其知本社失去勢力，甚至連「國王」也沒了：

> Kalokal 住在知本，他有兄弟 Karapiat 和姐妹 Milik。Pali 為追求 Milik，送她一個閃著銀光的枕頭。Kalokal 就躺在枕頭上，一直不到田裡工作，這時荷蘭人從東邊的海上，看到 Kazekalan 處閃著星辰光芒，他們在 Kanarovang 處碰到了老 Toko，向她問路並送給她一個瓶，帶著她往 Kazekalan 去，看到全身紋身的 Kalokal 便將他帶走到臺南。而 Karapiat 則一直尋找兄弟，在途中遇到來自西方的人，要定居在東方，經一番分配，產生了 Toqot oqo、Kotsiling、Pataval 等地名。老 Karapiat 則繼續追尋他的兄弟，因為他雙眼如藻所以人們給他這個名字，他的真名是 Qelongel 終於找到了 Kalokal，但他已習於文明的生活，不願回去。在回去的途中 Karapiat 偷了排灣人 Doperang 的「太陽之淚」珍珠，回到家裡便向 Lavot 求婚，育有二子 Sinakovan 和 Remaqovang。那二個孩子異常勇敢，人們就派他們在 TarenaqowanSinasaqan 和 Qodogodonqgan 守望獵物交付及獵場。至於老 Kalokal，荷蘭人帶他去馬來西亞時，他在當地（Marai）有了一個小女孩 Maraqit，後來又回去荷蘭，而老 Kalokal 在半途便死去，他們刺下他有圖案的皮，就發現甚至連骨頭都有花樣。就因為荷蘭人將文化創造者 Kalokal 帶走，所以山地人才不識字，而同時也將馬蘭山上的那對眼睛帶走，傳說中若馬蘭山上那對眼睛在，將會出一位國王。（王永馨）〔註144〕

第二則，荷蘭人破壞鯉魚山形狀導致無法出帝王的傳說：

> 臺東有一座鯉魚山，山的形狀像一條鯉魚。鯉魚山上有兩塊大金子，是鯉魚的一對眼睛。據我們祖先說，我們本來會出一位皇帝治理萬民的，但是被荷蘭人破壞了。他們取走了鯉魚山上的那對眼睛，使我們東部山地沒有了帝王之氣，所以就沒有皇帝產生了。〔註145〕

兩則傳說都直指荷蘭人破壞知本社的帝王之氣。破壞的人是「外來者」，導致

〔註144〕 Alton Quack 編，洪淑玲譯：《老人的話：知本卑南族發展史中的傳說》，轉引頁。

〔註145〕 金榮華：《臺東卑南族口傳文學選》（臺北市：文化大學研究所，1989年），頁139。尹建中：《臺灣山胞各族傳統神話故事與傳說文獻研究》（臺北：國立臺灣大學，1994年），頁265。

當地無法出現皇帝。換言之,「卑南王」之所以會在卑南社產生,是因荷蘭人帶走知本社的紋身人。這也與荷蘭人來以後,卑南社取代知本社成為卑南平原的霸主,不謀而合。

　　卑南王的形象又是如何呢?傳統原住民社會中,男子要負責砍伐、漁獵、建築房舍、戰爭等工作,在這些工作中表現優異的人,往往能得到族人的讚賞、肯定,特別是能獵取最多的野獸、砍取最多外人頭顱的人,也是最受村社人們尊敬的人,甚至因此成為「頭目」。所以,原住民族男子的形象,往往強調其勇武的一面。有關提及卑南王的形象傳說文本如下:

文本①

　　臺東之地殆歸彼之掌中。於是乎,聲望益揚,威望愈加,當其出入,彼林八社之壯蕃,以儀仗扈從其前後左右,儼然有人君之風,眾蕃推稱為卑南王,實總管七十二社。〔註146〕

文本②

　　他是一位頭腦聰穎、反應敏捷的天生領導者,年輕時正值清政府實施「封山」政策,禁止漢人往來後山地區,他帶著後山狩獵的熊膽、鹿茸、鹿皮翻山越嶺到屏東水底寮地區,設置交易站,與漢人交換布匹或農作物種子,攜回故鄉種值。〔註147〕

文本③

　　Pinadray 年輕的時候即已接觸了當時的漢裔商人,聽說了許多西部的事情,便覺嚮往。在其第一任妻子去世後,他便至屏東水底寮,在那一帶生活了一段時間,學習各項新的農耕技術,並嫁給當地的平埔族女性。之後回卑南接任父親的位置時,也同時將許多農耕技術引入東部平原。〔註148〕

文本④

　　據稱 pinarai 聰明無比,附近異族悉威服之,年年向之納租,他以「卑南王」的名義,統治臺東縱谷平原,勢力圈北起加走灣(今長

〔註146〕　林玉茹:《殖民地的邊區東臺灣的政治經濟發展》(臺北市:遠流出版社,2007年),頁263。

〔註147〕　林建成:〈卑南王龍袍後裔見過〉,《聯合報》1998年02月5日。

〔註148〕　報導人:男性,民27,卑南族。未出版。臺東縣卑南族民族自治事務促進發展協會:《館藏卑南族文物與卑南王傳說之相關研究分析暨故事採集計畫期末報告書》(臺東:國立臺灣史前文化博物館,107年)。

濱）公埔（今富里），南達恆春地方，西越中央山脈，聲勢浩大。
另說，卑南（pinam）與「檳榔」（pinnun）近音，故社名取其諧音
為為「卑南」〔註149〕

文本⑤

卑南族人自古崇尚武道，生性彪悍，由於人口少必須生存於列強中，
因此相當重視青少年的軍事劉練、在歷史上曾經創造出「車南王的
輝煌時代，統治東臺灣的邮落。卑南少年成長至十三、四歲就必須
先進入「打骨把骨棒」「少年會所」接受「斯巴達」式叢林戰鬥制
練，廿歲後才「退伍」，因此每名男子皆驍勇善戰。歷史上記載元
朝大德元年，卑南八社頭目馬加特征服其他各社，被推為首長，清
康熙年間朝廷以懷柔政策攏絡，加賞賜，封官爵，從文結首長至卑
那拉，歷經三百年，號令東部七十二社。光復後卑南王的成名還曾
影響南至屏東北到花蓮富里一帶，各部落仍繳粗納貢，盛行一時，
也留下了「卑南王」的稱號。今天臺東市「南王里」即是當年王畿
所在地。〔註150〕

文本⑥

以前卑南族有一頭目 pinarai，勢力很大，成為統轄臺東一帶的大頭
目，他聰明無比，不僅，全都納租聽命，來人推他為卑南王。社名
卑南覓後來成為臺東蕃地慣用的總名。〔註151〕

文本⑦

卑那來並非因曾復清廷而被封為「卑南王」，而是因為他統轄東部聯
盟的功勞。他從西部引進稻種和耕具，使族人們不必再用燒墾的方
式耕種。

除了為各落引進民生物資和農作的革新，卑那來也以盟主的威望調
解各部落之間的紛爭，消除各部落之間常有的爭戰。雖然不得已接
受清國政府的統治，但仍是人民心中的「卑南王」。〔註152〕

綜觀文本對卑南王形象敘述有幾個特色：

〔註149〕洪敏麟：《臺灣地名沿革》，頁158〜159。

〔註150〕林建成：〈卑南王〉，收錄於《臺東縣鄉土教材初編》，頁311。

〔註151〕安倍明義：《臺灣地名研究》，頁45。

〔註152〕繪者杜福安，審訂詹素娟：《漫畫臺灣歷史·美麗大地的子民》（臺北市：玉
山社出版，2002年），頁149。

1. 他是個混血兒，他可能有漢人血統。
2. 他娶異族女性或是婚入異族。
3. 聰明無比。一統東部或是七十二社。
4. 卑南族人敬服，附近的異族也都畏服他。
5. 他與漢人關係緊密，不論是做生意或是學習農業。

三、帶來農業—以卑南社為中心的聯合建構

「卑南大王」的 Ra'raʔ氏族盛極一時，卑南口傳認為其辦事穩健作風和處理部落外涉外關係上，取得官府的信託，以及幾次與漢族通婚，使其在語言上很早消除了溝通上的障礙，接受了外界先進的農業技術。〔註153〕

早在 1641 年 5 月，荷蘭商務員 Wesselingh 赴卑南覓（Pimaba）時，即向居民發出獎勵稻作的命令。〔註 154〕同年 Wesselingh 在卑南覓附近 Tammalaccauw 社（臺東縣卑南鄉太平村）被殺害。1642 年特勞牛斯航往瑯嶠與福爾摩沙的東岸，要去懲罰 Tammalaccauw（大巴六九社）的謀殺者，並去繼續探查金礦。2 月 12 抵達卑南。在卑南逗留兩天的期間，極力鼓勵居民種植稻米。〔註 155〕由此可知荷蘭時代，卑南社的稻作農業尚未形成。朱一貴事件後，清廷立界禁止漢番交易，當時的卑南王帶頭至前山枋寮與西部交換物資：

> 當此時，後山一帶之地，只種黃粟，未產禾麻菽麥，卑南王憂之，
> 聚鹿茸、熊膽、各獸皮之類，使壯蕃肩之，出至前山枋寮，於此開
> 戶市場，以交換有用的各種農產物之種子，攜回鄉土。唯恐不知栽
> 培之法，遂邀枋寮鄭尚伴之返山，使其遍地觀察，更向平埔蕃講授
> 耕種之法，苦心經營，始了解種禾之道。〔註156〕

因前、後山間的貿易商業活動，遂逐漸有漢人前往開墾。直至嘉慶、道光年間，當時臺灣西部平原地區大致完成開發後，少數漢人開始逐漸轉移目標至後山交通較方便、平原開闊地區拓墾，但大多失敗，隨後棄地而去。當時漢人進入後山拓墾的分佈地區，明顯的呈現點狀分佈現象，主要利用陸路方式，由西部翻越中央山脈東來。或者由南部進入，此皆受限於交通的不便。

〔註153〕宋龍生：《卑南族神話傳說故事集：南王祖先的話》，頁 103。
〔註154〕宋龍生：〈南王卑南族的會所〉，《考古人類學刊》第 25 期（1965 年），頁 118。
〔註155〕江樹生譯註：〈熱蘭遮城日誌／II-A／1641-04-19～1643-02-25／補充資料〉。
〔註156〕林玉茹：《殖民地的邊區東臺灣的政治經濟發展》（臺北市：遠流出版社，2007年），頁 264。

　　傳說卑南王 pinaday 早在乾隆時期，從枋寮一帶學得並帶回來與農作有關的器物與技術，部落人認為 pinaday 學得並帶回以下數種器物及技術：

1. 犁 goggen 及犁地的技術：使東部農業大放具彩。
2. 大木桶 ba'tan 及挑的技術：使運水及搬運大為改善。
3. 有頂蓋密封木水桶 Sukue：可以之運水，放置於牛車上，幾乎將以竹筒 lauas：負水至部落之法取代。
4. 磨 a'ilanan：食物加工的改進。〔註157〕

　　由於新農業技術的輸入，牛車不能進入圍牆內狹小的竹林中彎曲的道路中，飼養的牛和豬要在部落的圍牆外圈養，也由於卑南社軍事力量的強盛和其巫術的威力，早已使附近的部族不敢輕率至卑南社招惹任何的麻煩，他們在軍事的防衛上可以大大的放心，因此不再集體群居於竹林圍牆之內。〔註158〕

　　清末記載卑南人所種胡麻的品質與漢人所植不相上下，日治初期視為卑南港的首要輸出〔註159〕。使用的農具方面，尤其是卑南社民，所使用的農具也與漢人無異。〔註160〕例如「耕田已由手耕改為牛耕，淨穀亦採用風鼓等。除此外，尚有耕犁、刈耙、手把、土壟、動頭、糠篩及草廉」〔註161〕，特別是耕牛的使用已是相當盛行。學者認為因為卑南人與漢人接觸獨較早，學會定耕種作，有著更進步的農業知識，日本殖民當局視卑南人為近於文明的族群（Bureau of Aboriginal Affairs）。相較之下，同在卑南平原上的馬蘭阿美人，就被田代安定認為當時的農具仍然相當簡陋。〔註162〕小米和旱稻是卑南人的主食，卑南人也會種作蕃薯、山芋、豆類等作物。小米和旱稻採取焚墾輪休的方式種作，水稻則是定耕的。

　　卑南王帶回鄭尚讓清朝中葉起，逐漸有水稻移入東部地區。清末陳英記道光年間臺東平原上「只有小米、雜糧等物，並無禾、麻、菽、麥。」〔註163〕

〔註157〕宋龍生：《臺灣原住民史料彙編 4 卑南族的社會與文化》（南投：臺灣省文獻委員會，1997 年），頁 160。
〔註158〕宋龍生：《臺灣原住民史・卑南族篇》（南投：臺灣省文獻委員會，1998 年），頁 223。
〔註159〕張永楨：《清代臺灣後山開發之研究》（臺中市：東海大學歷史研究所碩士論文，1986 年），頁 230。
〔註160〕鄭全玄：《臺東平原的移民墾拓與聚落》，頁 38。
〔註161〕張永楨：《清代臺灣後山開發之研究》，頁 230。
〔註162〕田代安定：《臺東殖民地豫察報文》，頁 129。
〔註163〕胡傳：《臺東州采訪冊》，頁 81。

直到咸豐年間，漢人鄭尚隨番頭進山，才進而帶入農業：

> 鄭尚見遍地無禾、麻、菽、麥，即回家帶禾、麥、芝麻各種，復進埠
> 南，教番子播種，回家傳諸眾人。

鄭尚進入不到數年時間，陳英形容「埠南之禾、麥、芝麻甚多，無路可售；因於枋寮僱船來載。」「每年麥有一萬包、穀有七千餘包、芝麻有一千餘包；其稅每年只有八百餘歸臺防廳，餘皆通事得之。」〔註164〕可見清末卑南社不善水稻農業，是因漢人進入才改變。清末日治之際，卑南人主要的栽培作物已有稻、粟、蜀黍、胡麻、花生、煙草、草麻及蕃薯。栽培法農作的方法與漢人大同小異。此時的卑南平原的在「外來者」眼中，卻是農業不興盛：

> 卑南社位在距離卑南街約一里處，該處土地肥沃，五穀本應豐收，但
> 因社民向武時農，故農耕及畜牧甚不發達。乍見之下，社民似乎非常
> 懶散，但經仔細觀察，可發現其不僅喜歡和日本人接近並學習語言，
> 還有很多人希望成為官員或教師，甚至有些女子還想嫁給日本人。因
> 此，在異文化的接觸上，卑南人就比保守的馬蘭人積極多了。〔註165〕

日本認為卑南農業不興盛的原因，是因卑南族人著重武力訓練，「農業雖不興盛，但農耕方法和馬蘭社相同。」〔註166〕因此日人領臺後，一連串的開水圳、擴展水稻耕作、以及引入甘蔗等經濟作物，使得大多住在平原地區的卑南族的農作生計方式大獲改善，同時也改變了卑南人的種作。小米的種作也就因為勞力與耕作面積的使用方式逐漸減少。〔註167〕

卑南族傳統生業分工上，男子是以狩獵及守護部落為主，農事則多歸婦女經營，農作原以粟作為主，但是，由於卑南社與外界接觸得早，所以在清朝道光年間就開始接受了水田耕作的技術，轉為以稻米為主的生業體系。與現今其他原住民族群人多遲至日據時期才接觸水田耕作相較，卑南族顯然較早了許多，且就接觸的態度上來說，卑南族可謂採取主動，不像其他族群是在日本政府的提倡下被動或被迫接受。〔註168〕

〔註164〕胡傳：《臺東州采訪冊》，頁81。
〔註165〕原著臺灣總督府臨時臺灣舊慣調查會，陳文德、黃宣衛主編：《番族調查報告書第一冊》（臺北市：中央研究院民族學研究所，2007年），頁275。
〔註166〕同前引。
〔註167〕鄭全玄著：《臺東平原的移民墾拓與聚落》（臺東：東臺灣研究會，1985年）。
〔註168〕黃應貴：《時間、歷史與記憶》（臺北市：中央研究院民族學研究所，1988年），頁304～311。

卑南族人的原始農耕方式，為焚墾輪休之旱田農作。以粟（tawa）、陸稻（pafua-tdeli）、甜薯（fulasi）、里芋（vodelr）為主要農作物。僅水稻（rumai）耕作之歷史，尚不及百年，近年來已替代粟與旱稻，成為主要農作物。雖說在別人眼中其農業不興盛，但康熙末年，林爽文亂時效命治亂。爾後清廷從優賞給，甚至傳說授「卑南大王」稱號給卑南社大頭目，羈縻甚渥。其四鄰之阿美、排灣兩族復懾服之威武，或甘稱臣而成其「農奴」「而「朝貢」之。〔註169〕「卑南大王」的稱號，卻可讓周遭之社群為其耕作，甚至耕作也要收取田租。這樣看起來卑南平原上農業中心似乎就是以卑南社為首。有人推測，「Puyuma」這個字的詞根，可能是「uma」，田地的意思。按卑南語構詞的規律，前「pu」乃表示位移的使役動詞。換句話說「pu-uma」有「讓人種田」的意思。由此可見，卑南社的農業王國的建立，主要還是因為「卑南王」的影響力。

比那賴 pinaday 帶回農業技術，另有一說是因其婚入水底寮。〔註170〕

水底寮和牡丹社分別位於浸水營古道和卑南恆春道，這兩條東、西部重要通道的出入口，使卑南社在西部紛亂的勢力交替中，始終掌握著臺東平原的交易線。太麻里、水底寮和牡丹社，剛好形成一個三角範圍，此範圍多為排灣族人。Kerasay 父子三人透過婚姻關係，於排灣族地區中，建立起自己的勢力，同時掌握了兩條重要路線─浸水營古道和卑南恆春道。在卑南族的口述歷史中，顯示當時多有卑南族人向臺灣南部遷徙，或婚入至南部的排灣族部落，因此可以合理推測當時的 Raera 家族，應是透過婚姻關係，加強鞏固卑南社臺灣南部的勢力。〔註171〕

以婚姻鞏固卑南社勢力的方式，清末以另一種聯姻方式呈現。

清末卑南社連續有三位漢人女婿鄭尚、陳安生、張新才，透過握有土地權和交易掌控權，讓卑南社在清末期持續掌控臺東平原上的經濟發展，甚至陳安生也有「卑南王」之稱。依據鳥居龍藏的調查，得知鄭尚約在 1860 年代前後，第一次進入到後山地區，〔註172〕鄭尚對提升卑南族的農業品質和技術

〔註169〕衛惠林、余錦泉、林衡立（原修）：《臺灣省通志稿卷八同胄志第七冊魯凱族排灣族卑南族篇》（臺中：臺灣省文獻委員會，1972 年），頁 395。

〔註170〕姜祝山、孫民英、林娜鈴撰文：《臺東南王社區發展史》，頁 96。

〔註171〕臺東縣卑南族民族自治事務促進發展協會：〈卑南王主題故事〉，《臺灣原住民數位博物館》（臺東：國立臺灣史前文化博物館，2018 年），網址 https://www.dmtip.gov.tw/web/page/detail?l1=4&l2=118&l3=328#a15。

〔註172〕鳥居龍藏，楊南郡譯註：《生番行腳》，頁 193～194。

上作出了極大的貢獻，當時第二十任卑南社頭目奧兒馬因此撮合同屬於拉拉氏族的姊妹奧魯丹 Aoretan 與鄭尚的婚姻。鄭尚為作生意，將其住所另設於寶桑，但以當時卑南社婚姻的觀念來看，他是外地來的男子，是「進入」musabak 到奧魯丹 Aoratan 的家與她結婚。卑南社頭目家族的支持與保護，鄭尚因而經商致富。他對後山的貢獻，再加上他所擁有的「卑南社女婿」的地位，不久即在卑南社的權力結構中，產生了極大的影響力。等到他的兒子林貴 Linkui 長成，也就自然的接替了第二十一任的總頭目。林貴後又入贅到拉拉 Ra'ra? 氏族屬下次級親屬單位達里亞勒布 taliyalep 世系群（lineage）的葛來該 garaigai 家中。學者認為可看到拉拉 Ra'ra? 氏族，將頭目的權力，一直保留在自己氏族中。〔註 173〕

表 3　卑南社的漢人女婿鄭尚、陳安生、張新才的妻子女

	鄭　尚	陳安生	張新才（張義春）
父	漢人（枋寮）	漢人	漢人（廣東梅縣）
母	漢人（枋寮）	番人	漢人
妻	Auredan	siruku（西洛姑）	陳達達
子女	林貴（卑南社第 21 代大頭目）i	陳達達（養女）	張萬基（養子）

資料來源整理自《臺東南王社區發展史》、《臺東縣史人物篇》。

1871 年李先得將一位外國醫生萬巴德在卑南行醫所聞記載，寫給日本政府。在他眼中的卑南社「看來很勤勞，耕作他們的平原，似乎比他們的鄰居更文明。」〔註 174〕

　　卑南是卑南族的大本營，是個很大的部落。去年（1871）是個女人做首長，她的兒子恩新（Ansieng，音譯）是她的繼承人，他也是提供我上面這一連串地名等訊息的權威人士。他告訴我，從卑南可以看得見蘭嶼（Botel Tobago），他們叫它 Botei：卑南在打狗的正東方，位於一座他稱為 Toa-soa-boo 的大山丘腳下。……恩新是我的一個老病人，對我很感激，他對外國人態度很好；他的族人看來很勤勞，耕作

〔註173〕 宋龍生：《臺灣原住民史卑南族史篇》，頁 248。

〔註174〕 萬巴德醫生臨時退出日本遠征蛋，西鄉頓時找不到可以帶領他們進卑南的嚮導。為了彌補西鄉，李仙得把他從萬巴德那裡聽來有關東海岸情形寫入信裡。李仙得 Charles W. LeGendre 原著，英編 RobertEskildsen 漢譯黃怡：《臺灣踏查手記》，頁 182。

他們的平原，似乎比他們的鄰居更文明。……。假使恩新還在那裡，
你和這些人在一起就很安全。他們不用錢，而以衣服、鋤頭、刀、彈
藥等物，做為衡量價值的標準。可以從卑南走到枋寮。恩新說我若要
去拜訪如果你願意的話，他可以給我兩百人做護衛。這段路雖短，路
況卻相當惡劣，必須走十天才能穿越。北邊住著平埔番大聚落值得你
注意；他們正在和卑南人打仗。不過你應該不難探訪他們。〔註175〕

可見當時的卑南社的勢力，在外國人的眼中如「護身符」，要從卑南走到枋
寮安然通過，需借助其力。這或許也是「牡丹社事變」時，日本想策動卑南
社女婿陳安生投靠的原因之一。同治末年（1874）以前，也就是「開山撫番」
政策實施以前，漢人對東部地區的拓墾，就清廷官方態度言，仍與臺灣本島
其他地方的拓墾一樣，先由民眾私自前往開墾，官方抱著消極不鼓勵或甚至
不反對的態度，日久則接受其已移墾的事實，不加追究或禁止。領導入臺東
開墾者的背景而言，多為豪戶，如：吳全、黃阿鳳、鄭尚等，招募墾民有時
竟達數千人；亦有一般民眾私自結伴入墾者，但其規模較小，如中路璞石閣
一帶的拓墾，便無豪戶大規模入墾的情況。就墾地取得的方式而言，或以買
賣或交易取得，如鄭尚、陳安生則是與「番民通婚」，取得合法身份從事開
墾者。〔註176〕換言之，鄭尚、陳安生是透過與卑南社婚嫁關係而取得土地。

　　咸豐初年，原居枋寮之閩南漢人鄭尚已率先建立聚點，與原住民從事交易
活動。隨後又有更多漢人移入，並教導卑南族人耕種，逐漸形成村落。同治末
年（1874），已有漢人 28 戶在臺東平原上定居，稱之為「寶桑庄」。〔註177〕同
治 13 年（西元 1879 年）11 月，清廷派南路海防同知袁聞拆實地視察卑南開
始策路。短短二年的時間，打通西部與東部間之交通路線。兼署福建巡撫吳
贊誠對於卑南女婿陳安生開路之協助，與後山之治理評價甚高，對其身故還
甚為惋惜。〔註178〕

　　光緒 20 年（1894，臺灣割日前二年），由寶桑庄、新街、馬蘭坳三處市
街所集結而成的卑南新街（今臺東市前身），已儼然成為東部地區的貿易、交

〔註175〕李仙得 Charles W. LeGendre 原著，英編 RobertEskildsen 漢譯黃怡：《臺灣踏
　　　　查手記》，頁 182。
〔註176〕孟祥瀚纂修：《臺東縣史開拓篇》，頁 53。
〔註177〕孟祥瀚纂修：《臺東縣史開拓篇》，頁 52。
〔註178〕吳贊誠：《吳光祿使閩奏稿選錄》（臺北市：臺灣銀行經濟研究室，1966 年），
　　　　頁 9。

通中心，商業日漸繁榮。當時漢人已有 178 戶，750 人。胡傳任臺東直隸州州官時，張新才已是南路卑南（南鄉）、成廣澳（廣鄉）等社總通事。臺東天后宮的〈新建埤南天后宮高山平埔各社捐題碑記〉，記其為「臺東都總管操保都司銜花翎守備」。張新才除職務上的政令宣導、消息傳遞外，還協助徵收田賦，代發放各社通事、社長口糧銀等；此外他另設「張義春號」，從事招攬墾戶開墾、經營雜貨買賣、及換番（又稱割番，即以物易物）等。〔註 179〕

　　卑南社連續三代的漢人女婿鄭尚、陳安生、張新才，在經濟上握有土地權和交易掌控權，帶入新農業發展，在後山開創了一片天地，並自然的融入成為卑南社人；陳安生在《臺東縣史人物篇》也被稱作「卑南王」。

小　結

　　觀察卑南王的傳說，卑南王在「卑南族」形成歷史過程中，並非直接強調其勇武，而是描述卑南王得「王」，一統七十二社，卑南社所具有的特殊靈力，不但領導卑南族，週邊的排灣、魯凱、阿美各社，也都服膺「卑南王」，對於東臺灣的有深遠的影響。傳說中描述的領袖卑南王，其實質已具有「王」的特質與形式。卑南王傳說依其敘事，大致可發現有下列說法：

1. 古時候，卑南地區有個「王」，王管轄地域寬廣、大家向他朝貢。
2. 從前，卑南地區有個「王」，王管轄地域寬廣、協助清朝平亂，皇帝賜龍袍，大家向他朝貢。
3. 從前，卑南地區有個「王」，王管轄地域寬廣、協助清朝平亂，皇帝賜龍袍，後來龍袍被換走，從此王勢力沒落。
4. 從前，卑南地區有個「卑南王」，王管轄地域寬廣、協助清朝平亂，皇帝賜龍袍，民間傳說因此稱此地為「卑南」，或因此稱為「卑南族」。

　　傳說中的龍袍，不論是與天具有，或是統治者賜予，都讓民間感受到「卑南王」至高無比的權力。清代龍袍中「龍」之形象來源於星象，被賦予一種天道神性的意義，皇帝被稱為「龍」之子，龍袍作為等級最高的服飾之一，以展現封建帝國最高統治者的地位。嚴格區分了統治者與被統治者的差異，形成尊卑貴賤之分，用以鞏固和維護統治地位，〔註 180〕統治者對服裝進行了嚴格的

〔註 179〕姜祝山：《臺東南王社區發展史》，頁 104。
〔註 180〕陳玲：《清代龍袍所象徵的精神世界》（武漢紡織大學，美學碩士，2014 年），論文摘要。

規定，堅決不允許百姓穿皇帝的龍袍，「龍袍」象徵了至高無上權力的服飾。傳說中的「卑南王」勢力「興」、「衰」都與龍袍有關，得龍袍則勢興，失龍袍則勢失，可見民間認為「龍袍」具有獨特之力量，龍袍隱含權力的象徵，甚至將其認為，有龍袍「作饗甚靈」。從中觀察，民間認定「卑南王」是具有一定的權力，如收貢。

在歷史進程中，和卑南社由內至外的擴張，後人與族人與所述的「卑南王」，不僅是受封「卑南王」，一統七十二社，傳說還逐漸加入帶回農業技術，改善部落生活的情節，如：「pinadai 取得了部落的領袖權」，「部落中人齊向之學習，為人尊敬。」〔註181〕卑南王農業英雄的形象在傳說中已呼之欲出。

傳說反映特定時代的歷史真實性，在跨時與跨空間下，不同敘事人傳述，讓傳說深具意涵。傳說的流傳經常伴隨著變異，變異不僅有簡單的形式變化，還涉及時間的流動，新的歷史事件加入、接受文化傳統、以及傳說被創作方式等問題。阿爾奈舉出故事流傳產生的十五種變化，並將其歸為三種，第一種、因為故事口頭流傳而經常發生變異，大多不影響故事主題和基本情節。第二種、涉及到故事創作方式和新作品的產生。第三種、故事在傳播中為了適應新的環境使人們陌生的器物可能被熟悉的替代。〔註182〕卑南王傳說的情節，不斷被添加，從有個「王」，加入「王」的英雄事蹟，再加入獲得「寶物」，但也因為失去寶物，從此沒落。變異性是口傳最重要的特徵之一，故事常在口耳相傳的傳播過程中產生變異，情節單元的增減，常體現於變與不變之特質中。卑南王傳說情節的增益，對於故事的主題相對來說是穩定的，增加的情節，大多為增加情節的傳奇性，如龍袍的失去與獲得，龍袍的神奇魔力等，令讀者更記憶深刻。

地名起源於一地居民對人、事、物觀感的印象，地名不僅是空間符號，同時也反映居民對生活環境的空間識覺，記載人地關係的發展，在人地關係長期互動累積下，地名成為地表自然環境與人類活動的記錄。隨著一個地區的開發與環境變遷，不同時期或不同背景的居住者，可能會賦予一地不同的地名。地名的變遷往往反映一地的地理、歷史與文化變遷，為歷史追溯上不可或缺的重要訊息。當一個地名與地方居名之認知逐漸結合內化之後，地名往往成為人們

〔註181〕宋龍生：〈南王村卑南族的會所制度〉，《考古人類學刊》25、26 期合刊（1965年），頁 118。

〔註182〕鍾敬文：《民俗學概論》（上海：上海文藝出版社，1998 年），頁 252～258。

認同與地方感的寄附之所。〔註183〕

　　當代族群意識形塑的卑南王，從「卑南」鄉、「南王」里、「卑南」族形成的地名與族名，傳說裏蘊含過往在此生活人的共同記憶與想像：卑南王在過往的傳說中是臺灣東部的叱吒風雲人物，他是個混血兒，聰明無比，他可能有漢人血統；他娶異族女性或是婚入異族，一統東部七十二社，卑南族人敬服，附近的異族也都畏服他。他與漢人關係緊密，不論是做生意或是學習農業。民間對卑南王多所想像，也反應當時的社會生活樣貌。

〔註183〕洪敏麟：《臺灣地名沿革》（臺中：臺灣省政府新聞處，1979 年），陳正祥：
　　　　　《臺灣地名辭典》（南天書局有限公司，1993 年）。